Allan Kardec
e sua época

Jean Prieur

Allan Kardec e sua época

Tradução
Irène Gootjes

Lachâtre

© Copyright by Éditions Le Rocher, Paris
Título original: *Allan Kardec et son époque*

Direitos de publicação cedidos ao
Instituto Lachâtre
Caixa postal: 164, Cep.: 12914-970, Bragança Paulista, SP.
Fone/Fax: (11) 4063-5354

Capa: Andrei Polessi
Ilustração da capa: Zé Otávio
Revisão texual: Alexandre Caroli Rocha e
Aristides Coelho Neto
Revisão técnica e notas: Jorge Damas Martins
Tradução e notas: Irène Gootjes

2ª edição – dezembro de 2015

A reprodução parcial ou total desta obra, por qualquer meio,
somente será permitida com a autorização por escrito da Editora
(Lei no 9.610 de 19.02.1998)

CIP-Brasil. Catalogação na fonte

Prieur, Jean, 1914-
　　Allan Kardec e sua época / Jean Prieur; tradução Irène Gootjes, 1ª edição, Bragança Paulista, SP: Lachâtre, 2015.

368 p.

1.Allan Kardec. 2.Espiritismo. I.Título.

CDD 133.9　　　　　　　　　　　　CDU 133.7

Impresso no Brasil
Presita en Brazilo

Sumário

1. O século 19 tinha quatro anos, 7
2. Nas montanhas da Helvécia, 11
3. O Instituto da *rue* de Sèvres, 19
4. Um deplorável golpe do destino, 31
5. 1848, um ano de efervescência..., 41
6. Entre Victor Hugo e Napoleão III, 47
7. O lento nascimento de Allan Kardec, 51
8. *O livro dos espíritos*, 63
9. Uma nova ciência, a espiritologia, 73
10. Catecismo romano e catecismo espírita, 83
11. Daniel D. Home, George Sand e Théophile Gautier, 91
12. A *Revista Espírita* e a SPES, 107
13. O atentado de Orsini, suas consequências espirituais, 113
14. Diálogos com o além, 123
15. *O livro dos médiuns*, 135
16. Turnês triunfais, 147
17. Ilustres visitas dos dois mundos, 163
18. *O Evangelho segundo o espiritismo*, 183
19. O resgate do sucesso, 195
20. A controvérsia de Barcelona, 209
21. Não creiam em qualquer espírito, 223

22. Um dia de Allan Kardec, 241
23. *O céu e o inferno* e *A gênese*, 257
24. Allan Kardec coloca seus afazeres em dia, 275
25. Imortalidade, luz da vida, 291
26. Os precursores de Allan Kardec, 299
27. Seus sucessores, 309
28. Nos passos de Allan Kardec, 327
29. Neoespiritismo ou teurgia?, 341
30. A Terra se elevará na hierarquia dos mundos, 355

1. O século 19 tinha quatro anos

O século 19 tinha quatro anos e Napoleão já substituía Bonaparte.

No dia 3 de outubro de 1804, nasceu em Lyon, na rua Sala, 76, Hippolyte-Léon Denizard Rivail, filho de Jean-Baptiste Rivail e de Jeanne Duhamel.[1] Foi apenas no dia 5 de junho de 1805 que ocorreu o batismo da criança, na igreja Saint-Denis de la Croix-Rousse.[2]

Para situá-lo na história, lembremo-nos de que, em dezembro de 1804, Napoleão foi coroado na catedral de Notre-Dame, na presença do papa Pio VII, confirmando assim sua legitimidade de soberano por direito divino, pela graça de Deus. Antes disso, no dia 18 de março, um *senatus consultum* o proclamara imperador dos franceses, dando-lhe plenos poderes.

Dez anos antes, o Comitê de Salvação Pública havia se arrogado plenos poderes; o Grande Terror ia reinar e as "cabeças caírem como ardósias", segundo a expressão de Fouquier-Tinville.

No dia 12 de outubro de 1793, a Convenção decretou a destruição total de Lyon, cujo nome deveria ser apagado. Decididamente, a França é uma nação suicida; e é também uma nação burguesa e romântica. Aqui, o simples fato de referir-se a um problema espiritual

---

[1] O nascimento ocorreu no Estabelecimento de Águas Minerais Artificiais de Lyon. Seus pais residiam em Bourg-en-Bress.
[2] Constam como testemunhas do batismo Pierre-Louis Perrin e Suzanne-Gabrielle-Marie Vernier.

provoca um fogo de artifício de clichês. Quando se fala de protestantes, logo surgem os adjetivos grave, austero, moralista, que hoje não são mais elogios. Se aparecem alusões a muçulmanos, trata-se automaticamente de fatalismo, fanatismo, de recusa ao diálogo; acusações que os fundamentalistas fazem questão de justificar. Mas, quando o assunto é espiritismo, o eco responde: mesas girantes.

Ora, na época de Allan Kardec elas já estavam fora de moda e Pierre Larousse, no seu grande dicionário do século 19, podia escrever: "Durou o que durou. Como tantas outras coisas, elas tiveram seus dias de destaque, mas hoje ninguém se importa com elas, nem mesmo para se divertir".

Aliás, era a opinião de Kardec:

> O espiritismo teve seu ponto de partida no fenômeno vulgar das mesas girantes. Mas como esses fatos falam mais aos olhos do que à inteligência, eles despertam mais curiosidade do que sentimento. Uma vez satisfeita a curiosidade, fica-se menos interessado porque não são compreendidos, diferentemente de quando a teoria veio explicar a causa.

Ou seja, quando o professor Rivail conseguiu extrair desses fatos uma filosofia, uma mística e até mesmo uma religião secular. "As pessoas sérias acolheram a nova doutrina como um benefício e, desde então, longe de declinar, ela cresceu com uma velocidade incrível."

Essas linhas de Kardec foram reproduzidas por Pierre Larousse, que era tão versátil, universal e racionalista quanto Diderot; seu *Grande dicionário* pode ser comparado com a *Enciclopédia*. Coisa estranha: Larousse incluiu Kardec, ainda vivo, na grande obra edificada por ele. Foi a consagração, mas o artigo não era indulgente:

> Quando o sr. Rivail ouviu falar de mesas girantes, das supostas manifestações de espíritos batedores e de médiuns, ele pensou ter descoberto uma nova ciência e contribuiu para propagar na França essa funesta epidemia de supranaturalismo que fez tantos estragos durante uma década nas mentes das pessoas na América e na Europa.

O termo supranaturalismo ou ciência do sobrenatural é importante.

No suplemento, editado pela viúva de Pierre Larousse, o autor do artigo "Kardec" quis ressuscitar o senhor Rivail. "Antes de se perder nas quimeras insanas do espiritismo, ele tinha sido diretor da Instituição Rivail e tinha escrito escrupulosamente várias obras elementares." E segue a lista completa de livros escolares que tiveram sucesso sob Luís Filipe, o rei burguês, e muito tempo depois dele.

No século 20, o *Grande Larousse* enciclopédico de 1973 não fala mais de mesas enlouquecidas, mas de um aspecto pouco conhecido de nosso grande homem:

> Durante anos, teve a ambição de unificar as crenças. Em 1854, ele participou de sessões espíritas que despertaram profundamente seu interesse. Uma vez encarregado de uma missão por um dos espíritos: 'para fundar uma religião verdadeiramente grande, bela e digna do Criador', ele se consagrou a este apostolado.

Cento e cinquenta anos depois, ainda se fala dessa religião única e unívoca. E as que existem continuam divididas, hostis, mesquinhas, enredadas no fundamentalismo, no formalismo e nos dogmas que desafiam a razão. Sempre indignas do Criador.

Esse homem predestinado tinha de nascer em uma cidade também predestinada: Lyon, que sempre foi um celeiro de espiritualidade; Lyon, berço de escritores esotéricos como Ballanche, Willermoz e Martinez de Pasquallys; Lyon, que se tornou famosa por sua escola mística. Foi em Lyon que viveu e morreu o curador evangélico Philippe, que, na aura dos pacientes, lia o passado, os sentimentos e fragmentos do futuro deles.

Os contemporâneos e os irmãos espirituais de Kardec chamam-se: George Sand, nascida como ele em 1804, compartilhou muitas de suas ideias; Gérard de Nerval, nascido em 1808; Théophile Gautier, em 1811; Victor Hugo, em 1802; Balzac, em 1799; Vigny, em 1797; Lamartine, em 1790; e Charles Nodier, seu antepassado comum, em 1780.

Todos esses místicos, abalados pela Revolução, sonharam com essa religião, bela, universal, e com uma sociedade fraterna em harmonia com a natureza e com o espírito. Todos ficaram desiludidos e adiaram para o século 20 suas esperanças desapontadas. Hoje, sabemos o que aconteceu e o que permanece.

2. Nas montanhas da Helvécia

Jean-Baptiste Rivail era descendente de pais e avós que se distinguiram tanto na advocacia quanto na magistratura. Hostil ao espírito da revolução parisiense[3] que começara a riscar Lyon do mapa, e favorável ao Império que trouxera de volta a prosperidade e a paz cívica, esse burguês liberal certamente iria desconfiar da Restauração, iniciada em 1814.[4]

No ano em que o jovem Léon completara dez anos de idade, a sra. Rivail, que queria que seu filho escapasse da educação reacionária então em vigor, decidiu enviá-lo à Suíça romana, em Yverdon, às margens do lago Neuchâtel. Portanto, foi nesse lugar que o jovem Léon estudou sob a direção de Jean Henri Pestalozzi, um dos educadores mais famosos da Europa.

> Yverdon com seus telhados inclinados e cobertos de musgo à beira do seu pálido lago, com seu castelo do século 13, onde reinava o bom Pestalozzi, profundamente humano e paternal, inspirado e pés-

---

[3] O autor refere-se à Revolução Francesa.
[4] Por sua postura política em relação à Revolução Francesa, ele foi preso em 21 de fevereiro de 1794 e liberado em 29 de abril do mesmo ano (fonte: *Reformador*, abril de 2014). Jean-Baptiste foi dado como desaparecido por volta de 1807, quando o exército de Napoleão, comandado pelo general Junot, posicionara-se na Espanha para invadir Portugal.

simo administrador, beirando a falência e recolhendo órfãos;[5] que quadro favorável a uma infância feliz! Que ambiente poderia servir melhor às qualidades de fervor altruísta que o jovem Rivail trazia em si? (Claude Vareze)

Pestalozzi, que criara sua escola no antigo castelo dos duques de Zähringen, era a glória de Yverdon, assim como suas caixas de música. Ele teve uma grande influência na reforma do ensino tanto na França quanto na Alemanha. Esse fervoroso discípulo de Rousseau aplicava os métodos da obra *Emílio*: sem estudos forçados, sem ameaças de sanções; a disciplina deveria dar lugar à autodisciplina. O espírito da criança deveria crescer livremente. Aprender deveria ser um prazer.

O renovador da pedagogia dava uma grande importância à liberdade de expressão, às caminhadas na montanha, às tarefas manuais e à observação da natureza. Ele queria que os jovens usassem as mãos, os sentidos e o olhar juntamente com o cérebro. Eram aplicadas ao pé da letra as declarações de Jean-Jacques:

> Exercer seus sentidos não é apenas fazer uso deles, é aprender a bem julgar por eles, é aprender, por assim dizer, a sentir; porque nós não sabemos nem apalpar, nem ver, nem ouvir senão da maneira que aprendemos.
>
> Há um exercício puramente natural e mecânico que serve para tornar o corpo robusto, sem de modo algum apelar para o julgamento: nadar, correr, pular, lançar um pião, jogar pedras. Tudo isso está muito certo, mas não temos somente braços e pernas. Não temos também olhos e ouvidos? E tais órgãos são supérfluos ao uso dos primeiros? Não exerciteis, portanto, apenas as forças, exercitai todos os sentidos que as dirigem; tirai de cada um deles todo o proveito possível.

Nadar, correr, pular, lançar (deixando de lado o pião que gira em torno de si mesmo ao rodá-lo), parece que estamos ouvindo o comandante de esquadra Georges Hébert e seu método natural que se impôs

---
[5] Pestalozzi colocava seu espírito humanitário à frente dos interesses materiais.

em 1904. Ao contrário da ginástica sueca, rígida, formalista e convencional, Hébert preconizava a caminhada na floresta, o trote, a corrida, a luta, a natação, todas as atividades espontâneas do homem primitivo. Um simples passeio na montanha suscitava ao mesmo tempo todos esses exercícios batizados hoje de *footing, jogging, stretching, jumping, swimming*. Na França de hoje, uma atividade somente é levada em consideração se for revestida com esses sufixos anglo-americanos. No domínio das comunicações com o além, também não temos o *channelling*?

Podemos acrescentar o *cooking*, já que Pestalozzi adotou a arte culinária de Rousseau. Após seu mestre, ele decretou que era o tempero que deixava pouco saudáveis os alimentos. O precursor da dietética gostava de citar essa passagem do *Emílio*:

> Mudai as regras de vossa cozinha; evitai a manteiga queimada e as frituras; que nem a manteiga, nem o sal, nem os laticínios passem pelo fogo; que os legumes cozidos na água só sejam temperados ao chegarem quentes à mesa. A dieta, em vez de perturbar a ama, dar-lhe-á leite em abundância e da melhor qualidade. Será possível que o regime animal seja o melhor para a ama, uma vez que o regime vegetal é reconhecidamente o melhor para a criança? Há contradição nisso.

Em Yverdon, bebia-se cerveja de ama.[6] Rousseau, muito preocupado com as amas de leite, foi também o primeiro em nossa literatura a louvar o ar livre:

> É principalmente nos primeiros anos de vida que o ar age na constituição das crianças. Numa pele delicada e mole, ele penetra por todos os poros, afeta fortemente os corpos em desenvolvimento, deixa-lhes impressões que não se apagam. Não sou por isso favorável a que se tire uma camponesa de sua aldeia para fechá-la num quarto da cidade e se faça amamentar a criança em casa.

---

[6] Antes de a cerveja ficar pronta, os grãos são quebrados e trabalhados. No passado, nos locais em que havia fabricação de cervejas, às amas de leite e às crianças se oferecia um copo de suco de cereais não alcoolizado. (N. da T.)

14 | JEAN PRIEUR

Jean-Jacques desconfiava das grandes cidades; foi por isso que Pestalozzi preferiu Yverdon a Genebra e, sobretudo, a Paris, esta moderna Babilônia, mãe de todos os escândalos:

> Os homens não são feitos para se amontoarem em formigueiros, e sim para serem espalhados pela terra que devem cultivar. Quanto mais se juntam, mais se corrompem. As enfermidades do corpo, bem como os vícios da alma, são a consequência infalível dessa aglomeração excessiva. De todos os animais, o homem é o que menos pode viver em rebanho. Homens aglomerados como carneiros pereceriam dentro de pouco tempo. O hálito do homem é mortal para seus semelhantes.

(Esta última frase me projetou num abismo de reflexões. Será que o autor teria pressentido os micróbios e os vírus?)

Rousseau ainda prossegue:

> As cidades são o precipício da espécie humana. Ao fim de algumas gerações, as raças morrem ou degeneram; é preciso renová-las, e é sempre o campo que fornece essa renovação. Enviai, portanto, vossos filhos para se renovarem, por assim dizer, a si mesmos, recuperando nos campos o vigor perdido no ar malsão dos lugares demasiado povoados.

As cidades são o precipício da espécie humana! O que Rousseau diria se visse as novas megalópoles alcançarem pelo menos o dobro da população da Helvécia. O Cairo, a cidade do México, São Paulo, Bombaim, Calcutá, Pequim, Tóquio, Xangai, quantas bombas-relógios prontas para explodir neste século 21 em que, apesar de tudo, conseguimos chegar. Quantos engarrafamentos na Terra e quantos engarrafamentos no mundo espiritual que ela não para de alimentar!

Justamente, o problema da morte e da vida no além é central na "Profissão de fé do vigário de Saboia", a passagem mais importante do *Emílio*:

> Se a alma é imaterial, pode sobreviver ao corpo, e, se ela sobrevive, a Providência está justificada. Se eu não tivesse outra prova da imaterialidade da alma senão o triunfo do mau e a opressão do justo neste mundo, já essa me impediria de duvidar.

O argumento é fraco. Na maioria dos casos, acontece o contrário, o sucesso do mal e dos malignos desencoraja os homens de boa vontade e pode precipitá-los na descrença.

E o vigário de Saboia, porta-voz de Jean-Jacques, de Pestalozzi e do futuro Allan Kardec, continua inspirado:

> Uma tão chocante dissonância na harmonia universal me levaria a procurar resolvê-la. Diria a mim mesmo: não acaba tudo para nós com a vida, tudo volta à ordem com a morte. Sentiria em verdade o embaraço de me perguntar onde está o homem, quando tudo o que havia de sensível é destruído. Essa questão não é mais uma dificuldade para mim quando admito duas substâncias (a física e a sutil, o corpo físico e o perispírito).
>
> Durante minha vida corporal, nada percebendo senão através de meus sentidos, o que a estes não se acha sujeito me escapa. Quando a união do corpo e da alma é rompida, concebo que um pode dissolver-se e a outra, conservar-se. Por que a destruição de um acarretaria a destruição da outra? Ao contrário, sendo de naturezas tão diferentes, estavam com sua união sendo violentados, e quando essa união cessa, voltam os dois a seu estado natural: a substância ativa e viva recupera toda a força que empregava para mover a substância passiva e morta. Ai de mim, sinto-o muito bem por meus vícios. O homem só vive pela metade durante sua vida, e a vida da alma só começa com a morte do corpo.

Essa morte que todos os místicos chamam de entrada na verdadeira vida. Foi assim que cedo o jovem Rivail ouviu falar dos problemas relativos à Grande Passagem.

No entanto, não foi completamente feliz. Como católico, foi perseguido pelas crianças protestantes que o tratavam de carola e papista.

Certamente sofria muito, mas não se queixava a seu mestre, que ignorava sempre esses vexames.

O admirável Pestalozzi nunca via o mal. Para ele, como para Jean-Jacques, o homem era intrinsecamente virtuoso, bastava confiar na sua natureza. Assim, as portas do castelo de Zähringen, onde estabelecera seu instituto, não tinham guarda e ficavam sempre abertas; os horários eram organizados de modo a tornar agradável o programa escolar. Em princípio eram dez horas de curso por dia, e cada aula durava 50 minutos, seguida de uma pausa. Eram consideradas como lições as atividades manuais, ginástica, jardinagem, caminhadas botânicas e de natação no lago de Neuchâtel. Os educadores do internato, a quem qualquer um podia chamar de "você", eram jovens e compartilhavam os lazeres dos alunos; assim como seus dormitórios e, possivelmente, suas batalhas de travesseiros.

A última hora do dia na escola, das sete às oito da noite, era dedicada às atividades pessoais. Os estudantes podiam escolher entre as leituras recreativas, desenho, correspondência, escrita livre (matéria em que o jovem Léon era excelente), música e até dança.

A pedagogia de Pestalozzi ignorava notas, recompensas e sanções. O sistema funcionava bem, pela simples razão de que a maioria dos alunos vinha de países espontaneamente disciplinados: Suíça, Inglaterra, Alemanha, Áustria e países escandinavos. Quando, por sua vez, Léon Rivail se tornou diretor de escola, não seguiu seu mestre no seu idealismo ingênuo e restabeleceu os bons pontos, os boletins escolares, as sanções e a distribuição de prêmios.[7]

Yverdon tornou-se a escola modelo em toda a Europa; homens de ciência como Humboldt, Geoffroy Saint-Hilaire, Biot, Cuvier; filósofos como Maine de Biran; grandes senhores como o marquês de Dreux-Brézé, o duque de Broglie, o príncipe Esterházy, lorde Braugham; belas damas de vestidos elegantes como a grã-duquesa de Oldenburg e madame de Staël visitaram Yverdon. Voltavam todos encantados.

---

[7] O Instituto Rivail seguia "o método de Pestalozzi, com modificações" (ver Wantuil, Zêus e Thiesen, Francisco. *Allan Kardec, meticulosa pesquisa biobibliografica*, 5ª ed. FEB, Rio de Janeiro, 1/1999, 1º volume, cap. 19, p 110.

Até mesmo o reformador socialista Robert Owen declarou-se satisfeito, ou Johann Gottlieb Fichte, que afirmou no seu *Discurso à nação alemã*, pronunciado em 1808, em Berlim: "A reforma de nossa educação pública deve ter como ponto de partida os métodos de Yverdon. É através do Instituto de Pestalozzi que vejo a salvação da Alemanha."

Fichte e Pestalozzi tinham um inimigo comum, Napoleão, que convocou o segundo a Paris. Mas Pestalozzi era uma figura importante, tanto que o cantão de Zurique chegou a nomeá-lo membro do Conselho Helvético, criado pelo imperador para administrar a Suíça, sob a autoridade de um mediador.

Mas, quando o sábio de Yverdon percebeu que se tratava de acabar com as instituições veneráveis que datavam de Guilherme Tell, ele se afastou na ponta dos pés e voltou discretamente ao seu cantão de Neuchâtel.

Esta longa estada do jovem Rivail num país protestante teve pelo menos a vantagem de lhe proporcionar um bom conhecimento da Bíblia. Lembro que naquela época, na França, e ainda no início do século 20, era preciso ter uma autorização especial de seu confessor para mergulhar no Antigo Testamento, que não era para ser manuseado por qualquer um.

Pestalozzi ficou encantado com o trabalho árduo de seu aluno, sua grande inteligência e seu valor moral. Em várias ocasiões, pediu-lhe para sucedê-lo na direção do Instituto, mas Rivail queria retornar à França.

Pestalozzi, que só tinha mais alguns anos de vida, não se aborreceu e o encorajou na sua decisão...

3. O instituto da *rue* de Sèvres

Léon Rivail, aos vinte anos, não pretendia ficar nas delícias rústicas da Helvécia, não tinha a intenção de assumir a direção do Instituto Pestalozzi em Yverdon. Sua decisão era definitiva: iria a Lyon para estudar medicina e adquirir alguns diplomas.[8] Também não pretendia estabelecer-se na capital dos gauleses, pois sabia que ninguém é profeta em sua terra.

Era em Paris que ansiava ficar. Paris, onde tudo é imaginável e realizável. Após sua chegada, em 1824, ele procurou atuar em duas direções complementares: escrever livros de aritmética, de ortografia e de estilo, para atender a parte teórica, e fundar uma instituição pestalozziana, para atender a parte prática.[9]

Paris não o assustava. Léon Rivail, ao contrário de Rousseau, não achava que a civilização fosse um absurdo e um mal. Como seu contemporâneo Victor Hugo, o jovem professor acreditava no progresso, no advento de um século de justiça e de felicidade universal; este século não seria o 19, mas o 20. Era difícil estar tão enganado.

À procura de uma casa, o sr. Rivail escolheu a *rue* de Sèvres, 35. Era, então, quase o campo, dado que conduzia à grande aldeia de Vaugirard, que em 1860 viria a ser com Grenelle nosso 15º distrito.

---

[8] Não podemos confirmar o interesse do jovem Rivail pela medicina, mas não há até agora qualquer documento que confirme que o professor Rivail tenha se formado como médico.

[9] Seu primeiro opúsculo foi impresso em dezembro de 1823.

Em 1825, havia muitas árvores e espaços verdes para os alunos do professor Rivail praticarem a ginástica natural recomendada por ele; podiam também nadar às margens do rio Sena ou fazer excursões distantes no bosque de Meudon. Vaugirard ainda tinha sítios com verdadeiras chácaras com galos sobre seu esterco, vacas, carneiros, cabras, cavalos.[10]

a minha infância eu conheci a última dessas estruturas agrícolas. Era grande, estendia-se da *rue* Javel até a *rue* de la Convention, onde beirava nosso edifício, no número 159. A janela do meu quarto ficava sobre um imenso quintal e, quando anoitecia, eu podia assistir à volta dos cavalos (as vacas nunca saíam). Um trabalhador agrícola retirava os arreios e eles voltavam sozinhos à cavalariça. O espetáculo campestre durou até 1925, quando a fazenda foi vendida e derrubada. Assim desapareceu o último vestígio do Vaugirard que Allan Kardec havia conhecido.

Os animais tomaram o caminho do matadouro; o meu companheiro de brincadeiras, filho do fazendeiro, partiu para a província e a construção do hotel Ceres começou. Ficamos assim definitivamente privados de sol e nossa vista, limitada. Perdoe-me essa digressão, mas os lugares são tão importantes quanto as datas.

Voltamos, portanto, ao ano de 1825, em que o sr. Rivail acertou numa nova escolha. Graças aos fundos emprestados pelo sr. Duhamel, seu tio materno, ele pôde adquirir uma grande casa com jardim para fundar sua instituição.

O ensino seria baseado no desenvolvimento simultâneo das qualidades intelectuais, morais e físicas dos jovens. Apesar do tempo passado na instalação da escola, ele continuou a escrever; em 1824, foi publicado um *Curso prático e técnico de aritmética*, seguido entre 1828 e 1831 de dois estudos com ideias bastante inovadoras. Numa época em que a Restauração queimava em praça pública as obras de Rousseau e Voltaire, Rivail era de certa maneira um precursor de Jules Ferry.[11]

---

[10] Inicialmente, em 1825, o professor Rivail vai criar, em Paris, a "Escola de Primeiro Grau". Em 1826, cria o Instituto Rivail. (Wantuil et Thiessen. *Allan Kardec*. Vol. 1, cap. 19, pp.110.)

[11] Jules Ferry foi por duas vezes ministro da educação da França, no período de 1880 a 1881 e de 1883 a 1885, fase de grandes transformações na educação: foi

Os protestantes eram sempre perseguidos, administrativamente no norte da França e com violência no sul: na região do Gard, houve várias chacinas. O número de fiéis que assistia a um culto era rigorosamente limitado, tinha sempre que renovar autorizações e enfrentar a má vontade da polícia real.

No entanto, frente à reação católica, o mundo moderno se organizava. Como o sr. Rivail, o conde de Saint-Simon procurava melhorar a organização das sociedades humanas e publicou obras cujos títulos são um verdadeiro programa: *O organizador*, 1820, jornal social; *O sistema industrial*, 1821-1822; Opiniões literárias, filosóficas e industriais: *O novo cristianismo*, 1825.

Em 1825, sob o reinado de Carlos X, algo impensável se produziu. No dia 23 de novembro, em Rouen, o trabalhador Roustel foi enforcado por se atrever a fazer greve. Havia protestado com seus companheiros trabalhadores contra a decisão da diretoria de suprimir, sem aumento de salário, o intervalo de meia hora para descansar, a partir do meio-dia. Houve três condenações ao trabalho forçado e quatorze penas de prisão de longa duração.

Saint-Simon proclamava a indústria como o objetivo da sociedade futura. Os intelectuais, artistas e produtores em geral compunham a única verdadeira aristocracia. Era preciso acabar com todos os privilégios de nascimento, sem exceção. A cada um segundo sua capacidade; a cada capacidade segundo suas obras. Os ociosos seriam proscritos da sociedade; o destino do homem deveria se limitar a algo útil e ao trabalho; todos os proletários de todos os países deveriam se unir para alcançar o objetivo comum. Karl Marx pôs essa frase no imperativo.

Após a morte do conde, em 1825, os seguidores da escola industrialista ganharam o nome de sansimonianos e quiseram passar da teoria à prática. O objetivo era criar uma nova hierarquia social, reformar o casamento e abolir a herança para substituí-la por uma filiação escolhida. Léon Rivail não ia tão longe, mas como Saint-Simon era a favor da igualdade absoluta entre o homem e a mulher e da criação

---

instituído o ensino laico, o ensino primário tornou-se gratuito e obrigatório, foram dissolvidas as escolas jesuítas e criados liceus para meninas.

de uma nova religião. Foi assim que um discípulo do conde, Prosper Enfantin, caiu no ridículo ao transformar o sansimonismo em igreja, o que jamais aconteceria com o futuro Kardec.

Enfantin, nome predestinado, autonomeou-se padre, no sentido pontifical da palavra, organizou uma hierarquia teocrática, elaborou doutrinas extravagantes e fundou uma comunidade modelo em Ménilmontant. Finalmente, em 1832, o padre Enfantin foi condenado a um ano de prisão sob duas acusações: associação ilícita e insulto aos costumes.

Agraciado, foi para o Egito em busca da Mãe suprema. Mas, ao mesmo tempo, como um bom sansimoniano, fundou uma sociedade para a perfuração do istmo de Suez. Também esteve na origem da Companhia da Estrada de Ferro Paris-Lyon. Em 1863, apareceu o último livro desse personagem complexo: *A vida eterna*.

Enfantin pensava no Egito; Balzac pensava em Madagascar. Observador mordaz do seu tempo, ele escreveu estas linhas humorísticas: "Você está apaixonado pela humanidade, vá para Madagascar! Você vai encontrar um povo pequeno e bonito, pronto para ser sansimonisado, classificado, colocado em frasco."

Saint-Simon, Kardec, Hugo, Balzac, Renan, Michelet, Auguste Comte... a França sempre foi um vulcão de ideias projetadas em todas as direções da bússola. Ah! Se o sr. Rivail tivesse suspeitado que seus ensinamentos fossem florescer um século mais tarde na América do Sul, principalmente no Brasil.

Mas, por enquanto, o jovem de vinte e cinco anos aplicava em seu instituto os métodos de Pestalozzi melhorados pelos seus. Era realista demais para não se distanciar do ingênuo e laxista Jean-Jacques, que pensava: sendo o homem fundamentalmente bom, basta deixar a natureza seguir seu curso. "O ser não nasce virtuoso ou vicioso", escrevia Léon Rivail, "mas mais ou menos disposto a receber e conservar as impressões próprias para desenvolver virtudes ou vícios". Sua pedagogia condenava os castigos corporais, o que era revolucionário para a época. "Jamais se deve bater nos alunos". Hoje, em 2004, uma nova era bárbara, ele acrescentaria: "Não se deve bater nos professores, nem xingar sua professora. É uma incivilidade".

Como os homens do século 18, ele acreditava na virtude e, como seus contemporâneos do século 19, tinha o progresso por religião: "Aquele que estudar todas as ciências chegará à verdade! Por isso, ele rirá da credulidade supersticiosa dos ignorantes. Não acreditará mais nos sonhos e nos fantasmas. Não tomará mais os fogos-fátuos por espíritos." Léon Rivail ainda estava longe de Allan Kardec.

Em 1830, a instituição da *rue* de Sèvres funcionava bem. Léon Rivail assumia uma grande parte das matérias e os jovens estudantes admiravam seu conhecimento enciclopédico. Os pais dos alunos eram gratos pela disciplina flexível, mas firme, e por sua pedagogia sempre original.

Contudo, havia uma sombra no quadro: a solidão sentimental. Esse cartesiano estava em descompasso com essa época romântica que exaltava as paixões mais desenfreadas. Ele não sonhava com um caso tumultuado "à la Chateaubriand", mas com uma felicidade tranquila, com uma boa esposa de família burguesa. E foi o que aconteceu.

No prédio ao lado morava um advogado aposentado com sua filha, Amélie. Fina e culta, ela se consagrava à aquarela e à poesia. Publicou três livros: *Contos primaveris*, 1825; *Noções de desenho*, 1826; *O essencial das belas artes*, 1828.[12]

Jovem e moderna, Amélie queria sua independência, por isso diplomou-se para ser professora. Fazia quinze anos que exercia essa profissão que a fascinava, ainda que não fosse obrigada a trabalhar. Filha única filha do sr. Julien Boudet, que tinha grandes posses no sul, ela era rica. Rica e cobiçada, mas não se decidia. Os jovens lhe pareciam terrivelmente sem graça e superficiais.

Por isso, resolveu não se casar até o dia em que ela notou o professor Rivail, que era um homem muito bonito, como evidenciado por um retrato da época. "Cuidado com a vizinha", disse Musset, "sempre se acaba por achá-la bonita". Com efeito, Léon a achava bastante bonita. "É pequena e muito bem feita", confidenciou aos ami-

---

[12] Amélie Boudet morava em prédio bem próximo ao de Rivail, na *rue* de Planche, 10 (Martins, Jorge D. e Barros, Stênio Monteiro de. *Allan Kardec, análise de documentos biográficos*. Cap. 3, p. 47, Lachâtre, Bragança Paulista, abril/2014.

gos, "bondosa e gentil, inteligente e animada". Os contemporâneos confirmaram essa descrição.

No dia 9 de fevereiro de 1832, o ano da terrível epidemia de cólera, prestes a devastar Paris, Léon Rivail casou-se com a srta. Amélie Boudet. Para não ferir ninguém, fizeram um casamento religioso. Ambos aderiam totalmente à profissão de fé de Jean-Jacques, o vigário de Saboia.

Outro evento ocorreu no dia 26 de fevereiro de 1832: um jovem pianista polonês de ascendência francesa, Frédéric Chopin, deu seu primeiro recital na *salle* Pleyel. Os jovens casados, ambos apaixonados pela nova música, foram assistir a esse evento romântico.

No fundo, Léon e Amélie eram deístas, acreditavam na existência de um Grande Mestre Absoluto, criador do universo, mas rejeitavam a revelação católica e os dogmas que resultavam dela. Acreditavam apenas na religião natural, aquela encontrada no coração e na harmonia da natureza. Na realidade, estavam mais próximos do teísmo do que do deísmo, que nega a Providência e afirma que a natureza de Deus não pode ser concebida. O teísta acredita em um Deus pessoal, Providência do mundo, recompensador na vida futura. É difícil distinguir o teísmo do monoteísmo puro; no fundo, Léon e Amélie eram cristãos à maneira da época anterior ao Concílio de Niceia.

Estava me aprontando para enviar as linhas anteriores para serem digitadas quando um texto de Allan Kardec, intitulado "Cinco alternativas para a humanidade", chegou milagrosamente ao meu conhecimento. Com sua habitual clareza, ele explicava o panteísmo, o materialismo, o deísmo, o dogmatismo e o espiritismo. O que ele diz da doutrina deísta confirma o que acabei de expor intuitivamente. E o que chamei de teísmo corresponde ao que ele define como deísmo providencial.

O deísmo consiste em duas categorias distintas de crentes: os deístas independentes e os deístas providenciais.

> Os deístas independentes creem em Deus, admitem todos os seus atributos como Criador. Deus, dizem eles, estabeleceu as leis gerais que regem o universo, mas essas leis, uma vez criadas, funcionam sozinhas, e o autor não se preocupa com mais nada. As criaturas fazem

o que querem ou o que podem, sem que ele se preocupe. A providência divina não existe; já que Deus não se preocupa conosco, não há por que agradecê-lo nem solicitá-lo.

Os que negam a intervenção da Providência na vida do homem são como crianças que acreditam ser razoáveis o bastante para livrarem-se da tutela, dos conselhos e da proteção de seus pais ou que pensam que os pais não têm mais que cuidar deles, já que foram postos no mundo. E, sob o pretexto de glorificar Deus, demasiado grande para baixar-se até as criaturas, fazem dele um sublime egoísta e o rebaixam ao nível dos poucos animais que abandonam sua progenitura aos elementos.

Essa crença resulta do orgulho; está sempre relacionada ao pensamento de estar submetido a um poder maior do qual o ser procura livrar-se, pois fere seu amor próprio. Enquanto alguns recusam totalmente esse poder, outros consentem em reconhecer a sua existência, mas o condenam à nulidade.

Há uma diferença fundamental entre o deísta independente e o deísta providencial, pois o último não só acredita na existência e no poder criador de Deus, que está na origem das coisas; ele acredita ainda na sua intervenção incessante na criação e o solicita, mas não admite o culto externo nem o dogmatismo.

Esse era o credo de Léon e Amélie, que se entendiam em termos de inteligência e espiritualidade, como em termos de sentidos. Ele tinha vinte e sete anos, ela, trinta e sete, mas como era viva e delicada, parecia ter a mesma idade. O casamento de amor foi seguido por trinta e sete anos de uma felicidade exemplar. Felicidade tranquila e estudiosa: "Meu querido companheiro de trabalho", dizia Amélie; "Minha cara esposa que, para trabalhar comigo, renunciou a todas as distrações do mundo que sua condição familiar lhe proporcionava", dizia Léon.

Amélie compartilhava suas ideias educacionais, assim como as espirituais e, mais tarde, suas ideias espíritas. Continuou a obra do seu grande homem e deixou o mundo em 1883. Alguns anos atrás, uma revista consagrou um artigo aos ilustres namorados, casados ou não.

Ao lado de Abelardo e Heloísa, estavam Allan Kardec e Amélie, um casal eminentemente balzaquiano.

No entanto, se a sra. Rivail amava o marido, não concordava em tudo com ele: ela tinha suas ideias e sabia defendê-las. Assim, não compartilhava a admiração de Léon por Rousseau:

"Você esquece, meu amigo, que o mais ilustre de seus discípulos foi Robespierre. E não é tudo, o que disse vosso Jean-Jacques da educação de meninas é simplesmente ultrajante. Ouça isto:

> Justificai sempre as tarefas que imposerdes às jovens, mas deveis impor-lhes sempre tarefas. A ociosidade e a indolência são os dois defeitos mais perigosos para elas e de que mais dificilmente se curam após contraí-los. As jovens devem ser vigilantes e laboriosas; não é tudo: elas devem ser contrariadas desde cedo. Esta desgraça, se é que é uma, é inseparável do seu sexo, e dela nunca se libertam senão para sofrer outras bem mais cruéis. Estarão a vida toda escravizadas a constrangimentos contínuos e severos, os do decoro e das conveniências. É preciso exercitá-las desde logo a tais constrangimentos, a fim de que não lhes pesem... e sobretudo ensiná-las a superar-se.
>
> Extremadas em tudo, entregam-se a seus jogos com mais paixão ainda do que os rapazes: é o segundo dos inconvenientes de que falei acima. Essa paixão deve ser moderada, porque é a causa de vários vícios peculiares às mulheres, como, entre outros, a obsessão que leva uma mulher a entusiasmar-se hoje por tal ou qual objeto que desprezará amanhã. A inconstância nos gostos é-lhes tão funesta quanto esse entusiasmo e ambos provêm da mesma fonte. Não lhes tireis a alegria, os risos, o ruído, as brincadeiras loucas, mas impedi que se fartem de uns para correr aos outros; não admitais que num só momento da vida elas não tenham freio. Acostumai-as a se verem interrompidas em seus divertimentos e levadas a outras ocupações sem protestos. Nisto o simples hábito basta também, porque não faz senão secundar a natureza.
>
> Resulta desse constrangimento habitual uma docilidade de que as mulheres necessitam durante a vida toda, porque nunca deixam de

estar submetidas ou a um homem ou ao julgamento dos homens, e que não lhes é permitido colocarem-se acima de tais juízos.

– Desconforto, constrangimento, sujeição... Ah! o belo programa – trovejou Amélie, indignada.

– Acalme-se, minha doce amiga, nunca exerci constrangimento sobre você e você nunca foi sujeitada, que eu saiba.

– De fato, mas você não admite moças na escola.

– Ora, Amélie, uma escola mista, jamais se viu!

– Há professoras!

– Uma professora jovem e muito atraente poderia perturbar os jovens de quinze a dezoito anos de idade – conclui Rivail com ingenuidade. – Do menor ao maior, todos os meninos adoram você. São os filhos que você não teve... Pelo que sei, alguns pequenos te chamam até de mãe, pois deu a este estabelecimento o calor que estava faltando.

De fato, o instituto técnico da *rue* de Sèvres era um verdadeiro porto de felicidade onde reinavam a amizade e a paz.

Foi um sucesso a distribuição de prêmios que ocorreu em 1832, mas foi também seu canto do cisne. Para a inauguração da cerimônia, o diretor fez um discurso muito positivo retratando em linhas detalhadas seu ensino. Ele havia desenvolvido o estudo, até então negligenciado, das ciências e de línguas vivas; havia aberto cursos de anatomia, fisiologia, física e desenho geométrico. Apaixonado pela música, ele deu um papel importante ao canto coral. Ao contrário da nossa época superficial, favorável à leitura rápida, dita "em diagonal", ele havia ensinado uma leitura uniforme, isto é, aprofundada, apreciada, expressiva.

Quanto à história, nossos contemporâneos não rejeitariam seu ponto de vista.

> Quis fazer do ensino um estudo dos olhos, tanto quanto da mente. Apresentei os fatos de uma forma sensata através de desenhos, de quadros sinóticos, com os homens e os eventos organizados cronologicamente. Em qualquer outro lugar, limita-se esse ensinamento à his-

> tória política, enquanto os modos, costumes e progresso das artes são negligenciados... Baseei-me nos homens famosos, porque são eles que fazem a história... Todos encontraram um lugar nesse museu histórico, assim como as invenções, monumentos, costumes, foram postos em ordem cronológica e registrados século após século.

Esses quadros, desaparecidos para sempre, eram como uma prefiguração de nossas histórias em quadrinhos educacionais.

> Se o estudo dos tratados e da história política – continuou o sr. Rivail –, a filiação das casas soberanas não são de grande interesse, o verdadeiro objeto da história é o progresso artístico e científico.
> Quando procuro descrever, nas aulas, o tipo de vida de nossos ancestrais... vocês riem de suas superstições, de sua credulidade. Fala-se das guerras incessantes, dos crimes... dos grandes guerreiros, mas não há nenhum estudioso mencionado, poucos literatos... poucas invenções ou nenhuma... os inventores e os cientistas são queimados como bruxas...
> Enquanto nos últimos séculos, ao contrário, temos visto o florescimento das artes e das ciências... assim como uma infinidade de descobertas e costumes suavizados.

Não esqueçamos que ele está falando sob o regime da monarquia jovial de Luís Filipe, o rei-cidadão, e de sua esposa Marie-Amélie. Por isso, ele acrescenta:

> Portanto, para concluir, eu diria àqueles que pretendem consagrar-se ao ensino que o professor pratica uma arte bastante difícil: a de formar o homem. O ensino é uma arte filosófica e não há uma profissão mais bela do que ser professor. Quanto a vocês, meus amigos, quero lembrar que, instruindo-se, trabalham para sua própria felicidade.

Em nome dos alunos, um jovem de quinze anos, Louis Rouyer, tomou a palavra e disse:

Caros amigos, pela clareza e elegância que caracteriza o estilo do mestre, sucederá a incoerência do aluno. Devo esboçar brevemente a história do prêmio, como recompensa ao maior merecedor... O primeiro vencedor conhecido é Baco. Em seguida vem Milcíades, o vencedor da maratona, e por ter solicitado uma coroa como prêmio de sua vitória, ele recebeu como resposta: 'Milcíades, quando tiver lutado sozinho, você será honrado sozinho'.

Hoje em dia, no entanto, na falta de Olimpíadas, as academias distribuem recompensas aos escritores. Medalhas de ouro são atribuídas aos autores dos melhores discursos cujos temas foram fornecidos por essas companhias eruditas... Portanto, não é sem uma viva emoção que recordo o triunfo do sr. Rivail, nesta hora em que a Academia Real das Ciências de Arras coroa sua dissertação.

Nessa dissertação, Léon Rivail descreveu a hierarquia das aristocracias que se sucederam na história da França. A aristocracia da força, durante o período gaulês e o milênio medieval; a aristocracia de nascimento, abolida pela Revolução; a aristocracia da riqueza, correspondente ao atual desenvolvimento da burguesia; a aristocracia da inteligência, formada pelas elites que irão preparar a futura educação.

4. Um deplorável golpe do destino

Infelizmente, o sr. Duhamel,[13] arrendador dos fundos, não praticava as virtudes em que seu sobrinho era campeão: era jogador e frequentava as casas de jogo de Spa e Baden-Baden.

Um belo dia, ele precisou de quarenta e cinco mil francos para reparar suas perdas. Foi assim que forçou seu sobrinho a vender a instituição próspera da *rue* de Sèvres.

Como a reputação do estabelecimento era boa, encontraram imediatamente um comprador, que pagou noventa mil francos pelo imóvel, de modo que o casal Rivail recebeu a metade dessa quantia.

Seguindo o conselho de Amélie, Léon confiou essa soma considerável a um negociante, um "bom amigo", que declarou que, investindo numa previdência, a velhice do casal estaria segura. Era verdade numa época em que a moeda era estável, pois entre 1814 e 1914, apesar das guerras, dos distúrbios, das mudanças de regime e das revoluções endêmicas, o franco não mudou um centavo.

Contudo, o futuro Kardec não tinha a menor vontade de se aposentar. Na flor da idade e com a concordância da esposa, ele pensava em criar uma nova instituição num prédio mais modesto, devido à quantia de dinheiro que tinham.

---

[13] Para conhecer mais detalhes sobre o sr. François Duhamel, leia *O Reformador*, Federação Espírita Brasileira, abril de 2014, p. 17.

Entretanto, um mês depois, um novo infortúnio ocorreu: o "bom amigo" faliu. Os cônjuges Rivail estavam na tormenta. Porém, enfrentaram a situação com coragem: Amélie tornou mais modesto seu estilo de vida, enquanto Léon, sem pronunciar a menor crítica e preferindo não dever nada ao sogro, assumiu três contabilidades, uma delas a do teatro Folies-Marigny, o que permitiu mais tarde a seus detratores, entre eles René Guénon, dizer que ele era autor de vaudeviles.

Para completar seus recursos e, sobretudo, para não parar com o ensino, ele solicitou e obteve um cargo de professor no Liceu Polimático, escola secundária privada que vinha se juntar às escolas públicas: Descartes, São Luís, Carlos Magno, Bonaparte (futuro Condorcet). Também ensinou no curso Levy-Alvarez, muito famoso na época. De noite, em sua casa, ele dava gratuitamente aulas de física, química, astronomia e anatomia para alunos carentes ou necessitados.

Por fim, encontrou o meio e o tempo para escrever novos livros didáticos que lhe iriam proporcionar certa notoriedade e uma renda substancial. Eis alguns títulos:

– *Manual de exames para certificados de competência* (1846).
– *Curso completo, teórico e prático de aritmética* (1847).
– *Catecismo gramatical da língua francesa* (1848).
– *Ditados da primeira idade* (1850).
– *Ditados da segunda idade* (1850).

Livros tão claros, tão interessantes que receberam prêmios acadêmicos e foram adotados pela universidade. Permaneceram em vigor até o final do século retrasado.

Quanto ao seu patrão, sr. David Levy-Alvarez, "o inventor genial de um método de educação para meninas", ele havia fundado em 1825 um curso de educação maternal que obteve um sucesso duradouro. Encorajado, criou oito anos mais tarde um curso regular semanal, e completava a formação de jovens professoras todos os domingos. Amélie Rivail ficou muito contente por poder voltar ao serviço e ajudar o sr. Alvarez numa área em que era particularmente competente.

Todavia, nem ela nem o marido se sentiam à vontade com a nova situação; reinava uma impressão confusa de aflição. Não tinham mais o capital que lhes permitiria criar uma instituição digna da primeira. O sr. Julien Boudet não estava mais ali para emprestar os fundos necessários. Pouco remunerados, eram apenas simples colaboradores do sr. Levy-Alvarez (1794-1870), muito mais conhecido na época do que o sr. Rivail. Ele era o feliz autor das obras: *Novos elementos de história* (1829) e *Mãe professora* (1834-1836, em 3 volumes). O fato de estar sem dinheiro, de não poder criar uma obra própria, era uma prova muito difícil, porém providencial; eles só entenderam isso quinze anos mais tarde.

O mundo espiritual queria que o pedagogo Léon Rivail desaparecesse para dar lugar a Allan Kardec e ao espiritualismo experimental. Ele tinha coisas mais importantes a fazer do que ensinar matemática e ortografia às gerações mais jovens.

Se o "bom amigo" não tivesse falido, o sr. Rivail, decorado com honras acadêmicas, teria morrido em paz com uns oitenta anos, honrado com os pêsames pessoais do ministro da educação pública, depois de escrever muitos livros didáticos e ter presidido umas cinquenta distribuições de prêmios. Ele não teria cumprido em silêncio e sem violência sua extraordinária revolução filosófica. Será que alguém teria interesse em ler seus livros em 2004? Alguém pensaria em celebrar seu bicentenário?

Da mesma forma, sem a tragédia ocorrida em 1946, no dia 2 de maio, Roland de Jouvenel, o mensageiro iluminado do além, estaria hoje com setenta anos. Teria realizado uma brilhante carreira econômica e filosófica, como Bertrand de Jouvenel, seu pai, e teria vivido um belo passado literário, como sua mãe, Marcelle Prat, e não teria repatriado uma única alma a Deus.

Georges David, doutor em ciências, teria realizado uma bela trajetória de professor e de pesquisador, mas George Morrannier não teria deixado os textos que nos faltavam: mensagens científicas.

Quanto a Pierre, de volta da guerra em novembro de 1918, sem ferimentos graves, ele teria assumido a direção do banco Neuflize

-Mallet-Schlumberger, de Louis Monnier, seu pai. Esse *golden boy* dos anos 30 teria casado com uma jovem moça da HSP.[14] Talvez fosse essa senhora encantadora de uma idade avançada que conheci e que me deu sobre ele tantos detalhes biográficos muito úteis.[15]

Num caso como nos outros, não teríamos tido as mensagens crísticas. A vida espiritual não teria progredido e não saberíamos que "a morte não acaba em nada, nem o amor, nem a vida".

Enquanto o professor Rivail corrigia, em fevereiro de 1848, as provas de seu *Catecismo gramatical* (um trabalho valioso que seria novamente publicado com urgência e distribuído nos ministérios e nos meios midiáticos), os intelectuais e trabalhadores parisienses derrubavam Luís Filipe, o clemente, que, como Luís XVI, não tinha nada de tirano, pois nem queria disparar nos revoltados. Mas é uma lei da história: não ousando atacar os verdadeiros déspotas que o desprezam, o bom povo levanta-se preferivelmente contra os chefes de Estado que querem apenas seu bem. Luís XVI, em pleno inverno, ia distribuir pão aos indigentes. Luís Filipe entrava num bar, colocava seu guarda-chuva no balcão e oferecia uma bebida para todos os trabalhadores presentes. Valery I, descendente distante de Luís XV, convidava-se à mesa de um casal francês da classe média para jantar com eles num ambiente acolhedor e, na hora da sobremesa, tocava um pouco de acordeão; atos demagógicos que não o impediram de perder seu cargo no palácio do Eliseu, como o rei burguês havia perdido as Tulherias.

O casal Léon/Amélie apresentava várias semelhanças com o casal Luís Filipe/Maria-Amélie. Sr. Rivail e o rei, que nunca se conheceram, tinham tudo para se entender. Ambos eram liberais burgueses e tinham simpatia pelo mundo dos trabalhadores, que, por sinal, eles

---

[14] Sigla de *Haut Société Protestant* (alta sociedade protestante), poderosa minoria protestante na França, em meio à grande maioria católica, composta de industriais, banqueiros e políticos importantes.

[15] Jean Prieur se refere a três casos de pessoas que desencarnaram precocemente (Roland de Jouvenel, Georges David / Georges Morrannier e Pierre Monnier) para, em seguida, se dedicarem à tarefa de esclarecimento da humanidade através da mediunidade. Sobre todos os casos, Prieur publicou minuciosos relatos em diversas de suas obras.

mal conheciam. Ambos foram esposos acima de qualquer elogio e fizeram a alegria de suas respectivas Amélie. Ambos receberam a mesma educação influenciada por Jean-Jacques Rousseau.

A sra. de Genlis, preceptora dos filhos de Orleans, tinha as mesmas ideias ousadas que Pestalozzi em termos de pedagogia. Ela atribuía uma grande importância às atividades do corpo, inventava exercícios físicos com roldanas e pesos, forçava os jovens príncipes a suportarem o frio, o calor intenso e o cansaço de longas caminhadas, calçados com sapatos com solas de chumbo.

Durante os passeios, não paravam de se instruir e coletavam plantas acompanhados de um professor de botânica. Cada moço recebia um jardim que devia cultivar dirigido por um jardineiro autoritário que só falava alemão. A sra. de Genlis, que dava também às línguas modernas uma grande importância, tinha decidido que seus alunos iam cultivar seu jardim em alemão, almoçar em inglês e jantar em italiano. O resto do tempo, eles podiam falar francês.

Luís Filipe, o republicano, cujos cinco filhos eram educados no Colégio Henrique IV, não solicitava para eles nenhum tratamento especial; as princesas apenas tinham preceptores. Ele mesmo tinha sido professor, tinha dado aulas de matemática quando estava refugiado na Suíça para escapar do tumulto revolucionário... como o futuro Napoleão III.

Ah, a Suíça! Os dois democratas poderiam ter se sensibilizado com o país das votações. O rei era democrata, mas de forma prudente. Sob seu reino, o emprego de crianças com menos de oito anos foi proibido e a escravidão foi abolida em nossas colônias. Mas os salários haviam caído desde o Império e, enquanto os negócios iam melhorando cada vez mais, a miséria geral crescia. Sua maior conquista foi ter criado o ensino primário, em colaboração com Guizot, o ministro do interior, precursor de Jules Ferry.

Tive em mãos um livro surpreendente sobre os grandes homens da Confederação. Nele constavam Einstein e Napoleão III, que, de fato, haviam pedido a nacionalidade suíça. Em seguida, Einstein obteve a cidadania americana, ao passo que o imperador se esqueceu de pedir à França sua reintegração.

Enquanto o horizonte nacional escurecia e ocorriam os terríveis dias de junho de 1848, George Sand recebia da amiga Maria Dorval uma carta desesperada na qual a atriz lhe falava da morte de seu neto George.

Refugiada em Nohant, George Sand respondeu, no dia 16 de junho de 1848:

> Não queria acreditar na terrível notícia que tinham me dado como incerta, e também não queria questioná-la, minha pobre Maria tão querida. Sua carta me parte o coração e choro com você o ser feliz abençoado de Deus, já que foi devolvido a ele antes de ter conhecido nossa triste e horrível vida. Ele está feliz! Viveu apenas de carinho, amor, abraços e felicidade. Não está no pequeno túmulo onde você vai chorar, está no seio de Deus. Seja qual for o seu paraíso, está bem onde está, já que retornou puro como ele havia chegado. Fique tranquila quanto ao seu neto, que em outras partes está sendo amado neste momento, e o amor que você sempre sente por ele, apesar da morte, acompanha-o e protege-o em outra esfera de existência, onde ele vê você e sorri para você constantemente.
>
> Deus é justo, não é cruel e vingativo como os homens. Não há loucura nem estupidez em acreditar numa vida melhor aonde vão aqueles que nos deixam e onde um dia encontrá-los-emos. Seria impossível, de minha parte, não acreditar nela, pois aqueles que perdi e amei parecem-me sempre vivos. Se a morte fosse absoluta, a vida não seria...

Mencionei essa maravilhosa e completa profissão de fé porque era impossível dizê-lo melhor. Resume o ensinamento do futuro Kardec.

Caçados pela revolução de 1848, Luís Filipe e Maria-Amélie embarcaram clandestinamente em Trouville, com destino à Inglaterra.

A Segunda República era proclamada... e Léon Rivail, eterno estudante, refugiou-se na leitura. Naquela hora estava interessado no mesmerismo, que ainda tinha seguidores. Certa vez, seu amigo Fortier lhe explicou como, através de passes magnéticos acompanhados pela força de vontade, ele fazia uma pessoa mergulhar numa condição anormal chamada sonambulismo. As faculdades do magnetizado eram aumentadas a tal ponto que podia ler num livro fechado com os olhos tampados por uma faixa. Perceber a grandes distâncias cenas reais, captar o pensamento do magnetizador, descobrir objetos perdidos e até mesmo prever o futuro se tornavam uma espécie de jogo.

Fortier era incapaz de explicar os princípios e as leis que regiam esses fenômenos, o que deixava o sr. Rivail muito cético. Quando tais comentários vinham de seu amigo, de cuja boa fé não duvidava, ele os atribuía à sua ingenuidade; mas, quando vinham de outros, chamava-os de charlatães.

Outro amigo, o livreiro-editor Maurice Lachâtre, veio lhe falar de palingenesia: era o nome dado então à reencarnação, palavra que somente apareceria em 1857.

– A palingenesia – disse ele – explica o ser humano, sem apelar para o pecado original e a revelação. Ela faz do progresso uma lei necessária, e da sociedade um ser vivo, animado por um tipo de personalidade que se renova em seus membros, sem deixar de existir. A fábula da Fênix renascendo das cinzas parece ser uma figura alegórica da palingenesia.

– Para mim – disse Rivail – é uma figura da ressurreição da carne.

– É quase a mesma coisa!

– Sua palingenesia nega a criação, pois, como os gregos, ela considera a matéria eterna.

– Eram os gregos que tinham razão, como os hindus, os budistas e os gauleses.

– Druidas agora! Os druidas, esses bárbaros! Caro Maurice, você me assusta!

Dez anos mais tarde, Maurice Lachâtre se converteria ao espiritismo e colocaria a serviço de Allan Kardec seus talentos de livreiro e de divulgador. Por enquanto, o novo Diderot trabalhava em seu dicionário universal, verdadeiro monumento dedicado à literatura e às artes, um instrumento poderoso de propaganda democrática e filosófica:

> (...) arsenal inesgotável em que a geração atual encontrará as armas necessárias para combater o fanatismo religioso, o despotismo

político, as más paixões, o egoísmo, o orgulho, o amor pelas riquezas, a ociosidade, a exploração da classe trabalhadora e das mulheres, os abusos e os privilégios da casta aristocrática.

Reencontraremos Maurice Lachâtre, poucos anos mais tarde, em outubro de 1861, em Barcelona, durante o auto de fé das obras de Kardec.

Em relação às vidas sucessivas, Lachâtre compartilhava das ideias do filósofo Jean Reynaud, lionês como Kardec. Em 1835, Reynaud fundou com Pierre Leroux, ex-sansimoniano e grande amigo de George Sand, a *Nova enciclopédia*. Este monumento devia ser também o equivalente da *Enciclopédia* do século 18, mas com um espírito totalmente diferente. Os títulos dos principais artigos escritos por Reynaud falam por si: "Druidismo", "Orígenes", "Palingenesia", "Vida futura"...

Em 1848, entrou na política: os eleitores de Mosela escolheram-no para representá-los na Assembleia Constituinte. Pouco tempo antes, fora nomeado subsecretário de estado na educação pública, quando ele fundou a Escola Nacional de Administração (ENA), onde eram formados os subprefeitos e os vereadores. O estabelecimento, que devia ser similar à Escola Politécnica, foi abolido em 1849, por ser considerado demasiado elitista, embora este adjetivo de conotação negativa ainda não existisse na época.

Eugène de Eichtal retomou a ideia sob o nome de Escola das Ciências Políticas, transformada em 1946 pelo general de Gaulle em Escola Nacional de Administração. Será que o general, devoto católico, sabia que a sigla ENA pertencia a Jean Reynaud, um fervoroso reencarnacionista?

De volta à vida privada, o filósofo da palingenesia tomou a decisão de dedicar-se aos temas fascinantes da sua juventude. Foi quando ele começou a escrever sua obra principal, *Terra e céu*, na qual a beleza de estilo compete com a força do pensamento.

Portanto, Maurice Lachâtre falava com entusiasmo de Jean Reynaud e tentava convencer o professor Rivail, mas este resistia com todo seu cartesianismo, reforçado pela sua educação suíça-protestante.

sr. Rivail tinha um terceiro amigo, sr. Carlotti, um corso petulante que ele conhecia desde 1830. Carlotti era entusiasmado pelas novidades, especialmente aquelas vindas da América. Um dia, contou a Rivail como os membros da família Fox, da aldeia de Hydesville (no estado de Nova Iorque), em março de 1848, tinham ouvido barulhos estranhos no último andar de sua casa. Era como se alguém estivesse batendo no chão, fizesse barulho de cadeiras viradas e deslocadas. Mas, quando os quartos eram visitados, não havia ninguém.

Uma das moças Fox teve a ideia de dizer ao misterioso envolvido: "Por favor, sr. espírito, faça como eu, conte até três!" O invisível bateu três vezes e a moça desmaiou em seguida. Logo, toda a aldeia estava alvoroçada e em efervescência. Um inquilino anterior da casa Fox veio trazer seu depoimento: numa noite sem lua, ele tinha ouvido claramente alguém bater dois golpes sonoros em sua porta. Foi abrir, mas não havia ninguém.

A casa de John Fox continuava assombrada, o fantasma (agora familiar) respondia a todas as perguntas: a idade das crianças, sua qualidade como espírito, sua situação no além; aparentemente não estava se sentindo em casa e tinha contas a acertar com os vivos. As moças tiveram a ideia de usar o alfabeto, onde passavam uma caneta. A cada passagem sobre uma letra escolhida, o espírito devia dar um golpe, o que fez obedientemente. Charles Rayn pôde assim dar seu nome, informar a família Fox que tinha sido assassinado e pedir orações. Quando o sr. Rivail ouviu essa história, não aguentou.

– Carlotti, meu amigo, não me diga o resto! Não posso acreditar que você passou a se interessar por contos medievais absurdos. Tais extravagâncias só conseguem seduzir os americanos, um povo jovem e ingênuo. Nunca veremos isso na Europa. Estamos em 1848 e assuntos muito mais importantes absorvem nossos contemporâneos.

Será que estava se referindo ao *Manifesto do Partido Comunista*, que tinha sido publicado em Londres algumas semanas antes da revolução do dia 24 de fevereiro em Paris? O texto de Marx e Engels já havia sido adotado por um Congresso de operários de vários países realizado no ano anterior na capital inglesa. Expulso da França em

1845 pelo ministro Guizot, o professor Marx, então com trinta anos, refugiou-se em Bruxelas, onde não estava protegido da perseguição policial. Foi então para Londres, a cidade onde todos podiam se expressar. Ele rejeitava os socialistas utópicos franceses: Saint-Simon, Fourier, Cabet, Proudhon, Louis Blanc, que eram a seu ver muito ingênuos. Segundo ele, devia-se considerar o passado como se jamais tivesse existido e fazer as leis do futuro unicamente em função da experimentação.

Herr Doktor Marx pretendia estabelecer um socialismo científico, baseado na obra de Darwin, na filosofia médica, na fisiologia, na sociologia, na antropologia. Segundo ele, o homem não era um ser com faculdades complexas, mas uma espécie de máquina com movimentos invariáveis regidos pelo determinismo. Devia-se estabelecer a lei do indivíduo de acordo com a avaliação de seus órgãos e formular o direito internacional de acordo com os caracteres das raças humanas. E Deus em tudo isso? Nem era mencionado!

O manifesto terminava com o *slogan* emprestado, como vimos, do conde de Saint-Simon: "Proletários de todos os países, uni-vos".

Uma frase tantas vezes verificada escorregou maliciosamente nas suas predições: "A burguesia produz seus próprios coveiros".

Encantado pelos eventos causados pela Filha mais velha da Igreja tornada a filha mais velha da Revolução, *Herr Doktor* Marx (para falar como os alemães) viajou para Paris em 1848 a fim de espalhar a boa notícia. No entanto, desencorajado pelas veleidades, pelas discussões e as divisões dos franceses, logo resolveu deixá-los e ir a Colônia, onde havia estourado a revolução.

Em nenhuma dessas cidades ele subiu nas barricadas, porque, como disse um jornalista na época: "No silêncio de seu gabinete e de seus escritos, o sr. Marx não recua diante de nenhuma consequência de suas doutrinas, mas na privacidade é um homem calmo, honesto, normal, um verdadeiro burguês alemão."

Todos esses adjetivos podiam aplicar-se ao sr. Rivail, que não contestava a ordem estabelecida.

5. 1848, ano efervescente...

...Efervescente e tipicamente francês; lembremos algumas datas: 22 de fevereiro, os estudantes e os trabalhadores provocam a revolta. Dois dias depois, Luís Filipe abdica, os republicanos formam um governo provisório. No dia 2 de março, em Paris, o governo limita a jornada de trabalho para dez horas e o sufrágio universal é estabelecido. A 23 de abril, eleição da Assembleia Constituinte. Vitória dos republicanos, nos quais votou o sr. Rivail.

A 4 de maio, a República é proclamada; a 10 de maio, para substituir o governo interino, a Assembleia elege um comitê executivo de cinco membros; a 22 de junho, contra o fechamento das oficinas nacionais, os trabalhadores se revoltam. Quatro dias depois, a insurreição é esmagada. A 12 de novembro, a Constituição da Segunda República é proclamada. Em dezembro, Victor Hugo e seus filhos fazem no seu jornal, *L'événement*, uma ativa propaganda em favor de Luís Napoleão Bonaparte, que no dia 10 do mesmo mês é eleito presidente da Segunda República.

Ainda em 1848, um ano rico em choques políticos e espirituais, um jovem de vinte e cinco anos, muito impressionado com a nova revolução, escrevia sua própria profissão de fé. Ele acabava de sair do seminário de São Sulpício, após uma estada (oh! ironia da história) em Saint-Nicolas-du-Chardonnet, e rejeitava todos os ensinamentos recebidos, principalmente o dogma de que o Cristo era coigual e coeterno de Deus.

"Tudo isso", pensou ele, "não faz sentido. Devemos rever tudo, repensar tudo, substituir tudo." Estava disposto a ir muito mais longe do que Lutero e Calvino, que haviam restaurado a antiga trindade, que não consta do *Evangelho*.

Questionando todo o magistério, ele chegou às mesmas conclusões que Kardec: ciência, poesia (ou seja, beleza) e moral deviam constituir a base para edificar a religião verdadeira e completa, isto é, a religião natural do futuro.

Esse novo contestador que vinha da Bretanha, uma região profundamente católica, chamava-se Ernest Renan. Seu livro intitulado *O futuro da ciência*, escrito em 1848-1849, só seria publicado em 1890, dois anos antes de sua morte.

É dessa religião verdadeira, religião natural, despojada de ritos, apenas centrada em Deus, que Kardec iria falar, embora esse bretão póstumo nunca tivesse tido em mãos o livro *O futuro da ciência*.

Precursor da religião natural e de sua universalidade, Orígenes já havia afirmado no século 3: "Em toda alma encontram-se o sentido espiritual e a imagem de Deus." Sem dúvida, a evolução da humanidade é muito lenta! Quantos recuos, quanta estagnação!

Ainda em 1890, outro jovem de vinte e cinco anos, estudante protestante da Alsácia, na Faculdade de Teologia de Estrasburgo, começou a duvidar da doutrina da igreja luterana sobre a trindade e a assimilação total de Cristo a Deus. Finalmente, renunciou a ser pastor e professor de teologia. Por volta dos trinta anos, começou a estudar medicina para fundar, em 1913, o hospital de Lambaréné no Gabão. Seu nome era Albert Schweitzer.

Ele também aspirava a uma religião natural e ao reino de Deus, e sua fé podia ser resumida nestas palavras que lhe surgiram durante uma breve iluminação: respeito pela vida, respeito por toda vida, seja humana, animal e até mesmo vegetal.

E, junto com Kardec, também podemos acrescentar: respeito pela vida dos espíritos, os quais muitas vezes são consultados por curiosidade mundana ou por simples divertimento.

Quando a revolução de 1848 estourou, Michelet trabalhava em sua obra *História da revolução*, aquela de 1789. Estava entusiasmado antes de se decepcionar. Como o sr. Rivail, antes de Allan Kardec, ele não acreditava em espíritos; essas duas passagens de sua Joana d'Arc não deixam dúvidas:

> Uma criança de doze anos, uma jovem, confundindo a voz de seu coração com a voz do céu, concebeu a ideia estranha, improvável, absurda, de certa forma, de executar algo que os homens não podem fazer: salvar seu país. A força da vida, exaltada e intensa, não foi menos criativa. A moça criava involuntariamente, por assim dizer, e realizava suas próprias ideias, que eram para ela seres humanos, de modo que lhe davam uma existência maravilhosa e todo-poderosa.

Em outras palavras, a pequena Joana dava à luz são Miguel.

O ano de 1848 também foi crucial para Auguste Comte, discípulo de Saint-Simon, que negava qualquer metafísica ou religião. Para puni-lo, tiraram-lhe o curso de astronomia que ele ministrava há dezessete anos na prefeitura do 3º distrito de Paris. Fato mais sério ainda, a instituição Laville, onde era professor, teve de fechar suas portas. Como ele já havia perdido seus dois empregos, de supervisor e examinador, na Escola Politécnica, estava sem recursos. Do ponto de vista sentimental, também estava fracassado: dois anos antes, a jovem por quem era louca e platonicamente apaixonado morrera após uma longa doença. Na época, ninguém foi capaz de nomear e curar sua doença: leucemia, câncer, tuberculose? Desesperado, ele fez dela a Virgem Mãe de sua religião ateia. Na verdade, o fundador do positivismo não acreditava em Deus, nem no Espírito e muito menos nos espíritos. A única sobrevivência que admitia era a memória nas mentes dos homens.

Desde então, viveu afastado, sozinho, no seu pequeno apartamento da *rue* Monsieur-le-Prince, 10. Não lia mais os jornais, recebia apenas uns poucos discípulos que lhe levavam algo para seu sustento e passava seu tempo desenvolvendo sua insana religião da humanidade, pronunciando diante do altar dedicado a Clotilde de Vaux orações desnecessárias, visto que estava convencido de que nunca mais iria revê-la.

Auguste Comte faleceu em 1857, ano em que foi publicado *O livro dos espíritos*, que teria fornecido a resposta às suas perguntas, acalmado sua depressão e suas contradições, das quais há poucos exemplos.

Incansavelmente, Léon Rivail buscava Deus de todo seu coração, com todas suas forças e especialmente com toda sua mente. Sua busca há muito tempo não passava mais pelas religiões, que tinham contradições, erros e fraquezas demais a seu ver. Satisfazia-lhe o protestantismo com seu lado evangélico e racional, mas Lutero e Calvino permaneciam trinitários. Quanto ao catolicismo, nem se falava; o professor Rivail conhecia muito bem a história da igreja e se lembrava da Restauração. Apenas o deísmo e a religião natural o entusiasmavam.

Por isso voltava a Jean-Jacques Rousseau, que, cem anos antes, frequentava os enciclopedistas e fazia as mesmas perguntas que Grimm, Diderot, Holbach e até mesmo Louise d'Épinay, sua protetora. A profissão de fé do vigário de Saboia parecia ao jovem Rivail mais do que nunca atual. A passagem seguinte, transcrita em diálogo para sublinhar sua vitalidade, parece ter surgido da pena de Voltaire, e caracteriza bem a crise de consciência que aflige o bom Jean-Jacques e a posteridade:

> Os pais e os pastores podem gritar: submete tua razão; o mesmo pode dizer-me quem me engana: preciso de razões para submeter minha razão. Como nenhum homem é de espécie diferente da minha, tudo o que um homem conhece naturalmente eu também o posso conhecer, e outro homem pode enganar-se tanto quanto eu.
>
> Quando acredito no que diz alguém, não é porque diz, mas porque o prova. O testemunho dos homens não é, portanto, senão o de minha própria razão e nada acrescenta aos meios naturais de conhe-

cer a verdade que Deus me deu. Apóstolos da verdade, que tendes a dizer-me que eu não seja senhor de julgar?

– Deus, ele próprio, falou. Escutai sua revelação!

– É outra coisa. Deus falou! Eis por certo uma coisa muito séria. E a quem falou ele?

– Falou aos homens.

– Então por que nada ouvi?

– Encarregou outros homens de comunicar-vos sua palavra.

– Compreendo! São homens que vão dizer-me o que Deus disse. Teria preferido ter ouvido Deus, ele próprio; não lhe teria custado mais. E eu teria ficado ao abrigo da sedução.

– Ele vos assegura tornando manifesta a missão de seus enviados.

– Como assim?

– Por meio de prodígios.

– E onde estão tais prodígios?

– Nos livros dos homens que os atestam.

– O quê! Como sempre testemunhos humanos? Sempre homens que me dizem o que outros homens disseram! Quantos homens entre mim e Deus! Vejamos, entretanto, comparemos, verifiquemos. Ah, se Deus tivesse desdenhado dispensar-me de todo esse trabalho, tê-lo-ia servido com menos boa vontade? Considerai em que horrível discussão encontro-me envolvido! De que imensa erudição preciso para remontar à mais remota antiguidade, para examinar, pesar, confrontar as profecias, as revelações, os fatos, todos os monumentos de fé propostos em todos os países do mundo...

O centro desse debate, e de qualquer debate religioso em geral, é finalmente o seguinte: "Quando acredito no que diz alguém, não é porque diz, mas porque o prova."

Provas? Todos os sistemas religiosos ou pararreligiosos que o jovem Rivail havia consultado se recusavam em dar-lhe alguma prova ou concordavam em afogar o peixe no fluxo de palavras vagas. Agiam como os comerciantes que, não tendo o artigo que você quer, respondem com petulância: "Não se faz mais isso, está fora de moda. Você não vai encontrá-lo em lugar nenhum."

O futuro Kardec esperava sempre as evidências da realidade do mundo espiritual. No entanto, tinha pouco tempo para ponderar. As preocupações financeiras o assediavam e Amélie trabalhava duro para repor o capital que permitiria fundar uma nova instituição de ensino.

Além dos cursos confiados pelo sr. Levy-Alvarez e das aulas gratuitas que dava em sua residência, à *rue* Mauconseil, ele começou a traduzir Fénelon para o alemão, principalmente *Telêmaco*, cuja impressão Luís XIV havia interrompido porque era considerado uma sátira ao seu reinado.

Traduções, leituras, cursos e conferências, a intensa capacidade de trabalho do casal parecia não ter limites, pois Amélie servia de secretária a Léon.

Enquanto isso, a França tornava-se mais uma vez uma república e, por um desses impulsos de que é costumeira, teve a imprudência de confiar seu destino a Luís Napoleão Bonaparte. O príncipe tinha voltado ao redil graças aos eventos de 1848, e venceu as eleições na Assembleia Constituinte.

Ele tinha ideias socialistas e estava atento aos problemas dos trabalhadores e dos camponeses; tinha escrito um livro sobre a *Extinção do pauperismo*, era modesto e moderado. Um dia, no seu jornal, *L'Événement,* entraram Victor Hugo e seus filhos em campanha para ele, proclamando-o "O eleito do gênio e do povo". O velho Hugo sempre teve o gênio das fórmulas. E foi bem recebida esta última pelo país, pois o povo estava cansado dos Bourbons, dos Orleans e até mesmo da República, com suas greves, discursos e distúrbios perpétuos.

Sempre sensível à lenda napoleônica e temendo o risco vermelho do comunismo, nosso "país querido e velho" escolheu no dia 10 de dezembro de 1848, como presidente da Segunda República, o príncipe Luís Napoleão. O triunfo foi incontestável e indiscutível, foi eleito por 5,5 milhões de votos contra menos de um milhão do lado do seu principal adversário, o general Cavaignac.

6. Entre Victor Hugo e Napoleão III

A partir de então, era simples a cronologia do príncipe-presidente; ficou focada no último mês do ano: 2 de dezembro de 1851, a data do golpe de Estado.

O sr. Rivail estava fazendo sua caminhada matinal quando descobriu com estupor que havia sido distribuído um cartaz branco durante a noite; eram milhares de exemplares:

> Em nome do povo francês, o presidente da República decreta:
> Artigo 1º. – A Assembleia Nacional está dissolvida.
> Artigo 2º. – O sufrágio universal está restaurado. A lei do 21 de maio está revogada.
> Artigo 3º. – Os franceses serão convocados em seus comícios do dia 14 a 21 de dezembro próximo.
> Artigo 4º. – O ministro do Interior é responsável pela execução do presente decreto.

Ainda pensativo enquanto voltava para casa, o sr. Rivail, que era um democrata na alma, encontrou Alphonse Esquiros, um historiador de extrema esquerda e autor da obra *O evangelho do povo*, que dez anos antes havia sido condenado a 500 francos de multa e oito meses de prisão efetiva por ter apresentado Jesus como o primeiro revolucionário.

– Meu caro Alphonse, que devemos pensar desse golpe e o que fazer?

– Oh! Já planejei tudo quanto à minha situação. Eu estou, como Victor Hugo, na lista das pessoas a serem proscritas. Junto com o que possuo, vou embora para a Inglaterra. E você, Rivail, o que vai fazer?

– Não sou como você, jovem e solteiro. Tenho uma esposa com quem pretendo fundar uma nova escola assim que os nossos negócios melhorarem. Minha impressão é que o príncipe-presidente é realmente um democrata. Não acaba de restaurar o sufrágio universal?

– E se esse democrata, lembrando-se do tio, viesse de repente a transformar-se em imperador?

– Vamos lá, deve estar brincando! – concluiu Rivail. – É da sua idade, mas já não é da minha.

E ele voltou para o número 8 da *rue* des Martyrs, onde Amélie o aguardava no apartamento para o qual acabavam de se mudar, no segundo andar, na parte de trás.

Foi aí que escreveria *O livro dos espíritos* e algumas de suas obras. Nesse lugar, os espíritos iam dar-lhe entrevistas. Aí que seria elaborada a grande revolução espiritual do século 19.

Enquanto isso, a ascensão de Luís Napoleão continuava: no dia 21 de dezembro de 1851, um plebiscito aprovou o golpe e criou um regime consular que ia conceder-lhe amplos poderes.

No dia 1º de janeiro de 1852, o príncipe-presidente participava de um *Te Deum* cantado na catedral de Notre-Dame. O clero, encabeçado pelo arcebispo Sibur, cantava pela primeira vez *Domine, salvum fac Ludovicum Napoleonem*. Faltava *imperatorem*, o que ocorreria finalmente no dia 2 de dezembro do mesmo ano.

No dia 9 de janeiro, Ludovicus Napoleo publicou dois decretos expulsando do território francês, da Argélia e das colônias, por motivo de segurança geral, sessenta e seis antigos representantes do povo na Assembleia legislativa. Entre eles, Victor Hugo, Martin Nadaud, Victor Schoelcher, Esquiros François Raspail, Lamarque, Adolphe Thiers, Rémusat, Edgar Quinet, Emile de Girardin.

Michelet não foi molestado, mas suas aulas lhe foram retiradas. Quanto a Renan, graças a sua amizade com o príncipe liberal Napoleão, filho de Jerome, ele manteve suas funções e dignidades até o dia em que causou um escândalo ao negar publicamente a divindade do Cristo.

Após novo plebiscito, em 21 de novembro de 1852, ocorreu em 2 de dezembro do mesmo ano um duplo aniversário: do golpe de Estado e da batalha de Austerlitz; neste dia, o príncipe-presidente foi nomeado imperador sob o nome de Napoleão III.

No dia 31 de dezembro de 1852, após um grande baile nas Tulherias, o novo soberano voltava aos seus aposentos com a srta. de Montijo, condessa de Teba. Ela então se queixou em voz baixa de ter sido tratada de aventureira pela esposa do ministro da educação pública:

– Vossa Majestade, alguém me insultou esta noite na vossa casa. Não serei novamente insultada.

– Pode ter certeza que amanhã ninguém mais a insultará. Outro dia, em Compiègne, não curvei na vossa cabeça um ramo de hera em forma de tiara?

E manteve a sua palavra; um mês depois se casou com a bela Eugénia de Montijo.

A França ganhou uma imperatriz, e o iminente Allan Kardec uma futura leitora.

Poucos meses após sua expulsão, o famoso jornalista Emile de Girardin recebeu a autorização para voltar a Paris. Sua esposa, Delphine, que era conhecida por seus romances, poemas e peças de teatro, desprezava agora a vida mundana, interessava-se apenas pelo *modern spiritualism* – para falar como os anglo-saxões –, pois Allan Kardec não tinha ainda criado a palavra *spiritisme*. Fascinada pelos mistérios do Além, sonhava em torná-los conhecidos por toda parte.

Para convencer Victor Hugo a aderir a sua causa, Delphine de Girardin decidiu viajar para Jersey, onde ele estava retirado com Adèle, sua esposa, Juliette Drouet, sua amante, Charles e Victor, seus dois filhos, e sua filha também chamada Adèle. Sua outra filha, Leopoldine, afogara-se com o noivo, Charles Vacquerie, em 1843, em Villequier. O poeta não conseguia recuperar-se dessa tragédia (e nunca se recuperou).

Delphine de Girardin foi recebida como uma rainha pelos exilados, ansiosos por ouvir as fofocas de Paris e da corte. Mas ela não estava lá para isso, seu objetivo era convertê-los às mesas girantes. Num primeiro período, Hugo foi irônico: não negava o fenômeno, mas achava as mesas bem fúteis, muito fofoqueiras, já que só proferiam banalidades. Ele permaneceu cético até que, finalmente, manifestou-se Leopoldine. Então suas dúvidas desapareceram, passou a acreditar na sobrevivência da vida humana e seu trabalho atingiu novas alturas.

Mas enquanto sua fama tornava-se mundial, foi novamente atingido no seio de sua família: morreram seus dois filhos de maneira prematura. Um de desolação e outro em lamentáveis andanças pela América. Adèle, sua última filha, perdeu a razão. Dilacerado pela dor, esse pai sussurrava: "Adèle, minha querida Adèle, mais morta do que os próprios mortos." Ocorreu finalmente a sua morte em 1885.

"A minha morte te abriu as portas do céu": o que Roland de Jouvenel disse à sua mãe, Leopoldine poderia ter dito a seu pai. Em ambos os casos, a dor insuportável levou à revelação de um mundo espiritual, vivo, substancial, em evolução, um mundo próximo no tempo e no espaço, ao qual se tem acesso imediatamente após a morte, e não no fim dos tempos como ensinado nas igrejas de hoje.

A conversão de Allan Kardec foi bem diferente. Não ocorreu por meio da tristeza e do desespero, mas pela lógica e pela intuição, verificadas pela experimentação. Foi pela força do seu pensamento que ele entrou no mundo dos espíritos.

7. O lento nascimento de Allan Kardec

Certos homens renascem aos cinquenta anos. Podemos citar como ilustre exemplo um personagem histórico do século 20: Charles de Gaulle, que renasceu em Londres em 1940. Foi no século 19 que Léon Rivail, nascido em Lyon em 1804 (segundo o estado civil), começou uma nova vida em 1854 sob o nome de Allan Kardec.

A aproximação de Gaulle/Kardec pode surpreender, mas há entre eles mais do que uma analogia. Apesar de bom católico, o general tinha um ponto de vista muito justo sobre a vida após a morte. Na época em que faleceu sua filha Anne, com síndrome de Down, disse à sua esposa, que desabara em pranto: "Por que chorar, Yvonne? Sua filha agora é uma criança como qualquer outra." Em uma frase, tinha afirmado a ressurreição imediata e o fato de que aquela que acabava de partir continua viva num corpo sutil livre de enfermidade depois de ter recuperado ou conquistado sentimentos de paz, memória e um raciocínio lógico.

Podemos citar outras características comuns aos dois homens: uma inteligência superior carismática, perfeição do estilo de vida e do estilo literário, vista ampla e profética da realidade, sem excluir sua percepção dos detalhes, uma abnegação total e uma honestidade absoluta.

Estava o professor Rivail com cinquenta anos quando seu amigo Fortier, com quem costumava conversar sobre magnetismo, veio-lhe falar pela primeira vez de mesas girantes. Mas encontrou apenas desconfiança e ironia. De certo, teria ficado muito surpreso o cético e racionalista Rivail se lhe fosse afirmado que iria desencadear, em quinze anos, um movimento em que os espíritos desempenhariam um papel de grande destaque.

Escolhido pelo espírito universal, o ex-diretor do Instituto Técnico da *rue* de Sèvres ia traçar em seu século, e no nosso, uma rota original e fecunda. Não seria a rota de um cristianismo retrógrado nem de uma teosofia extravagante, tampouco do materialismo representado tanto pelos cientistas de então quanto pelo marxismo nascente. Seu espírito lógico e sua grande cultura seriam preciosos numa área frágil que não deve ser abandonada aos loucos e aos exaltados.

Ele colocaria no estudo dos espíritos e dos médiuns a mesma ordem, o mesmo método que Linné havia apresentado na sua classificação das plantas, para vir a ser tão universal quanto o sistema decimal e o sistema métrico.

Não é fácil escrever a biografia de Allan Kardec, porque esse homem tão modesto, tão reservado, diz muito pouco de si, ficou sempre escondido atrás de sua obra. Porém, entre os papéis recolhidos após sua morte por Pierre-Gaëtan Leymarie, havia felizmente notas autobiográficas, fragmentos de um manuscrito intitulado *Previsões sobre o espiritismo*.

Leymarie e, muito tempo depois dele, André Dumas, que me deu esse livro precioso, esforçaram-se em ordenar esses documentos díspares colocando data e procurando classificá-los, já que Kardec, sempre sobrecarregado pelas tarefas imediatas, não havia tido tempo de fazê-lo. Esses textos foram novamente publicados por Dervy sob o título *Obras póstumas*, com notas de ambos os autores mencionados.

> Foi em 1854 [escreveu Allan Kardec] que pela primeira vez ouvi falar das mesas girantes. Encontrei um dia o sr. Fortier, o magnetizador, que eu conhecia há bastante tempo; ele me disse:
>
> – Já sabe da singular propriedade que acabam de descobrir no magnetismo? Parece que não são somente as pessoas que podem ser magnetizadas, mas também as mesas, conseguindo-se que elas girem e caminhem à vontade.

– É, com efeito, muito singular, respondi: mas, a rigor, isso não me parece radicalmente impossível. O fluido magnético, que é uma espécie de eletricidade, pode perfeitamente atuar sobre os corpos inertes de modo que eles se movam.

Os relatos que os jornais publicaram de experiências feitas em Nantes, em Marselha e em algumas outras cidades não permitiam dúvidas acerca da realidade do fenômeno.

Algum tempo depois, encontrei-me novamente com o sr. Fortier, que me disse:

– Temos uma coisa muito mais extraordinária: não apenas se consegue que uma mesa se mova, magnetizando-a, mas também que fale. Interrogada, ela responde.

– Isso agora, repliquei-lhe, é outra questão, só acreditarei quando o vir e quando me provarem que a mesa tem cérebro para pensar, nervos para sentir e que possa tornar-se sonâmbula. Até lá, permita que eu não veja no caso mais do que um conto para fazer-nos dormir em pé.

Era lógico este raciocínio: eu concebia o movimento por efeito de uma força mecânica, mas, ignorando a causa e a lei do fenômeno, afigurava-se-me absurdo atribuir-se inteligência a uma coisa puramente material. Achava-me na posição dos incrédulos atuais, que negam porque apenas veem um fato que não compreendem.

Há cinquenta anos, se dissessem a alguém, pura e simplesmente, que se podia transmitir um telegrama a quinhentas léguas e receber a resposta dentro de uma hora, esse alguém riria e não teriam faltado excelentes razões científicas para provar que semelhante coisa era materialmente impossível. Hoje, quando já se conhece a lei da eletricidade, isso a ninguém espanta, nem sequer ao camponês. O mesmo se dá com todos os fenômenos espíritas. Para quem quer que não conheça a lei que os rege, eles parecem sobrenaturais, maravilhosos e, por conseguinte, impossíveis e ridículos. Uma vez conhecida a lei, desaparece a maravilha, o fato deixa de ter o que repugne à razão, porque se prende à possibilidade de ele produzir-se.

Eu estava, pois, diante de um fato inexplicado, aparentemente contrário às leis da natureza e que a minha razão repelia. Ainda nada vira, nem observara; as experiências, realizadas em presença de pessoas honradas e dignas de fé, confirmavam a minha opinião, quanto à possibilidade do efeito puramente material; a ideia, porém, de uma mesa falante ainda não me entrara na mente.

Em compensação, as mesas girantes valsavam já na mente e no budoar da imperatriz Eugénia, que se entregava com seu marido à prática com fervor; assim como a nobreza e a burguesia, e até mesmo alguns doutrinários de esquerda.

O espiritismo [escreveu Louis Pauwels] lisonjeava as ideias do socialismo utópico e místico que começavam a espalhar-se. Tomavam por princípio que todas as almas caminham para sua libertação final, que há um destino final e idêntico para todas as almas, qualquer que tenha sido o seu destino temporário. Essa ideia está presente tanto no socialismo de Victor Hugo, ardente espírita, quanto no de Fourier e Pierre Leroux. Também inspira o iluminismo franco-maçom da época. É basicamente uma religião bastante consoladora e, ao contrário do catolicismo, cada vez mais formal e abstrato, propõe uma prática: a linguagem das mesas e das mensagens dos médiuns, que dá a impressão aos espíritos menos esclarecidos de tocar as verdades as mais elevadas...

Eugénia foi orientada pelo jovem Victorien Sardou, que é, de fato, o verdadeiro iniciador do movimento espírita francês. Em março de 1854, através de um médium, talvez ele próprio, ela perguntou ao Além sobre a guerra que parecia iminente entre a França e a Rússia. Os espíritos, desinformados ou mal-intencionados, responderam que o conflito duraria apenas sete meses, que ocorreria em grande parte em nível diplomático e que nossas perdas seriam insignificantes.

Apressou-se Eugénia em dar a previsão ao marido Napoleão III, que viu nisso um incentivo. Sem mais hesitação, lançou-se na aventura e envolveu-se arbitrariamente ao lado da Inglaterra contra a Rússia, que visava Constantinopla – o que o ministério das relações exteriores inglês não queria, de jeito nenhum. Ver os russos em Constantinopla era tão intolerável quanto ver os franceses na Antuérpia.

No dia 25 de março de 1854, os aliados declararam guerra ao czar Nicolau I. Os espíritos não tinham previsto a cólera que dizimou a força expedicionária franco-britânica e levou os dois generais comandantes: Saint Arnaud e *lorde* Raglan. Fizeram cintilar um passeio militar quando fora uma verdadeira guerra, realmente dura e muito sangrenta. Tinham anunciado uma campanha de sete meses, mas ela não terminou antes de outubro de 1855. Certamente houve vitórias para batizar pontes, avenidas, alamedas, como: Alma, Malakoff, Inkerman, Sebastopol; vitórias, mas a que custo!

No início de 1855, Kardec voltou a encontrar Carlotti, um amigo de vinte e cinco anos, que lhe falou com entusiasmo desses fenômenos durante quase uma hora.

> Sr. Carlotti era corso, de natureza ardente e enérgica, e eu sempre estimei nele as qualidades que distinguem uma grande e bela alma, mas desconfiava de sua exaltação. Foi ele quem primeiro me falou da intervenção dos Espíritos, contando-me tantas coisas surpreendentes que, longe de me convencerem, aumentaram as minhas dúvidas.
> – Um dia você será um dos nossos, disse ele.
> – Não digo não, respondi, veremos isso mais tarde.

Algum tempo depois, pelo mês de maio de 1855, o sr. Rivail estava na casa da sonâmbula sra. Roger com o sr. Fortier, o seu magnetizador. Foi neste lugar que ele conheceu o sr. e a sra. Plainemaison, que lhe falaram desses fenômenos no mesmo sentido que o sr. Carlotti, mas num tom totalmente diferente. Seu amigo comum, o sr. Pâtier, funcionário público, um homem de meia idade, era um homem muito instruído, de caráter grave, frio e calmo.

> Sua linguagem comovida, isenta de entusiasmo, produziu-me viva impressão, e quando me convidou para assistir às experiências

na casa da sra. Plainemaison, *rue* de la Grange-Batelière, n° 18, aceitei imediatamente. Um encontro foi marcado na terça-feira seguinte às oito horas da noite.

Confesso que foi ali que presenciei pela primeira vez o fenômeno das mesas que giravam, saltavam e corriam, em condições tais que não deixavam lugar para qualquer dúvida. Assisti também a alguns ensaios, muito imperfeitos, de escrita mediúnica numa ardósia, com o auxílio de uma cesta munida de um giz.

Minhas ideias estavam longe de ser precisas, mas havia ali um fato que obviamente decorria de uma causa. Eu entrevia naquelas aparentes futilidades, no passatempo que faziam daqueles fenômenos, qualquer coisa de sério, como que a revelação de uma nova lei que tomei a mim estudar a fundo.

Dentro de pouco tempo, surgiu uma oportunidade de observar mais de perto as experiências que não conseguiam convencê-lo. Numa das reuniões, ele conheceu a família Baudin. O sr. Baudin ofereceu-lhe para assistir às sessões que se realizavam semanalmente em sua casa, 7, *rue* Rochechouart, de modo que se tornou um frequentador assíduo das reuniões.

Eram as reuniões bem frequentadas e, além dos assistentes habituais, era admitido sem dificuldade quem quer que o pedisse. As duas médiuns utilizadas eram as srtas. Baudin, que escreviam em uma ardósia com o auxílio de uma cesta chamada de "*cesta-pião*", descrita em *O livro dos médiuns*. Esse método exigia o concurso de duas pessoas para excluir qualquer possibilidade de participação das ideias de cada um dos médiuns. Tive então o ensejo de ver comunicações contínuas e respostas a perguntas formuladas, algumas vezes até mentalmente, que acusavam, evidentemente, a intervenção de uma inteligência estranha. Eram geralmente frívolos os assuntos ali tratados, coisas relacionadas com a vida material, com o futuro, que nada tinham de sério; a curiosidade e a diversão eram a razão principal da presença dos assistentes.

Acontece o mesmo hoje em dia. As perguntas aos espíritos através dos médiuns se resumem na maioria das vezes a isso: devemos vender esta casa? Como conseguir um bom preço? Será que vou encontrar o homem da minha vida? Minha situação financeira vai melhorar?

> O Espírito que, geralmente, se manifestava identificava-se com o nome de Zéfiro, um nome que correspondia perfeitamente a seu caráter e à atmosfera da reunião. Contudo, tratava-se de um Espírito muito bom, que se dizia protetor da família Baudin, e, se por um lado, com frequência fazia rir, por outro lado, sabia também, quando preciso fosse, dar conselhos ponderados e manusear ocasionalmente o epigrama corrosivo e espiritual. Logo tivemos oportunidade de nos conhecer e sempre me deu provas de simpatia.

Foi o espírito Zéfiro que lhe disse:

> "Nós nos conhecemos em uma encarnação remota. Estivemos juntos na Gália, éramos amigos. Você foi druida e chamava-se Allan Kardec."
>
> Não era um Espírito muito avançado [reconhece o druida], mas após certo tempo, assistido por Espíritos mais elevados, ele me ajudou nos meus trabalhos. Um dia disse-me que devia reencarnar-se, e nunca mais ouvi falar dele.

Allan Kardec, como nomeá-lo-emos doravante, continuava seus estudos em espiritologia, aplicando a essa nova ciência, como sempre fizera anteriormente, o método da experimentação:

> Nunca formulei teorias preconcebidas; observava atentamente, comprovava, deduzia as consequências, dos efeitos procurava encontrar as causas por dedução e pelo encadeamento lógico dos fatos, não admitindo nunca por válida uma explicação, senão quando resolvia todas as dificuldades da questão. Procedimento este que sempre utilizei também em meus trabalhos anteriores desde os meus vinte e cinco anos.

Compreendi, desde o início, a importância da pesquisa que estava empreendendo. Enxerguei naqueles fenômenos a chave do problema tão confuso e tão controvertido do passado e do futuro da humanidade, a solução do problema que havia buscado durante toda a minha vida. Era, em suma, toda uma revolução nas ideias e nas crenças. Fazia-se mister, portanto, agir com a maior circunspecção e não levianamente. Era preciso ser positivista e não idealista, para não me deixar iludir.

Kardec falava como Auguste Comte e Descartes. Poderia ter escrito, como o último:

Todas as ideias claras são verdadeiras. A verdade consiste no ser. As ideias claras se seguem e podem passar do conhecido para o desconhecido, do simples para o complexo, de modo que se você sempre mantém uma ordem entre as verdades, não existem coisas tão distantes que não sejam alcançadas, nem tão escondidas que não sejam descobertas.

Um dos primeiros resultados que colhi das minhas observações foi este [disse o cartesiano Kardec]: os Espíritos nada mais são do que as almas dos homens, não possuem nem a plena sabedoria nem a ciência integral. O saber de que dispõem se limita ao seu grau de adiantamento; a opinião deles só tem o valor de uma opinião pessoal. Esta é uma verdade que eu reconheci e que me preservou do grave erro de acreditar na infalibilidade dos Espíritos; ao mesmo tempo, me impediu de formular teorias prematuras, tomando por base o que foi dito por um ou alguns deles.

Esta verdade, estabelecida há cento e cinquenta anos, ainda não é aceita por todos, principalmente pelas pessoas que recebem mensagens de jovens desaparecidos recentemente, chegados ao mundo dos espíritos, que não conhecem a sua complexidade e apenas descrevem a esfera que eles conhecem. Daí seus relatos ingênuos.

Após as sessões na casa do sr. Baudin, Léon Rivail participou dos encontros organizados pelo sr. Roustan e sua médium, a srta. Japhet.

Agi, pois, com os Espíritos como o teria feito com os homens. Foram, para mim, desde o menor ao maior, meios de me informar, e não reveladores predestinados. Chegava a cada sessão com uma série de perguntas preparadas, e sempre eram respondidas com precisão e lógica.

Enquanto o sr. Rivail aprofundava-se nas perguntas, um pequeno grupo de amigos reunia-se regularmente para consultar o Além. Recebiam mensagens que registravam imediatamente num caderno. Eram quatro: o mais idoso, Friedrich Tiedemann (1781-1861), ex-professor de zoologia e anatomia em Landshut e na Universidade de Heidelberg; Tiedemann era membro de várias sociedades científicas e do Instituto de França. Em sua juventude tinha estudado com Cuvier, Lamarck e Geoffroy Saint-Hilaire.

Ao lado desse septuagenário alemão havia seu ex-aluno Saint-René Taillandier, um especialista em literatura germânica e russa; o editor Pierre-Paul Didier, que publicava cursos de estenografia na Sorbonne: Guizot, Cousin, Villemain. Por fim, havia também Victorien Sardou, um jovem brilhante de vinte anos. Sardou não era apenas médium, era também médium gravador, o que é mais raro. Uma noite, um espírito que pretendia chamar-se Bernard Palissy pediu para que ele fosse procurar um buril e uma placa de cobre.

– Para quê – protestou Victorien – não entendo nada de gravura em metal.

– Mas é justo por isso que eu escolhi você!

Na sessão seguinte, o jovem, que havia trazido o equipamento necessário, executou diante de testemunhas uma gravura com um desenho bem complicado que representava uma vegetação exótica e luxuriante à maneira de Douanier Rousseau. Distinguiam-se, na selva florescida, habitações bizarras, no estilo da Sagrada Família de Gaudi, em Barcelona. "É nesse tipo de lugar, diz Bernard Palissy, que residem os Espíritos do planeta Júpiter." (sic)

Sardou trabalhava de maneira rápida e desordenada, como hoje em dia o pintor brasileiro Luiz Gasparetto. Uma força desconhecida tomava sua mão e a guiava com segurança e velocidade.

Enquanto isso, os quatro amigos haviam completado cinquenta cadernos de comunicações. Chegara o momento, pensavam eles, de juntá-los com método, escrever um texto de acompanhamento e fazer a síntese desse ensino. Quem realizaria a tarefa? O editor Didier e Saint-René Taillandier, futuro membro da Academia Francesa cuja carreira estava em plena ascensão, estavam literalmente sobrecarregados de trabalho. Tiedemann, já aposentado, tinha tempo de sobra, o fervor e o espírito bastante metódico, mas não era capaz de escrever em excelente francês. Esse senhor era certamente o mais motivado dos quatro. Tinha sofrido a dor de perder três filhos durante a revolução de 1848, que tinha se espalhado até a Alemanha. O que para os outros tinha um interesse filosófico, para ele era absolutamente vital: a sobrevivência não era um problema, era o problema, o único.

Restava Victorien Sardou. Na época de suas primeiras experiências, encontrava-se numa situação tão precária quanto o jovem Bonaparte do primeiro ato da peça intitulada *Madame Sans-Gêne*. Forçado a abandonar seus estudos de medicina, sobrevivia dando aulas de história, filosofia e matemática. Escrevia para o teatro, e uma de suas comédias conseguiu ser apresentada no Odeon: A taberna dos estudantes, mas parou logo depois das primeiras representações.

Em 1857, estava no auge de sua aflição: a doença somava-se à miséria e ao fracasso. Foi quando começou uma dessas histórias edificantes que somente a realidade pode proporcionar: sua vizinha, a compassiva srta. Brécourt, atriz de profissão, foi atendê-lo em sua mansarda; imediatamente chamou um médico, que o salvou da febre tifoide. O paciente curado casou-se com a enfermeira no ano seguinte.

Sua jovem esposa o apresentou a uma amiga, a srta. Déjazet, que havia fundado um teatro. A partir de então, Victorien estava no caminho que o levaria, de sucesso em sucesso, até *La Tosca*.

Enquanto saboreava seus primeiros sucessos, achava certamente que tinha coisa melhor a fazer do que classificar essas mensagens que continham de fato coisas excelentes, mas também uma quantidade de trivialidades e repetições. Para juntar, comentar e apresentar os textos, Victorien pensou no autor de vários livros que ele utilizava na época em que dava aulas particulares.

Os quatro resolveram então levar os 50 cadernos ao sr. Rivail e pedir-lhe para montar um livro. O experiente professor percorreu cada um deles com certo ceticismo, hesitou e, finalmente, acabou recusando.

Poucos dias depois, recebeu uma mensagem do Além pedindo para realizar a tarefa, por isso mudou de ideia e entregou-se ao trabalho metodicamente. Sua honestidade, seu discernimento, sua mente lógica farão maravilhas: será *O livro dos espíritos*.

Como ele não podia assinar Léon Rivail para não confundir com sua produção pedagógica, tomaria, portanto, o pseudônimo de Allan Kardec, o nome que ia imortalizá-lo.

8. *O livro dos espíritos*[16]

No dia 25 de março de 1856, estava Allan Kardec, em seu apartamento na *rue* des Martyrs, trabalhando na obra *O livro dos espíritos*, quando ouviu repetidas pancadas na parede. Ele procurou, sem sucesso, a causa dos ruídos e voltou ao seu trabalho. Sua mulher, Amélie, retornando a casa por volta das 22 horas, ouviu também os ruídos; de novo procuraram a causa do barulho, sem resultado.

No dia seguinte, durante uma reunião com o sr. Baudin, Kardec aproveitou a oportunidade para pedir uma explicação...

– Podereis dizer-me a causa dessas pancadas que se fizeram ouvir com tanta insistência?

– Era o teu Espírito familiar.

---

[16] Nos textos originais (em francês) de suas obras, para diferenciar o "princípio inteligente do universo" ou "elemento inteligente universal" (perg. 23 de *O livro dos espíritos*) dos "seres inteligentes da criação" ou "seres extracorpóreos" (perg. 76 da mesma obra), Allan Kardec utiliza a mesma palavra 'espírito', porém grafa a inicial minúscula no primeiro caso e maiúscula no segundo. A manutenção desta norma kardeciana foi defendida pela tradutora desta obra. No entanto, por entender que tal distinção não é necessária em nosso idioma, uma vez que a palavra 'espírito' possui inúmeras significações que são perfeitamente compreendidas dentro do contexto de sua utilização, a editora prefere utilizar a norma gramatical da língua portuguesa, que define claramente os casos de utilização de letras maiúsculas e minúsculas, e grafar em ambos os sentidos dessa palavra a inicial em minúscula. Apenas nas citações dos textos de Kardec foi mantido o critério utilizado pelo Codificador. (Nota da editora)

– Quem quer que sejais, agradeço-vos terdes vindo visitar-me. Quereis ter a bondade de dizer-me quem sois?

– Para ti chamar-me-ei Verdade, e todos os meses, durante um quarto de hora, estarei aqui à tua disposição.

– Ontem, quando batestes, enquanto eu trabalhava, tínheis alguma coisa de particular a dizer-me?

– O que escrevias me desagradava e eu queria fazer-te parar...

– Eu mesmo não estava muito satisfeito com esse capítulo e o refiz hoje. Está melhor?

– Lê da terceira à trigésima linha e reconhecerás um grave erro.

– Rasguei o que tinha feito ontem.

– Não importa. Essa inutilização não impede que subsista o erro. Relê e verás.

– O nome de Verdade que tomais é uma alusão à verdade que procuro?

– Talvez, ou, pelo menos, é um guia que te há de auxiliar e proteger.

– Posso evocar-vos em minha casa?

– Sim, para que eu te assista pelo pensamento; mas, quanto a respostas escritas em tua casa, não será tão cedo que as poderás obter.

– Animastes alguma personagem conhecida na Terra?

– Disse-te que para ti eu era a Verdade, o que da tua parte devia importar discrição; não saberás mais que isto.

De volta a casa, Allan Kardec apressou-se a reler o que escrevera, quer na cópia lançada ao cesto, quer na nova versão. À trigésima linha, pôde verificar o grave erro que, com efeito, havia cometido. A partir desse momento, tal evento não mais ocorreu. As relações com seu espírito sendo estabelecidas, não foram mais necessárias essas intervenções explícitas.

No dia 30 de abril de 1856, na casa do sr. Roustan, através da médium srta. Japhet, Allan Kardec recebeu a primeira revelação da missão imediata e futura que tinha a desempenhar.

> Eu assistia, há algum tempo, às sessões que se realizavam na casa do sr. Roustan e começara aí a revisão do meu trabalho, que posteriormente formaria *O livro dos espíritos*. Numa dessas sessões, muito

íntima, com a presença de apenas sete ou oito pessoas, falavam estas de diferentes coisas relativas aos acontecimentos capazes de acarretar uma transformação social, quando o médium, tomando da cesta, espontaneamente escreveu isto:

"Quando o bordão soar, abandoná-lo-eis; apenas aliviareis o vosso semelhante; individualmente o magnetizareis a fim de curá-lo. Depois, cada um no posto que lhe foi preparado, porque de tudo se fará mister, pois que tudo será destruído, ao menos temporariamente. Deixará de haver religião e uma se fará necessária, mas verdadeira, grande, bela e digna do Criador... Seus primeiros alicerces já foram colocados... Quanto a ti, Rivail, a tua missão é aí. (Livre, a cesta se voltou rapidamente para o meu lado, como o teria feito uma pessoa que me apontasse com o dedo.) A ti, M..., fere, porém mata; contra tudo o que é, serás tu o primeiro a vir. Ele, Rivail, virá em segundo lugar: é o obreiro que reconstrói o que foi demolido."

Quem era o sr. M..., evocado pela Verdade? Sabemos apenas o que diz Allan Kardec na nota seguinte:

O sr. M..., que assistia àquela reunião, era um moço de opiniões radicalíssimas, envolvido nos negócios políticos e obrigado a não se colocar muito em evidência. Acreditando que se tratava de uma próxima a espada que não subversão, prontificou-se a tomar parte nela e a combinar planos de reforma. Era, aliás, homem brando e inofensivo.

Foi a Comuna a revolta seguinte, em que o sr. (Maurice Lachâtre), dez anos mais jovem que Kardec, desempenhou um papel ativo. Era de extrema esquerda, mas será que era bem dele que se tratava? Quanto ao bordão, o maior sino da Notre-Dame serviu de aviso naqueles dias dramáticos.

Durante o dia, o laborioso Kardec trabalhava na elaboração de *O livro dos espíritos* e, mais tarde, à noite, ele consultava seus oráculos. As sessões aconteciam às vezes na casa do sr. Roustan, às vezes na do sr. Baudin. Dotada de uma boa memória, inteligente e rápida, Amélie atuava como secretária.

Eis alguns exemplos dessas entrevistas noturnas. Foi por meio interposto que Allan Kardec conheceu o médico alemão Hahnemann, fundador da homeopatia, falecido em Paris em 1843. No dia 7 de maio de 1856, na casa do sr. Roustan, através da srta. Japhet, ele fez as seguintes perguntas a Hahnemann:

— Outro dia, os Espíritos me disseram que eu tinha uma importante missão a cumprir e me indicaram o seu objeto. Desejaria saber se confirmas isso.

— Sim, e se observares tuas aspirações, tuas tendências e o objeto quase constante das tuas meditações, não te surpreenderás com o que te foi dito. Tens que cumprir aquilo com que sonhas há um longo tempo. É preciso que nisso trabalhes ativamente, para estares pronto, pois mais próximo do que pensas vem o dia.

— Para desempenhar essa missão tal como a concebo, são-me necessários meios de execução que ainda não se acham ao meu alcance.

— Deixa que a Providência faça a sua obra e serás satisfeito.

— A comunicação há dias dada faz presumir, ao que parece, acontecimentos muito graves. Poderás dar-nos algumas explicações a respeito?

— Não podemos precisar os fatos. O que podemos dizer é que haverá muitas ruínas e desolações, pois são chegados os tempos preditos de uma renovação da humanidade.

— Quem causará essas ruínas? Será um cataclismo?

— Nenhum cataclismo de ordem material haverá, como o entendeis, mas flagelos de toda espécie assolarão as nações; a guerra dizimará os povos; as instituições vetustas se abismarão em ondas de sangue. Faz-se mister que o velho mundo se esboroe para que uma nova era se abra ao progresso.

— A guerra não se circunscreverá então a uma região?

— Não, abrangerá a Terra.

— Nada, entretanto, neste momento, parece pressagiar uma tempestade próxima.

— As coisas estão por fio de teia de aranha, meio partido.

— Poder-se-á, sem indiscrição, perguntar donde partirá a primeira centelha?

— Da Itália.

Previsão exata relativa à campanha italiana de 1859, cujo objetivo foi libertar a Lombardia da dominação austríaca. Vitórias de Napoleão III: Montebello, Palestro, Turbigo, Magenta, Solferino. Mas horrorizado com a importância das perdas em vidas humanas, o imperador não declarou como seu tio Napoleão Bonaparte: "Uma noite em Paris reparará tudo aquilo". Decidiu finalmente parar a campanha e assinar o armistício de Villafranca.

O filantropo suíço Henri Dunant também ficou horrorizado com a agonia de todos os feridos abandonados. Para alertar a opinião internacional, publicou um livro de impacto: *Memória de Solferino* (*Un souvenir de Solférino*). Fez aceitar a Convenção de Genebra e fundou, em 1863, a Cruz Vermelha.

Quanto à guerra que abraçaria "toda a Terra", ela estouraria no século 20. Como uma superposição de clichês fotográficos, a profecia de Hahnemann vem completando a da Verdade. Pode-se perceber três camadas sobrepostas de catástrofes: a guerra de 1870, seguida da Comuna, a Primeira Guerra Mundial preparando a Segunda. Mas a religião única, verdadeira, grande, bela e digna do Criador não era para agora. Surgirá no século 21.

No dia 12 de maio de 1856, na casa do sr. Baudin, Kardec perguntou ao espírito Verdade:

— Que pensas do sr. M...? É homem que terá influência nos acontecimentos?

— Muito ruído. Ele tem boas ideias; é homem de ação, mas não é uma cabeça.

O sr. M..., portanto, não é Maurice Lachâtre.

— Dever-se-á tomar ao pé da letra o que foi dito, isto é, que lhe cabe o papel de destruir o que existe?

— Não; pretendeu-se apenas personificar nele o partido cujas ideias ele representa.

— Posso manter com ele relações de amizade?

— Por enquanto, não; correrias perigos inúteis.

— Dispondo de um médium, o sr. M... diz que lhe determinaram a marcha dos acontecimentos, para, por assim dizer, uma data fixa. Será verdade?

— Sim, determinaram-lhe épocas, mas foram Espíritos levianos que lhe responderam, Espíritos que não sabem mais do que ele e que lhe exploram a exaltação. Sabes que não devemos precisar as coisas futuras. Os acontecimentos pressentidos certamente se darão em tempo próximo, mas que não pode ser determinado.

— Disseram os Espíritos que são chegados os tempos em que tais coisas têm de acontecer: em que sentido essas palavras devem ser tomadas?

— Em se tratando de coisas de tanta gravidade, que são alguns anos a mais ou a menos? Elas nunca ocorrem bruscamente, como um relâmpago; são longamente preparadas por acontecimentos parciais que lhes servem como que de precursores, quais os rumores surdos que precedem a erupção de um vulcão. Pode-se, pois, dizer que os tempos são chegados, sem que isso signifique que as coisas ocorrerão amanhã. Significa unicamente que estais no período em que se verificarão.

— Confirmas o que foi dito, isto é, que não haverá cataclismos?

— Sem dúvida, não tendes que temer nem um dilúvio, nem o abrasamento do vosso planeta, nem outros fatos desse gênero, porquanto não se pode denominar cataclismos a perturbações locais que se têm produzido em todas as épocas. Apenas haverá um cataclismo de natureza moral, de que os homens serão os instrumentos.

Nova alusão feita à Comuna de Paris.

No dia 10 de junho de 1856, ocorreu uma sessão na casa do sr. Roustan com a médium srta. Japhet. Kardec perguntou ao espírito Hahnemann:

> — Pois que dentro em breve teremos acabado a primeira parte de *O livro dos Espíritos*, lembrei-me de que, para andarmos mais depressa, eu poderia pedir a B... que me ajudasse como médium; que achas?

– Acho que será melhor não te servires dele.
– Por quê?
– Porque a verdade não pode ser interpretada pela mentira.
– Mesmo que o Espírito familiar de B... seja afeito à mentira, isso não obstaria a que um bom Espírito se comunicasse pelo médium, desde que se não evocasse outro Espírito.
– Sim, mas aqui o médium secunda o Espírito e, quando o Espírito é velhaco, ele se presta a auxiliá-lo.

Nota de Kardec: Aristo, seu intérprete, e B... acabarão mal. B..., bem moço, era um médium escrevente muito maleável, mas assistido por um Espírito muito orgulhoso e arrogante, que dava o nome de Aristo e que lhe lisonjeava o amor-próprio. As previsões de Hahnemann se realizaram. O moço, julgando ter na sua faculdade um meio de enriquecer, já atendendo a consultas médicas, já realizando inventos e descobertas produtivas, somente colheu decepções e mistificações. Passado algum tempo, ninguém mais ouviu falar dele.

Uma vez concluído *O livro dos espíritos*, Kardec chamou os quatro amigos. Tratava-se agora de achar uma editora.
– Bem, sr. Didier, diz Allan Kardec, será que o senhor não é o mais indicado?
– Impossível! Este livro não se insere no âmbito das nossas coleções acadêmicas. Acredite que eu sinto muito.

Todos os editores potenciais responderam como ele, lamentando e louvando. Mas ninguém quis arriscar dinheiro em um autor desconhecido e um livro sem futuro.
– Está bem, diz Allan Kardec, vou publicá-lo às minhas custas.

O livro dos espíritos, uma síntese de respostas do Além, foi publicado no dia 18 de abril de 1857, o ano das *Flores do mal*, poemas suntuosos nos quais Baudelaire se refere aos reinos do inferno e do céu, incluindo a reencarnação:

>Muito tempo habitei sob átrios colossais
>Que o sol marinho em labaredas envolvia,

E à erraticidade, que nomeia éter:

> A música p'ra mim tem seduções de oceano!
> Quantas vezes procuro navegar,
> Sobre um dorso brumoso, a vela a todo o pano,
> Minha pálida estrela a demandar!
>
> A música com frequência me transporta como um mar
> para minha pálida estrela.
> Encoberto pelas brumas ou envolto em vasto éter,
> *Lá me vou a navegar.*[17]

Baudelaire e Kardec se iluminam reciprocamente. Quando o corpo morre, o espírito atravessa o astral, esse teto de névoa que paira sobre a Terra. Liberado, sobe ao espaço nomeado pelo poeta de vasto éter. A ascensão das almas prossegue à procura de uma nova pátria mais justa e mais feliz.

Recusado por toda parte, *O livro dos espíritos* conhecerá um público extraordinário. Será reeditado cinquenta vezes em cinquenta anos. Suscitará a vocação de Flammarion, seguido de Léon Denis e de tantos outros. Ele se tornará a obra mais importante do espiritismo, palavra criada por Allan Kardec para distingui-lo do espiritualismo filosófico e do *modern spiritualism* dos anglo-saxões. "O espiritismo", explicou Kardec, "abrange completamente o espiritualismo, no qual devem ser adicionadas as manifestações dos Espíritos e a crença na reencarnação."

Assim que foi traduzido para os principais idiomas, *O livro dos espíritos* ganhou um público internacional jamais imaginado pelo seu autor. Na escrivaninha do sr. Rivail, que guardará definitivamente o pseudônimo de Allan Kardec, encontrava-se uma avalanche de cartas de todas as classes sociais, até mesmo, e sobretudo, dos meios

---

[17] Versão livre. No original: "*La musique souvent me prend comme une mer! / Vers ma pâle étoile, / Sous un plafond de brume ou dans un vaste éther, / Je mets à la voile.*"

operários: lia-se Kardec nas casas humildes e nas cabanas. Mas lia-se também nos palácios: Anna Blackwell, a tradutora inglesa do famoso autor, diz que várias vezes, a convite de Napoleão III, Kardec foi ao Palácio das Tulherias para abordar esses temas, que tanto cativavam o casal reinante. Isso, porém, não impedia a polícia imperial de regular, controlar e às vezes proibir as conferências e reuniões públicas organizadas pelos espíritas.

Foi por intermédio de Victorien Sardou que o casal imperial teve conhecimento de *O livro dos espíritos*. Eugénia apreciava seu talento dramático e o convidava para as séries de Compiègne,[18] onde teve a oportunidade de apresentar sua peça *Patas de mosca*. O jovem Sardou fazia parte da série literária, na qual apareciam ilustres anciãos como Alfred Vigny, Sainte-Beuve, Octave Feuillet.

Quando *O livro dos espíritos* saiu em livraria, Sardou deu um exemplar a sua benfeitora, que mergulhou na obra à qual ele havia contribuído. Contudo, estimulado pela jovem esposa, ele se pôs a escrever para o teatro, afastando-se das práticas espíritas. Foram mais de quatro décadas de sucessos, escrevendo uma peça por ano. Só no ano de 1862, ele escreveu quatro.

Surgiam comédias modernas da sua pena fértil, libretos de ópera, dramas históricos com intrigas bem elaboradas, diálogos comovedores ou engraçados, desenlaces inesperados. Ele conseguia desencadear o entusiasmo das salas. Críticos ciumentos e historiadores da literatura exigentes acusavam-lhe de preferir os aplausos da multidão à aprovação dos letrados.

Sua carreira teatral estendeu-se por toda a segunda metade do século. Contudo, manteve-se sempre fiel às ideias de Kardec. Em 1900, presidiu o Congresso Espírita Internacional.[19]

---

[18] Recepções no castelo na época do outono. (N. da T.)
[19] Victorien Sardou escreveu uma peça teatral de título *Spiritisme*, que guarda o mérito de ser a primeira obra a defender, no palco, as ideias da Codificação kardequiana. A peça foi encenada em 1896 no Teatro Renaissance, em Paris, e é publicada em português pela editora O Clarim, sob o título *Amargo despertar*.

9. Uma nova ciência, a espiritologia

> Assim como estamos colocados no meio de uma infinidade de mundos, também estamos no meio de uma dupla infinidade de durações, anteriores e ulteriores.
>
> Allan Kardec

Publicado pela primeira vez em 1857, *O livro dos espíritos* apresenta os princípios da doutrina espírita sobre a imortalidade da alma, a natureza dos espíritos e suas relações com os homens, as leis morais, a vida presente, a vida futura e o futuro da humanidade. Na época, essa obra teve tanto sucesso que surpreendeu até mesmo o seu autor. Talvez a palavra *autor* não seja apropriada, seria mais justa a palavra *codificador*, já que a folha de rosto acrescenta: "Segundo os ensinos dados pelos Espíritos superiores com o concurso de diversos médiuns."

O grupo dos quatro não é mencionado. Certamente nenhum deles tinha interesse, ou seja, nem o venerável Tiedemann, nem o editor Didier, nem Saint-René Taillandier, nem mesmo Victorien Sardou, cada vez mais fascinado pelo teatro, sua verdadeira vocação.

"Quem quer que acredite haver em si alguma coisa mais do que matéria, é espiritualista", dizia o mestre. "Não se segue daí, porém, que creia na existência dos Espíritos ou em suas comunicações com o mundo visível."

Contudo, todos continuaram demonstrando-lhe sua amizade; seu sucesso não suscitou neles nenhuma inveja, muito pelo contrário, preencheu-os de orgulho. Estavam felizes de ter contribuído para lançar uma filosofia, uma antropologia, uma cosmogonia, e até mesmo uma teologia nova. O que hoje ainda é contestado.

É difícil apresentar, num capítulo só, uma obra tão considerável; fá-lo-ei, no entanto, resumindo os aspectos fundamentais estabelecidos pelo próprio Kardec.

> Muita gente também há para quem as manifestações espíritas nada mais são do que objeto de curiosidade. Confiamos em que, lendo este livro, encontrarão nesses extraordinários fenômenos alguma coisa mais do que simples passatempo. A ciência espírita compreende duas partes: experimental uma, relativa às manifestações em geral; filosófica outra, relativa às manifestações inteligentes.
>
> Aquele que apenas haja observado a primeira se acha na posição de quem não conhecesse a física senão por experiências recreativas, sem haver penetrado no âmago da ciência. A verdadeira doutrina espírita está no ensino que os Espíritos deram, e os conhecimentos que esse ensino comporta são por demais profundos e extensos para serem adquiridos de qualquer modo, que não por um estudo perseverante, feito no silêncio e no recolhimento. Porque só dentro desta condição se pode observar um número infinito de fatos e particularidades que passam despercebidos ao observador superficial e firmar opinião. Não produzisse este livro outro resultado além do de mostrar o lado sério da questão e de provocar estudos neste sentido e rejubilaríamos por haver sido eleito para executar uma obra em que, aliás, nenhum mérito pessoal pretendemos ter, pois que os princípios nela exarados não são de criação nossa. O mérito que apresenta cabe todo aos Espíritos que a ditaram. Esperamos que dará outro resultado, o de guiar os homens que desejem esclarecer-se, mostrando-lhes, nestes estudos, um fim grande e sublime: o do progresso individual e social.
>
> Concluamos, fazendo uma última consideração. Alguns astrônomos, sondando o espaço, encontraram, na distribuição dos corpos celestes,

lacunas não justificadas e em desacordo com as leis do conjunto. Suspeitaram que essas lacunas deviam estar preenchidas por globos que lhes tinham escapado à observação. De outro lado, observaram certos efeitos, cuja causa lhes era desconhecida e disseram: Deve haver ali um mundo, porquanto esta lacuna não pode existir e estes efeitos hão de ter uma causa. Julgando então da causa pelo efeito, conseguiram calcular-lhe os elementos e mais tarde os fatos lhes vieram confirmar as previsões.

Refere-se Kardec ao astrônomo alemão Herschel, que descobriu, em 1781, o planeta Urano somente pela força dos seus cálculos.

Apliquemos este raciocínio a outra ordem de ideias. Se se observa a série dos seres, descobre-se que eles formam uma cadeia sem solução de continuidade, desde a matéria bruta até o homem mais inteligente. Porém, entre o homem e Deus, alfa e ômega de todas as coisas, que imensa lacuna! Será racional pensar-se que no homem terminam os anéis dessa cadeia e que ele transponha sem transição a distância que o separa do infinito? A razão nos diz que entre o homem e Deus outros elos necessariamente haverá, como disse aos astrônomos que, entre os mundos conhecidos, outros haveria, desconhecidos.

Que filosofia já preencheu essa lacuna? O espiritismo no-la mostra preenchida pelos seres de todas as ordens do mundo invisível e estes seres não são mais do que os Espíritos dos homens, nos diferentes graus que levam à perfeição. Tudo então se liga, tudo se encadeia, desde o alfa até o ômega. Vós, que negais a existência dos Espíritos, preenchei o vácuo que eles ocupam. E vós, que rides deles, ousai rir das obras de Deus e da sua onipotência!

No entanto, Allan Kardec está longe de aceitar sem controle tudo o que dizem os espíritos. Sabe melhor do que ninguém que são falíveis e que alguns têm ideias limitadas ao presente, como acontece com muitos homens na terra. Acreditam que sua situação atual vai durar para sempre; não veem além de certo horizonte, não se importam de onde vêm ou para onde vão, embora devam sofrer a lei da necessidade. Para eles, a reencarnação é uma obrigação, mas só se preocupam com ela quando ela chega. Sabem que o espírito progride, mas como? Não o sabem, é um problema para eles, por isso, se questionados, vão responder conforme seu conhecimento, alguns vão falar do quinto e sexto céu, outros da esfera de fogo, da esfera das estrelas, da cidade dos eleitos, que é apenas uma ideia vaga de mundos melhores.

> O que prova a ignorância desses Espíritos é o estranho quadro que alguns fazem da progressão futura, pois todos reconhecem a necessidade dessa progressão; divergem apenas sobre a forma como ela se opera. Suas ideias a respeito são mais ou menos marcadas pelos preconceitos terrestres e se baseiam às vezes em princípios obviamente absurdos, como nas esferas concêntricas que têm a Terra por centro e que são como degraus para os Espíritos, uma ideia emprestada dos antigos sistemas astronômicos.

Como o de Cláudio Ptolomeu, que inspirou e desviou a teologia medieval por muito tempo.

A reencarnação embaraça e perturba os seres do Além, tanto quanto nós.

> Se é concebível que Espíritos pouco avançados não conseguem entender essa pergunta, como é que Espíritos de uma inferioridade moral e intelectual notável falam espontaneamente de suas diferentes vidas e do desejo de reencarnar, enquanto entre aqueles que não concordam com o princípio, alguns são claramente mais inteligentes? Acontecem coisas no outro mundo que são muito difíceis de entender. Não temos entre nós aqui na Terra pessoas muito ignorantes sobre certas coisas, que são esclarecidas sobre outras? Pessoas que têm mais juízo do que instrução?
>
> Sabemos ainda que as almas formam grupos que são como as nações entre nós, e que os indivíduos extraem ideias do ambiente em que se encontram. Sabemos, por último, que certos Espíritos, mais inteligentes do que bons, gostam de lisonjear os preconceitos dos homens; fingindo *instruí-los*, seu desejo é de mantê-los na ignorância. Sabem

aproveitar da facilidade com que damos credibilidade às suas palavras, e para inspirar mais confiança, exibem seu falso conhecimento vestindo seus discursos de frases redundantes. Mas, quando levados ao limite pelo raciocínio, acabam se perdendo nas suas argumentações. Como o sistema que defendem sobre como se dá a progressão das almas de modo algum resolve as dificuldades, basta fazer-lhes perguntas como fizemos, e veremos se a solução deles é mais lógica. Mais uma vez, se aceitarmos aquela que damos nos nossos livros, não só porque vem dos Espíritos, mas também, e sobretudo, porque concorda com os fatos observados, não contraria nenhum dos dados da ciência, e explica tudo.

Explica tudo, exceto Deus, Seu mistério e Sua luz inacessível.

Para aquele que o procura, trata-se de passar do mundo espiritual para o mundo do Espírito, isto é, de subir para Aquele que é eterno, imutável, imaterial, embora substancial, único, onipotente, soberanamente justo e bom.

Resumimos o ensino desse primeiro livro da maneira seguinte:

"Deus criou o universo, que abrange todos os seres animados e inanimados, materiais e imateriais. Os seres materiais constituem o mundo visível ou corpóreo, e os seres imateriais, o mundo invisível ou espírita, isto é, dos Espíritos. O mundo espírita é o mundo normal, primitivo, eterno, preexistente e sobrevivente a tudo. Os Espíritos revestem temporariamente um invólucro material perecível, cuja destruição pela morte restitui a liberdade.

"Entre as diferentes espécies de seres corpóreos, Deus escolheu a espécie humana para a encarnação dos Espíritos que chegaram a certo grau de desenvolvimento, dando-lhes superioridade moral e intelectual sobre as outras.

"Há no homem três coisas:

1º. o corpo ou ser material análogo aos animais e animado pelo mesmo princípio vital;

2º. a alma ou ser imaterial, Espírito encarnado no corpo;

3º. o laço que prende a alma ao corpo, princípio intermediário entre a matéria e o Espírito, é uma espécie de envoltório semimaterial. A morte é a destruição do invólucro mais grosseiro. O Espírito conserva o segundo, que lhe constitui um corpo etéreo, invisível para nós no estado normal, porém que pode tornar-se acidentalmente visível e mesmo tangível, como sucede no fenômeno das aparições."

No século 20, o perispírito recebeu nomes mais claros, como corpo sutil, corpo metafísico, corpo energético, pois é muito mais que um mero envoltório, é um verdadeiro organismo, o duplo perfeito da pessoa física, ele é como a luz de natureza atômica. É a grande descoberta do século 20,[20] que vem confirmar o que dizia Demócrito: "Tudo é feito de átomos, até os deuses." Os deuses: os *daimons*, ou seja, os seres espirituais.

"Os Espíritos pertencem a diferentes classes e não são iguais, nem em poder, nem em inteligência, nem em saber, nem em moralidade. Os da primeira ordem são os Espíritos superiores, que se distinguem dos outros pela sua perfeição, seus conhecimentos, sua proximidade de Deus, pela pureza de seus sentimentos e por seu amor do bem: são os anjos ou puros Espíritos.

"Os das outras classes se acham cada vez mais distanciados dessa perfeição, mostrando-se os das categorias inferiores, na sua maioria, eivados das nossas paixões: o ódio, a inveja, o ciúme, o orgulho, etc. Comprazem-se no mal, na mediocridade.

"Há também, entre os inferiores, os que não são nem muito bons nem muito maus, antes perturbadores e enredadores, do que perversos. A malícia e as inconsequências parecem ser o que neles predomina. São os Espíritos estúrdios ou leviános.

"Os Espíritos não ocupam perpetuamente a mesma categoria. Todos se melhoram passando pelos diferentes graus da hierarquia espírita. Esta melhora se efetua por meio da encarnação, que é imposta a uns como expiação, a outros como missão. A vida material é uma prova que lhes cumpre sofrer repetidamente, até que hajam atingido a absoluta perfeição moral.

"Deixando o corpo, a alma volve ao mundo dos Espíritos, donde saíra para passar por nova existência material, após um lapso de tempo mais ou menos longo, durante o qual permanece em estado de Espírito errante."

---

[20] Ver a obra *Du monde des esprits au monde de l'Esprit*. Editora Le Rocher, 2002.

Assim são as almas penadas de que falam as antigas superstições.

"O Espírito errante, que aspira a novo destino, espera. Desde algumas horas até alguns milhares de séculos. Propriamente falando, não há extremo limite estabelecido para o estado de erraticidade, que pode prolongar-se muitíssimo, mas que nunca é perpétuo. Cedo ou tarde, o Espírito terá que volver a uma existência apropriada a purificá-lo das máculas de suas existências precedentes."

– Essa duração depende da vontade do Espírito, ou lhe pode ser imposta como expiação? – perguntou certa vez um auditor a Allan Kardec, após uma conferência no interior da França.

– É uma consequência do livre-arbítrio – respondeu o orador. Os Espíritos sabem perfeitamente o que fazem. Mas, também, para alguns, constitui uma punição que Deus lhes inflige. Outros pedem que ela se prolongue, a fim de continuarem estudos que só na condição de Espírito livre podem efetuar-se com proveito.

– A erraticidade é, por si só, um sinal de inferioridade dos Espíritos?

– Não, porquanto há Espíritos errantes de todos os graus. A encarnação é um estado transitório, já o dissemos. O Espírito se acha no seu estado normal, quando liberto da matéria.

– Poder-se-á dizer que são errantes todos os Espíritos que não estão encarnados?

– Sim, com relação aos que tenham de reencarnar. Não são errantes, porém, os Espíritos puros, os que chegaram à perfeição. Esses se encontram no seu estado definitivo. No tocante às qualidades íntimas, os Espíritos são de diferentes ordens, ou graus, pelos quais vão passando sucessivamente, à medida que se purificam. Com relação ao estado em que se acham, podem ser: encarnados, isto é, ligados a um corpo; errantes, isto é, sem corpo material e aguardando nova encarnação para se melhorarem; Espíritos puros, isto é, perfeitos, não precisando mais de encarnação.

– Será que a encarnação dos Espíritos se dá sempre na espécie humana?

– Seria um erro acreditar-se que a alma ou Espírito possa encarnar no corpo de um animal. Isso seria retrogradar e o Espírito não retrograda. O rio não remonta à sua nascente. A reencarnação se funda na marcha ascendente da Natureza e na progressão do homem, dentro da sua própria espécie. O que o rebaixa é o mau uso que ele faz das faculdades que Deus lhe outorgou para que progrida. Seja como for, sim à reencarnação; não à metempsicose. Sim à transmigração das almas em outros planetas.

– Qual é o ponto inicial do Espírito? – perguntou um padre que estava sem batina.

– O ponto inicial do Espírito é uma dessas questões que se prendem à origem das coisas e de que Deus guarda o segredo. Dado não é ao homem conhecê-las de modo absoluto, nada mais lhe sendo possível a tal respeito do que fazer suposições. Os próprios Espíritos longe estão de tudo saberem e, acerca do que não sabem, também podem ter opiniões pessoais mais ou menos sensatas. É assim, por exemplo, que nem todos pensam da mesma forma quanto às relações existentes entre o homem e os animais. Segundo uns, o Espírito não chega ao período humano senão depois de se haver elaborado e individualizado nos diversos graus dos seres inferiores da Criação. Segundo outros, o Espírito do homem teria pertencido sempre à raça humana, sem passar pela fieira animal. O primeiro desses sistemas apresenta a vantagem de assinar um alvo ao futuro dos animais, que formariam então os primeiros elos da cadeia dos seres pensantes. O segundo é mais conforme à dignidade do homem.

"As diferentes existências corpóreas do Espírito são sempre progressivas e nunca regressivas; mas, a rapidez do seu progresso depende dos esforços que faça para chegar à perfeição."

– Se a alma possuía sua individualidade antes de encarnar, conserva-a depois de se haver separado do corpo?

– Na sua volta ao mundo dos Espíritos, encontra ela todos aqueles que conhecera na Terra, e todas as suas existências anteriores se lhe desenham na memória, com a lembrança de todo bem e de todo mal que fez e todas as chances que negligenciou.

– Os Espíritos encarnados habitam os diferentes globos do Universo? – perguntou uma senhora.

– Sim, e o homem terreno está longe de ser, como supõe, o primeiro em inteligência, em bondade e em perfeição. Entretanto, há homens que se têm por espíritos muito fortes e que imaginam pertencer a este pequenino globo o privilégio de conter seres racionais. Orgulho e vaidade! Julgam que só para eles criou Deus o Universo.

Allan Kardec pronunciou-se a favor da teoria da pluralidade dos mundos, doutrina 'herética' em 1600 que levou o grande Giordano Bruno à fogueira. No Campo dei Fiori, onde ocorreu essa atrocidade, foi erguida em 1900 uma estátua. Na época do Tratado de Latrão, um cardeal quis destruí-la. Mussolini se opôs a isso.

– É a mesma a constituição física dos diferentes globos? – prosseguiu a senhora.

– Não; de modo algum se assemelham.

– Não sendo uma só para todos a constituição física dos mundos, seguir-se-á tenham organizações diferentes os seres que os habitam?

– Sem dúvida, do mesmo modo que no vosso os peixes são feitos para viver na água e os pássaros no ar.

– Os mundos mais afastados do Sol estarão privados de luz e calor, por motivo de esse astro se lhes mostrar apenas com a aparência de uma estrela? – perguntou outra senhora.

– Pensais então que não há outras fontes de luz e calor além do Sol e em nenhuma conta tendes a eletricidade que, em certos mundos, desempenha um papel que desconheceis e bem mais importante do que o que lhe cabe desempenhar na Terra? Demais, não dissemos que todos os seres são feitos de igual matéria que vós outros e com órgãos de conformação idêntica à dos vossos.

– A pluralidade dos mundos – disse um jovem – em breve será reconhecida pela ciência, que também admitirá o caráter universal da forma humana, pelo menos nas grandes linhas? É o que dizia Swedenborg. Adão é o único modelo aqui e no espaço?

– A questão de ter sido Adão, como primeiro homem, a origem exclusiva da humanidade não é a única a cujo respeito as crenças religiosas tiveram que se modificar. O movimento da Terra pareceu, em determinada época, tão em oposição às letras sagradas, que não houve gênero de perseguições a que essa teoria não tivesse servido de pretexto, e, no entanto, a Terra gira, malgrado aos anátemas, não podendo ninguém hoje contestá-lo, sem agravo à sua própria razão.

– Diz também a Bíblia que o mundo foi criado em seis dias e põe a época da sua criação há quatro mil anos, mais ou menos, antes da era cristã. Anteriormente, a Terra não existia; foi tirada do nada: o texto é formal. Eis, porém, que a ciência positiva, a inexorável ciência, prova o contrário.

– A história da formação do globo terráqueo está escrita em caracteres irrecusáveis no mundo fóssil, achando-se provado que os seis dias da criação indicam outros tantos períodos, cada um de, talvez, muitas centenas de milhares de anos. Isto não é um sistema, uma doutrina, uma opinião insulada; é um fato tão certo como o do movimento da Terra e que a teologia não pode negar-se a admitir, o que demonstra evidentemente o erro em que se está sujeito a cair tomando ao pé da letra expressões de uma linguagem frequentemente figurada.

– Dever-se-á daí concluir que a Bíblia é um erro? – perguntou o jovem.

– Não; a conclusão a tirar-se é que os homens se equivocaram ao interpretá-la. Foi apenas no século 19 e em países onde o catolicismo não era predominante que os homens ousaram falar dos erros da Bíblia e das atrocidades do Antigo Testamento. E foi no século 19 que surgiu de novo a ideia da pluralidade dos mundos, que será apoiada em fatos no século 20.

"Uma mesma família humana foi criada na universalidade dos mundos", conclui Kardec, "e os laços de uma fraternidade que ainda não sabeis apreciar foram postos a esses mundos. Se os astros que se harmonizam em seus vastos sistemas são habitados por inteligências, não o são por seres desconhecidos uns dos outros, mas, ao contrário, por seres que trazem marcado na fronte o mesmo destino, que se hão de encontrar temporariamente, segundo suas funções de vida, e encontrar de novo, segundo suas mútuas simpatias. É a grande família dos Espíritos que povoam as terras celestes; é a grande irradiação do Espírito divino que abrange a extensão dos céus e que permanece como tipo primitivo e final da perfeição."

10. Catecismo romano e catecismo espírita

No ano de 1857, foram publicadas na França duas obras-primas, *Madame Bovary* e *As flores do mal*; ambas, aliás, deram origem a processos. Flaubert e Baudelaire colocaram em perigo a moral e a doutrina cristã. O primeiro com seu personagem voltairiano, sr. Homais, e as escapadas extraconjugais de Emma; o segundo com suas mulheres amaldiçoadas e suas alusões à reencarnação:

> Bem sei que a dor é nossa dádiva suprema,
> Aos pés da qual o inferno e a terra estão dispersos,
> E que, para talhar-me um místico diadema,
> Forçoso é lhes impor os tempos e universos.[21]

Será que os censores viram nisso uma alusão ao pesadelo das vidas sucessivas, multiplicadas ao infinito?

No mesmo ano foi concedida aos católicos outra obra-prima: o catecismo de Godefroy Saint-Marc, bispo de Rennes, oriundo da teologia mais intolerante e mais atrasada.

Eis alguns exemplos:

– O que entende por ressurreição da carne?

---
[21] Tradução de Ivan Junqueira.

– Quero dizer que, no fim do mundo, todos os homens ressuscitarão com o mesmo corpo que tiveram na Terra.
– O que entende por vida eterna?
– Entendo que os justos gozarão no paraíso de uma vida feliz para sempre.
– O que recordam os dois últimos artigos do Credo?
– Lembram-nos dos nossos últimos fins.
– Quais são os nossos objetivos finais?
– Há quatro: a morte, o julgamento, o céu e o inferno.
– O que é a morte?
– A morte é a separação da alma e do corpo.

(Foi nessa revelação inconcebível, devastadora, que o bispo parou. Claro, nem uma palavra sobre o corpo espiritual, que já na Terra reúne um ao outro.)

– Será que é preciso estar pronto para morrer bem?
– Sim, temos de estar sempre prontos para morrer bem, dado que é incerta a hora da nossa morte, e dela depende a nossa felicidade ou desgraça eternas.

(Ou seja, teríamos poucos minutos para decidir nosso destino final!)

– O que acontece com o corpo após a morte?
– Após a morte, o corpo está corrompido e vira pó, mas ressuscitará para o julgamento geral.

(Aí está então a ressurreição da carne no fim dos tempos. Será uma reencarnação simultânea e coletiva.)

– Por que os corpos ressuscitarão?
– Eles ressuscitarão para que, depois de compartilhar as virtudes ou os crimes das almas, compartilhem também recompensas ou castigos.

(Uma vez que os corpos estão ausentes, o céu e o inferno não alcançaram os seus objetivos. Será devolvido, então, um corpo aos amaldiçoados para sofrerem no fogo eterno.)

– O que acontece com a alma após a morte?
– Logo após a morte, aparece a alma diante de Deus para ser julgada pelas suas boas e más ações – o que é chamado de juízo particular.

(Arcaico hoje, o juízo particular vem logo após a dita ressurreição imediata.)

– Aonde vai a nossa alma após o julgamento particular?
– Vai ao céu, ao inferno ou ao purgatório, de acordo com que merecemos.
– Quais são os que vão ao céu imediatamente após a morte?
– Os que morrem em estado de graça e não devem nada à justiça de Deus.

("Só o papa vai diretamente para o Céu", garantiu meu pequeno primo, debaixo dos seus dez anos. Como podem ver, comecei minhas discussões teológicas bem cedo.)

– O que acontece com aqueles que morrem em pecado mortal?
– Vão para o inferno! – decretava o bispo de São Marco.
– O que é o inferno?
– O inferno é um lugar de tormentos onde os pecadores são eternamente privados do olhar de Deus; eles queimam, com os demônios, num fogo que nunca mais se apaga.

(O que será que o fogo inextinguível pode queimar, já que os corpos ainda não voltaram? A reencarnação universal ou ressurreição da carne ainda não ocorreu.)

– Quais são aqueles que são expostos ao risco de serem condenados?

> – Aqueles que vivem no hábito do pecado mortal e todos aqueles que negligenciam os meios de salvação.

(Amaldiçoado! Sempre essa palavra repugnante que o *Evangelho* ignora, e que é um insulto ao Deus de misericórdia.)

> – O que é o purgatório?
> – O purgatório é um lugar de sofrimentos, onde os que morrem em estado de graça, sem ter plenamente satisfeito a justiça de Deus, acabam se purificando de seus pecados antes de serem admitidos na felicidade do Céu.

(Por ter suprimido o purgatório, uma segunda chance, a Reforma aboliu de uma vez as relações com o mundo espiritual e a oração pelos mortos, um aspecto importante da comunhão dos santos. Segundo Lutero, a opção é reduzida à sua mais simples expressão: ou vai ao céu ou ao inferno. Não há meio-termo. Ora, como a maioria dos seres humanos é pecadora, pode-se imaginar o resultado)...

Outras pérolas encontradas no catecismo da diocese de Rennes:

> – O que proíbem o sétimo e o décimo mandamentos de Deus?
> – Não tomarás o bem do outro, nem cobiçarás as coisas alheias.

Não cobiçarás os bens alheios para tê-los injustamente. O sétimo e o décimo mandamentos de Deus proíbem tomar o bem do outro, dar-lhe prejuízo e até mesmo ter esse desejo.

> – Quem são aqueles que tomam injustamente o bem do outro?
> – São os ladrões, usurários, comerciantes sem integridade, empregados e domésticos que fazem mau uso do seu tempo.

(O motorista, as duas empregadas domésticas, a lavadeira e a cozinheira do bispo de São Marco, quando passam seu tempo em conversas fiadas, colocam em perigo sua salvação eterna.)

– O que leva geralmente à impureza?
– A intemperança, ociosidade, relações perigosas, maneiras indecentes de vestir-se, danças, entretenimento e leitura de livros ruins.

(Como se vestir de maneira indecente na época das crinolinas? Parece até a época da Genebra de Calvino. Entre os maus livros, logo estariam aqueles de Kardec, que curiosamente nunca foi perseguido. O padre Bernard Bauer, confessor da imperatriz, fechava os olhos para as suas leituras.)

– Quais são os fiéis, ou seja, os membros da Igreja?
– Todos aqueles que foram batizados.
– Quem são aqueles que não pertencem à Igreja?
– São os judeus, infiéis, hereges, cismáticos e excomungados.

(A cada um sua parte: muçulmanos, protestantes, ortodoxos e maçons. Quanto aos judeus, não são esquecidos: "A vingança de Deus persegue-os, e por toda parte são cativos ou vagabundos.")

– Será que podem ser salvos aqueles que não são da Igreja?
– Não, fora da Igreja não há salvação.

O autor de *O livro dos espíritos*, fundador involuntário de uma nova religião que desabrochou na América Latina, retificava assim essa pretensão: "Fora da caridade não há salvação". Aliás, para se ter uma ideia da doutrina de Kardec, basta tomar ponto por ponto o contrapé do catecismo de 1857. A sua filosofia é inteira e unicamente centrada em Deus: Sua misericórdia e Sua transcendência.

– Há várias Igrejas?
– Não, só há uma verdadeira Igreja, é a Santa Igreja católica, apostólica e romana.
– Por que chamar a Igreja de santa?
– Porque é santa em seu fundador, santa na sua doutrina, e sempre formou santos.

(Por exemplo: o Santo Ofício, a Santa Inquisição, o Banco do Espírito Santo.)

O catecismo do bispo de São Marco está totalmente na linha do autor da infalibilidade papal, Pio IX, que reinava na época e que acaba de ser beatificado de maneira extremamente imprudente.

O catecismo do bispo de Rennes é uma maravilha da tolerância e do liberalismo, se comparado com o catecismo elaborado pelo abade de Astros, e depois pelo bispo de Orleans, e remodelado pelo próprio Napoleão. O último foi deísta como Kardec; ele era católico apenas porque era corso. Quando lutava no Egito, pensou seriamente em converter-se ao Islã, mas a circuncisão fê-lo recuar. Esse rito não está no Corão, mas ele não sabia.

Quando foi necessário restaurar o cristianismo na França, pensou um momento no protestantismo, mas as perseguições dos séculos 17 e 18 quase o aniquilaram. Finalmente, ele pensou: "O Império vale bem uma missa" e "um padre servirá para substituir três guardas".

Depois, pediu ao cardeal Fesch, seu tio, para inventar um são Napoleão.

Ele exigiu também do bispo de Orleans um quarto mandamento: "Honrarás teu pai e tua mãe", em referência à sua pessoa, seu poder e sua dinastia. O pagamento pontual dos impostos diretos e o atendimento com prontidão à chamada do exército faziam doravante parte dos deveres de um cristão. Caso não os cumprisse, qualquer um era levado aos mais profundos dos infernos.

No dia 4 de abril de 1806, um decreto imperial impôs ao império inteiro o texto elaborado pelo abade de Astros, o bispo Bernier e Napoleão, o qual, como os imperadores de Bizâncio, promoveu-se a teólogo. Aqui está um trecho:

> – Quais são os deveres dos cristãos para com os príncipes que governam, e quais são os nossos deveres, em particular, com Napoleão I, o nosso Imperador?
>
> – Os cristãos devem aos príncipes que governam, e devemos especialmente a Napoleão I, nosso imperador, fidelidade, serviço militar e os tributos ordenados para a preservação e defesa do Império e seu

trono; também devemos fervorosas orações para sua salvação e para a prosperidade espiritual e temporal do Estado.

– O que pensar de quem falhar em seu dever para com o nosso Imperador?

– De acordo com o apóstolo Paulo, estaria resistindo à ordem estabelecida por Deus, por isso seria digno da condenação eterna.

Eis aí uma das razões que levaram a liberal sra. Rivail a enviar seu pequeno Léon, com dez anos de idade, para continuar seus estudos na democrática Helvécia.

Durante o ano de 1857, chegaria outro líder espiritual. Em maio, Allan Kardec encontrou, na casa do seu amigo sr. Roustan, uma quiromante que lhe disse:

– Vejo nas linhas de vossa mão o sinal da tiara espiritual.
– A senhora quer dizer que vou ser papa? Se for isso, certamente não será nesta existência.
– Bom, disse ela, falaremos disso novamente.

Oito anos mais tarde, Kardec encontrou novamente a profetisa:

– Diga-me, minha senhora, ainda não estou no trono de São Pedro.
– Eu disse: tiara espiritual. Vossos adversários não o chamam, por escárnio, o papa dos espíritas? Não se contam vossos adeptos hoje por milhões?

Não deixava de ser verdade na época, mas isso não o iludia. Ele desprezava todos os títulos e não queria ser nem papa, nem santo, nem fundador de religião. Interessava-o apenas a busca de Deus, junto com o amor de sua Amélie.

O sentimento de Sua transcendência era demasiado forte para içar-se até ele. Fiel ao deísmo de sua juventude, a sua filosofia era totalmente centrada no Grande Ser, na Sua imensidade e na Sua eternidade.

No final de sua vida, ele disse:

– Fizemos o que outros poderiam ter feito. É por isso que jamais tivemos a pretensão de acreditar-nos profeta, messias, e muito menos de apresentar-nos como tal.

Esse *nós*, sempre usado na sua revista e em seus livros, não é um plural de majestade, pelo contrário, é um *nós* de modéstia, pois, como Pascal, Kardec achava o 'eu' detestável e que ele deve apagar-se diante de Deus.

– Para descobri-lo – dizia ele – basta olhar para as obras da Criação. O universo existe, portanto tem uma causa, e argumentar que o nada pode fazer alguma coisa é puro absurdo.

– Que consequências pode trazer o sentimento intuitivo que todos os homens têm em si sobre a existência de Deus? – perguntou-lhe Maurice Lachâtre.

– Que Deus existe, porque de onde lhe viria tal sentimento se não fosse baseado em alguma coisa? É ainda uma consequência do princípio de que não há efeito sem causa.

– O sentimento íntimo que temos em nós da existência de Deus não viria da educação e seria o produto de ideias adquiridas?

– Se fosse, por que vossos selvagens teriam esse sentimento?

(Os "selvagens" do século 19 tornaram-se os povos primitivos, e depois os povos primeiros.)

– Acredita, caro Maurício: se o sentimento da existência de um Ser supremo fosse apenas o produto da educação, não seria universal, apenas existiria naqueles que poderiam ter recebido esse ensino, como no caso das noções de ciências.

Vemos que Kardec havia adotado com seus discípulos o sistema de perguntas-respostas, caro aos sucessivos catecismos.

11. Daniel D. Home, George Sand e Théophile Gautier

No ano de 1857, não era Kardec quem fazia sucesso, mas o extraordinário médium escocês Daniel Dunglas Home. Foi durante o verão de 1856 que ele chegou a Paris. Deu sessões na casa do duque de Parma, da princesa Murat e da princesa de Metternich, que falou dele para a imperatriz.

Em uma noite de fevereiro de 1857, ele apareceu nas Tulherias. Douglas Homes foi recebido nos apartamentos privados de suas majestades, rodeadas por alguns amigos íntimos, incluindo Pauline de Metternich, que relatou a cena nas suas *Lembranças de infância e de juventude* (*Souvenirs d'enfance et de jeunesse*). Descreve-o frágil e doente:

> Podia ter trinta e seis anos, quarenta, no máximo. Bastante fino, bem constituído, em traje e gravata branca, podia passar por um homem da sociedade. Uma expressão de suave melancolia tornava-o simpático. De cabelos ruivos espessos, seu rosto era muito pálido, seus olhos suaves tinham o azul da porcelana, num olhar apagado como nublado; resumindo, um aspecto agradável.

Na realidade, ele tinha vinte e quatro anos, mas já sofria de uma tuberculosa pulmonar que ia levá-lo.

Daniel Dunglas Home nasceu em 20 de março de 1833 em Currie, uma aldeia perto de Edimburgo. Como seus pais viviam na mais profunda pobreza, sua tia adotou o menino e o levou para a América. Tinha apenas dez anos de idade, era frágil, não tinha nenhum interesse pelos jogos dos rapazes de sua idade e alegava ter visões.

Um dia, ele disse a sua tia:

— Sabe, tia, esta noite vi meu amigo Edwin. Ele ficou ao pé da minha cama e olhou sorrindo para mim com uma doçura maravilhosa.

— Não há nada de extraordinário nisso! — resmungou a tia. Todo mundo sonha com seus amigos.

— Sim, mas os espíritos me disseram que o pobre Edwin tinha acabado de morrer.

— Os espíritos! Outra vez esses absurdos!

Três dias depois, chegava uma carta dos pais de Edwin confirmando seu falecimento.

Repetiu-se o fato em 1850, quando Daniel anunciou a morte de sua mãe, que ficara na Escócia; mais uma vez, os espíritos tinham dito a verdade.

Desta vez, a tia, uma rigorosa presbiteriana, ficou horrorizada e fez uma cena ao jovem (que tinha então dezessete anos), mas os espíritos, por sua vez, protestaram dando pancadas no aparador da cozinha.

A tia chamou o pastor e pediu-lhe para exorcizar o sobrinho e o aparador. O santo homem ajoelhou-se e começou a rezar, enquanto as pancadas redobravam no móvel possuído: fracasso total da conspiração!

Mais ortodoxa que caridosa, a tia mandou Daniel embora. Acolhido por vizinhos bondosos, uma famosa médium, a sra. Hayden, tomou-o sob sua proteção e instruiu o jovem sobre os seus mistérios.

Logo, revelou a um público seleto seus dons excepcionais: na sua presença, mesas pesadas se moviam por vontade própria, sinos e acordeões começavam a tocar. Ele mesmo levantava-se acima do chão, permanecia suspenso nos ares, depois passava por uma janela e voltava por outra. Recebia sempre mensagens de escritores falecidos, e particularmente de Shelley, que vinha redigir poemas sobre folhas de papel depositadas numa peça vazia. Infelizmente, era como se o grande poeta, esquecido da prosódia mais elementar, soubesse agora apenas alinhar banalidades. O que acontece quase sempre.

Em 1855, Daniel Dunglas Home deixou a América admirada com suas façanhas e desembarcou em Liverpool. Estabeleceu-se em Londres, que o recebeu com entusiasmo. Mas não lhe bastava o sucesso de Londres, ele queria conquistar Paris, que brilhava com as luzes da festa imperial.
A imperatriz planejava organizar uma sessão nas Tulherias, no salão de Apolo, e convidar a alta sociedade de Paris. Mas Home deixou claro que não era aconselhável, pois tanta gente poderia assustar os espíritos.
Por fim, houve apenas quatro assistentes: Napoleão III e seu ajudante de campo, o general Spinasse; Eugénia e sua dama de honra, a sra. de Montebello. Os parceiros invisíveis eram naquela noite pessoas da melhor sociedade: Napoleão, a rainha Hortense, Maria Antonieta, Rousseau, Pascal e são Luís.
– Como será que eles vão manifestar-se? – perguntou a imperatriz.
– Isso é imprevisível – disse Daniel Home. – Sentem-se todos, fiquem calmos e recolhidos. Sinto que eles estão aqui.
– É necessário apagar? – perguntou o imperador.
– Não, senhor, não é necessário.
E todo mundo ficou em silêncio. Foi então que aconteceram coisas extraordinárias: móveis enormes, que seis homens levantavam com dificuldade para tirar os tapetes na primavera, começaram a agitar-se. Cadeiras, poltronas, como levadas por um vento furioso, passavam sozinhos de um canto da sala para outro. Lustres de cristal tilintaram. Por todos os lados ouviam-se pancadas. Resumindo, foi um verdadeiro sabá das bruxas.
O imperador e a imperatriz estavam muito emocionados. Quanto à assistência, cheia de horror, enxugava a testa com lenços de cambraia.
De repente, uma pequena mesa, na qual havia uma vela acesa, agitou-se e, em seguida, subiu ao ar e começou a girar freneticamente. Não só a vela não caía, mas ainda a chama, em vez de queimar verticalmente, inclinava-se acompanhando todos os movimentos da mesa.
Por fim, ela pousou suavemente no chão e ficou parada. Depois, foi a vez do piano, junto do qual não havia ninguém. Ele começou a

tocar sozinho, um ar lúgubre. Quando parou, suspiros foram ouvidos e alguns participantes aterrorizados sentiram no seu pescoço uma respiração congelada.

De repente, uma mão apareceu numa mesa que estava perto da imperatriz. Apesar de sua repulsa, ela quis tocá-la e imediatamente exclamou:

– É a mão do meu pai!

Após isso, teve um colapso nervoso. Enquanto esforçavam-se para acalmá-la, Napoleão III aproximou-se da mesa e tocou a mão por sua vez. Imediatamente murmurou:

– Deus, como está fria!

O duque de Mortemart viu, também, uma mão sair e avançar sobre ele esvoaçando como um pássaro. Apavorado, ele recuou; mas a mão o perseguiu pelo salão. Completamente transtornado, pôs-se a correr por todos os lados, derrubando cadeiras e poltronas. Por fim, a mão desapareceu como tinha chegado.

Então, Home ordenou aos espíritos que cessassem as suas manifestações.

Apesar do choque que sofrera, Eugénia convidou novamente Daniel Home. E dessa vez, materializou-se uma pequena mão branca e cuidadosa, que agarrou o lápis posto sobre um caderno aberto e traçou nervosamente uma única palavra: Napoleão.

– De fato, é a assinatura do meu tio – exclamou o imperador.

A mão fantasma avançou para ele, que a beijou com respeito e notou que era quente e macia. Em seguida, dirigiu-se para a imperatriz, que recuou apavorada.

– Não tenha medo – disse Napoleão III – e faça como eu!

E Eugénia beijou a mão, que não era outra senão a mão do hábil escocês.

Na sessão seguinte, o grande imperador veio acompanhado do espírito de Luís Filipe, mas Napoleão III se queixou de não poder vê-lo.

– Espere um minuto! – disse Daniel Home. – Logo Vossa Majestade sentirá a presença dele.

De fato, logo depois, sua majestade recebeu um golpe violento no seu augusto traseiro. "Mas ele nunca pôde dizer qual de seus antecessores aplicou-lhe o golpe", enunciou lorde Cowley, embaixador em Paris de sua graciosa majestade, que lhe deu conta do fato com uma perfídia toda *Álbion*.[22] Sua graciosa majestade era então a rainha Vitória. Após a morte do príncipe Albert, em 1861, ela também se interessou pelo espiritismo. Em Balmoral, ela ficava trancada longas horas no gabinete de trabalho do caro defunto com John Brown, seu médium oficial, escocês como Daniel Home. Regularmente, ela consultava o marido sobre os assuntos do império britânico. Não se escondia e às vezes dizia ao conselho dos ministros: "Far-vos-ei conhecer mais tarde meu ponto de vista, desejo primeiro consultar o príncipe."

Da mesma forma, em 1940, lorde Dowding, *Air Chief Marshall*, comunicava à rainha Elizabeth (que faleceu centenária) as mensagens que recebia dos aviadores mortos durante a batalha da Inglaterra. E os *boys* repetiam: "Aguentem! A Inglaterra não será invadida. É Hitler que cairá." E a rainha, tomada de esperança, superava sua timidez e fazia essa coisa inconcebível para a época: falava no rádio para reanimar o seu povo. As mensagens ditadas à sra. Hunt, secretária de Dowding, salvaram o Ocidente.

Voltemos às Tulherias, onde Daniel Home evoca o espírito da rainha Hortense, filha de Josefina de Beauharnais e mãe de Luís Napoleão. Um quadro da época representava *Os três anjos da França*. Dois deles estavam no céu: Josefina e Hortense. O terceiro anjo, Eugénia, ainda estava neste vale de lágrimas no qual espalhava seus benefícios.

A rainha defunta, que durante a sua vida era muito espiritualista, anunciou que uma guerra ia estourar dois anos depois (de fato, ocorreu, foi a campanha da Itália).

A sra. de Lourmel, uma dama da corte no palácio da imperatriz, pediu ao médium que evocasse seu marido, o general, morto na Criméia. (Trata-se da campanha da Crimeia, a primeira guerra moderna:

---

[22] Expressão pejorativa francesa relativa à Inglaterra. (N. da T.)

200 mil mortos por nada). De imediato, viram distanciar-se da parede uma pesada cadeira dourada. Arrastando-se no centro da sala e bamboleando como fazia o general, ela veio parar perto de uma pequena mesa pé-de-galo onde o imperador, a imperatriz, Home, a sra. Lourmel, a sra. Kalerdji e Bacciochi estavam sentados com as mãos unidas. Home disse ter visto o general e fez um retrato exato, embora nunca o houvesse encontrado. A sra. Lourmel sentiu uma mão apertando a sua; ela quase desmaiou.

Algum tempo depois, Daniel Home seguiu a corte para Biarritz, mas sua mão tornou-se um pé apalpador, e pela última vez iam ouvir falar dele, pelo menos na França. Na sessão de Biarritz estavam reunidos em torno de Home a imperatriz, Napoleão III, o marechal do Palácio e o barão de l'Isle.

Enquanto o escocês evocava Luís XVI e Carlos Magno, Eugénia deu um grito estridente: uma mão acariciara o seu rosto. O barão de l'Isle, que suspeitava de algo e que havia tomado suas providências, acendeu de repente a luz. A mão do fantasma afetuoso não era outra senão o pé do médium coberto por uma luva.

Escândalo inédito! Justa cólera do imperador: Home foi convidado a deixar a França o mais rápido possível. Além disso, Napoleão III não perdoava o médium por ter declarado em transe que o príncipe imperial nunca reinaria.

Home demonstrou ter poderes evidentes, especialmente no início de sua carreira. Mas, vítima do seu sucesso, ele acabava provocando os fenômenos quando não ocorriam.

Nunca houve espetáculos sensacionais nem imposturas com Allan Kardec.

No lançamento da obra *O livro dos espíritos*, ele enviou um exemplar aos escritores famosos da época. Aqui está a carta que escreveu a Théophile Gautier:

Paris, *12 de junho de 1857*
Senhor,

Peço-vos que aceiteis a homenagem de um exemplar de O Livro dos Espíritos, que acabo de publicar.

O ponto de vista novo, eminentemente sério e moral, sob o qual a doutrina dos Espíritos é encarada, explica o interesse que ligo a essa questão, ao mesmo tempo de futuro e de atualidade e ao qual creio que não sois estranho.

Notareis, sem esforço, o passo imenso que esta teoria deu desde as mesas girantes; não se trata mais, com efeito, hoje, de fenômenos de simples curiosidade, mas de um ensinamento completo dado pelos próprios Espíritos sobre todas as questões que interessam a humanidade e que elevo à altura das ciências filosóficas.

A aprovação de um homem como vós ser-me-ia infinitamente preciosa, se tivesse a felicidade de obtê-la.

Peço-vos que digneis receber a expressão de minha mais alta consideração.

Allan Kardec.

Rue des Martyrs, 8.

Não se conhece a resposta de Théophile Gautier; ele terá respondido? Não me parece. Será que o escritor famoso desprezou o autor desconhecido? Kardec fez uma abordagem semelhante com George Sand e parece que ela teve a mesma atitude:

Paris, 20 de maio de 1857

Madame,
Tenho a honra de vos endereçar um exemplar de O livro dos Espíritos, o qual vos pediria que o aceiteis como homenagem.

Se julgo por certas ideias emitidas nos seus vários escritos, a questão das relações do homem com os seres incorpóreos não vos é nada estranha; sem prejulgar vossa opinião sobre tal assunto, suponho que um espírito de elite como o vosso, senhora, não teria sido dominado pelos preconceitos e deve querer o exame.

> Se vossos afazeres vos permitirem consagrar alguns instantes a essa leitura, vereis talvez, pela exposição dessa doutrina, o espiritismo sair do círculo estreito das manifestações materiais para abraçar todas as leis que regem a humanidade.
> Os Espíritos, aliás, senhora, falaram-me muitas vezes de vós e, enviando-vos esta obra, a qual é bem mais deles do que minha, não faço mais do que cumprir o desejo que eles me inspiraram.
> Recebeis, eu vos suplico, senhora, com o tributo de admiração que partilho com tantos outros, a homenagem de meus sentimentos mais distintos.
> Allan Kardec

O silêncio da boa sra. de Nohant juntou-se ao silêncio do bom Theo. Hoje em dia, raros são aqueles que leem os dois escritores, enquanto os escritos de Kardec têm sempre o favor das novas gerações e são constantemente reeditados.

A admiração de Kardec por George Sand, nascida como ele em 1804, ia muito mais à autora de *Spiridion* do que *La petite Fadette* ou *La Mare au diable*. Entre os setenta romances de sua imensa produção, quem é que conhece essa obra impressionante, escrita em Valldemossa, na ilha de Maiorca, sob a dupla influência do sacerdote-filósofo Lamennais e do poeta socialista Pierre Leroux? Nessas páginas sulfurosas, é com paixão que se enfrentam a fé e a razão, o cristianismo clássico e uma nova religião digna do Criador. O pai Spiridion sonhava com ela na escuridão do seu convento, já tinha apresentado os princípios e a doutrina num manuscrito nunca publicado que acabou enterrado no seu caixão. Essa história insólita fascinou o jovem Renan e agiu de maneira duradoura no seu pensamento. Aqui está um livro que seria urgente publicar novamente.

No ano de 1865, apareceu um romance de Théophile Gautier intitulado *Espírita* (*Spirite*). Pierre Larousse, ao mesmo tempo oponente de Allan Kardec e admirador das obras pedagógicas do sr. Rivail (o enciclopedista tinha composto várias), o muito sério sr. Larousse dedicou três colunas do seu *Grande dicionário universal do século 19* a essa história mundana que prefigura Proust e Delly.

O livro tem como heróis um elegante esportista parisiense, Guy de Malivert, uma jovem e rica viúva, sra. de Ymbercourt, e um ser celestial que ditou essas linhas para seu sedutor:

> A primeira vez que vos vi foi no parlatório do convento dos Pássaros, na hora da visita para vossa irmã que estava lá como pensionista, assim como eu. Desde então, sempre vos amei, Guy. Mas quando soube que casaríeis com a sra. de Y., a decepção levou-me a tornar-me religiosa e não demorei a morrer de tristeza...

Eis o início da análise do *Grande Dicionário Universal do século 19*:

> As extravagâncias do espiritismo tomam nesse livro, escrito de maneira admirável, tonalidades tão poéticas e tão aéreas que a gente se deixa levar como às mais sedutoras criações. O mais singular é que o autor, fundamentalmente cético, que não acredita em uma *só* palavra das coisas sobrenaturais às quais sua imaginação emprestava vida, conseguiu entrar tão bem na pele de um espírita convicto. Suas concepções ideais excedem de muito a fantasmagoria pretendida dos adeptos. Apesar do seu pronunciado materialismo, Théophile Gautier elevou-se a concepções ideais de grande força.

Tais concepções ideais vinham direto de Allan Kardec, mas o poeta tomava cuidado para não dizê-lo.

Em *Le Courrier du monde illustré* de 16 de dezembro de 1865, lê-se o seguinte:

> Parece que, sem suspeitar, sem professar a doutrina, sem mesmo ter sondado muito as insondáveis questões do espiritismo, o poeta Théophile Gauthier, pela única intuição do seu gênio poético, colocou na milha do infinito, comida a rã do inexplicável e encontrado o

Sésamo das evocações misteriosas, porque o romance que publicou em folhetins no *Moniteur universel,* sob o título de *Espírita,* agitou violentamente todos aqueles interessados nessas questões perigosas. A emoção foi imensa, e para medir-lhe toda a importância, deve-se percorrer os jornais da Europa inteira, como o fizemos.

Toda a Alemanha espírita se levantou como um só homem, e um dos órgãos mais sérios da Áustria pretende que o imperador encomendou a Théophile Gautier esse prodigioso romance a fim de desviar a atenção da França das questões políticas. Segundo a folha vienense, o poeta da *Comédia da morte,* muito agitado após uma visão, teria caído gravemente enfermo. Transportado a Genebra, guardou o leito durante várias semanas sob o domínio da febre, preso a pesadelos estranhos e alucinações. Um dia pela manhã, foram encontrados, ao pé do seu leito, os folhetins esparsos de seu manuscrito *Espírita.*

O imperador em questão era Francisco-José I, cuja esposa, Elizabeth da Baviera, era muito atraída pelas coisas misteriosas. O comentário de Allan Kardec foi o seguinte: "Essa suposição é uma confissão da força da ideia espírita, uma vez que se reconhece que um soberano, o maior político de nossos dias, pôde julgá-la própria a produzir semelhante resultado." "O maior político de nossos dias", não se pode dizer que Kardec esteja cortejando Napoleão III.

Numa crônica intitulada "Livros de hoje e amanhã", de *L'Evénement* de 16 de fevereiro de 1865, Émile Zola, então com vinte e cinco anos e ainda muito distante de *Germinal,* dá um resumo do livro *Espírita,* publicado anteriormente em folhetim no *Moniteur universel:*

> A obra é para a maior glória dos Davenport; leva o leitor a passear no país dos espíritos, mostra-nos o invisível, revela-nos o desconhecido. O *Jornal Oficial* deu ali os boletins do outro mundo. Mas desconfio da fé de Théophile Gautier, que tem uma bonomia irônica na qual se sente a incredulidade de longe. Suspeito que se interesse pelo invisível unicamente pelo prazer de expor, a seu modo, horizontes imaginários.

No fundo, ele não acredita nas histórias que conta, mas se compraz em contá-las, e os leitores vão gostar de lê-las. Pois tudo é para o melhor, na melhor das incredulidades possíveis. O que quer que escreva Théophile Gautier, é sempre um escritor pitoresco e um poeta original. Se acreditasse no que diz, ele seria perfeito, e isto seria talvez prejudicial.

Allan Kardec ficou indignado com Zola:

> Singular confissão, singular lógica, e mais singular conclusão! Se Théophile Gautier acreditasse no que diz no livro *Espírita*, 'ele seria perfeito'! As doutrinas espíritas levam à perfeição aqueles que as assimilam; daí a consequência que, se todos os homens fossem espíritas, seriam todos perfeitos. Um outro teria concluído: 'Apressemo-nos em difundir o espiritismo'; ...que nada; 'isso seria prejudicial'! Quantas pessoas repelem as crenças espíritas, não pelo medo de se tornar perfeitas, mas simplesmente pelo medo de estarem obrigadas a se emendar! Os Espíritos lhes causam medo, porque falam do outro mundo, e esse mundo os assusta; é por isso que se tapam os olhos e as orelhas.

Por minha vez, fico indignado com Théophile Gautier, que faz o elogio dos irmãos Davenport, esses impostores, esses vigaristas, mas não diz nada de *O livro dos espíritos*, donde ele tirou tudo.

Generoso, Kardec não ficava zangado com autores que extraíam dos seus livros o que queriam, sem nunca nomeá-lo. Além disso, demonstrava seu espírito esportivo dando a palavra a seus adversários na rubrica "Variedades" da sua revista. Eles faziam retratos humorísticos dos quais alguns ainda são válidos. Mas Kardec tinha demasiado bom senso para não ver as derivações ao seu redor e era o primeiro a rir de tudo isso. Foi assim que ele reproduziu o artigo seguinte do *La France* de 14 de setembro de 1866:

> A fé robusta das pessoas que, a despeito de tudo, acreditam em todas as maravilhas, tantas vezes desmentidas, do espiritismo, é, em

verdade, admirável. Mostra-se-lhes o *truque* das mesas girantes, e elas creem; desvendam-se-lhes as imposturas do armário dos Davenport, e elas creem mais ainda; exibem-se-lhes todos os cordões, fazem-nas tocar a mentira com o dedo, furam-lhe os olhos pela evidência do charlatanismo e sua crença apenas se torna mais obstinada. Inexplicável necessidade do impossível! *Credo quia absurdum.*

O *Messager franco-américain*, de Nova Iorque, fala de uma convenção dos adeptos do espiritismo, que acaba de se reunir em Providence [Rhode-Island]. Homens e mulheres se distinguem por semblantes do outro mundo; a palidez da pele, a emaciação do rosto, o profético devaneio dos olhos, perdidos num vago oceânico, tais são, em geral, os sinais exteriores do espírita. Acrescente-se que, contrariamente ao uso geral, as mulheres cortam curtos os cabelos, *à mal-content*, como se dizia outrora, ao passo que os homens têm uma cabeleira abundante, absalônica, enérgica, descendo até as espáduas. [Parece o mês de maio em 1968.] Quando se faz comércio com os Espíritos, há que se distinguir do comum dos mortais, da vil multidão.[23]

Vários discursos, muitos discursos foram pronunciados. Os oradores, sem mais preocupação com os desmentidos da ciência do que com os do senso comum, imperturbavelmente lembraram a grande série, que cada um sabe de cor, dos fatos maravilhosos atribuídos ao espiritismo. Sem querer fazer-se passar por profetisa, a srta. Susia Johnson declarou que previa estarem próximos os tempos em que a grande maioria dos homens não mais se rebelará às místicas revelações da religião nova. Apela com todos os seus votos para a criação de numerosas escolas, onde as crianças de ambos os sexos sorverão, desde a mais tenra idade, os ensinamentos do espiritismo. [Isso acontece no Brasil.]

Intitulado "Sempre os espíritas!", o *Événement* de 26 de agosto de 1866 publicou um longo artigo do qual Kardec extraiu as passagens mais jocosas. O texto era assinado por Jules Claretie, jovem e ríspido colunista da vida parisiense.

---

[23] In: *Revista Espírita*, janeiro de 1867.

Fostes alguma vez a uma reunião de espíritas, numa noite de ociosidade ou de curiosidade? Geralmente, é um amigo que vos conduz. Sobe-se bastante – os Espíritos gostam de aproximar-se do céu – para um pequeno apartamento já repleto. Entra-se às cotoveladas. Amontoam-se pessoas, com figuras bizarras, gestos de energúmenos. Sufoca-se nessa atmosfera, comprime-se, inclina-se sobre as mesas onde médiuns, com os olhos no teto, lápis na mão, escrevem as elucubrações que lhe vêm à cabeça.

Há uma surpresa inicial; procura-se entre todas as pessoas repousar o olhar; interroga-se, adivinha-se, analisa-se.

Velhas de olhos ávidos, jovens magros e fatigados, a promiscuidade das classes e das idades, porteiras da vizinhança e grandes damas do bairro, chita-da-índia e renda pura, poetisas do acaso e profetisas de ocasião, alfaiates e laureados do Instituto confraternizam no espiritismo. Esperam, fazem girar as mesas, levantam-nas, leem em voz alta as garatujas que Homero ou Dante ditaram aos médiuns sentados. Esses médiuns estão imóveis, a mão sobre o papel, sonhando. De repente sua mão se agita, corre, sacode violentamente, cobre as folhas num vai-e-vem e para bruscamente. Então alguém, no silêncio, cita o nome do Espírito que acaba de ditar a mensagem e a lê. Ah! essas leituras!

Assim, ouvi Cervantes se queixar da demolição do Teatro das Diversões Cômicas e Lamennais contar que Jean Journet era seu amigo íntimo no além. A maior parte do tempo Lamennais comete erros de ortografia e Cervantes não sabe uma palavra de espanhol.

(Só podemos concordar com o que disse Jules Claretie da pobreza e do ridículo das ilustres mensagens. Quanto aos erros ortográficos, em cento e cinquenta anos, eles conquistaram toda francografia, política, administrativa e midiática.)

Outras vezes [acrescenta Claretie] os Espíritos tomam um pseudônimo angélico para dar ao seu público alguma obscenidade ou qualquer adágio à maneira de Pantagruel. Ouçam-se protestos. E vem a resposta: "Nós nos queixaremos ao vosso chefe!"

Com uma expressão sombria, o médium, que escreveu a frase, fica zangado por estar em relação com Espíritos tão mal-educados. Perguntei a que legião os mistificadores do outro mundo pertenciam e a resposta foi clara: 'São Espíritos gaiatos!' Outros são mais amáveis – por exemplo, o Espírito desenhista que impulsionou a mão de Victorien Sardou e fê-lo desenhar a imagem da casa na qual Beethoven habita no *além*, numa profusão de folhagens ornamentais, entrelaçamentos de colcheias e semicolcheias; um trabalho de paciência de vários meses, no entanto, realizado numa noite só. Pelo menos é o que me afirmaram, mas o sr. Sardou seria o único que poderia convencer-me disso.

Pobre cérebro humano, como essas coisas são dolorosas para se contar! Parece que não demos um passo em direção da razão e da verdade! Pois, o batalhão dos preguiçosos engrossa a cada dia que passa, à medida que o mundo avança! É enorme, quase um exército. Sabeis quantas pessoas possessas há na França, hoje? Mais de duas mil. As possessas têm uma presidente, a sra. B... que, desde a idade de dois anos, vive em contato direto com a Virgem. Duas mil!

O Auvergne guardou seus milagres, as Cevenas têm sempre seus *Camisardos*. Os livros de espiritismo, os tratados de misticismo têm sete, oito, dez edições. De fato, o maravilhoso é a doença de um tempo que, nada tendo diante do espírito para se satisfazer, refugia-se nas quimeras, como um estômago debilitado e privado de carne, que se alimentasse de gengibre.

E o número dos loucos aumenta! O delírio é como uma onda que sobe. Que luz se há de buscar, então, já que a eletricidade é insuficiente para destruir essas trevas?

Jules Claretie

Realmente seria um erro irritar-se com tais adversários [comenta Kardec], pois acreditam de boa-fé e muito ingenuamente que têm o monopólio do bom senso. O que é tão divertido quanto os singulares retratos que fazem dos espíritas, é vê-los gemer dolorosamente por esses pobres cérebros humanos, que não dão nenhum passo para o lado da razão e da verdade, porque querem, custe o que custar, ter uma alma e acreditar no outro mundo, a despeito da eloquência dos incrédulos para provar que isto não existe, para a felicidade da humanidade; são seus pesares à vista desses livros espíritas, que se esgotam sem o concurso de anúncios, reclames e *elogios* pagos da imprensa.

O povo e a *intelligentsia* do Brasil eram muito mais abertos do que na França à nova dispensação. Quando o *Diário da Bahia* publicou um artigo hostil à doutrina espírita, três personalidades importantes protestaram:

> *Senhor redator,*
> *Como sois de boa-fé, no que concerne à doutrina do espiritismo, rogamos que também vos digneis publicar no* Diário *uma passagem de* O livro dos espíritos, *do sr. Allan Kardec, já na 13ª edição, a fim de que vossos leitores possam apreciar, em seu justo valor, a reprodução que fizestes de um artigo da* Gazette médicale de Paris, *escrito há mais de seis anos, pelo dr. Déchambre, contra essa mesma doutrina, na qual se reconhece que o dito médico não foi fiel nas citações que fez de* O livro dos Espíritos, *visando depreciar essa doutrina.*
> *Somos, senhor redator, vossos amigos reconhecidos,*
> Luís Olímpio Teles de Menezes,
> José Álvares do Amaral,
> Joaquim Carneiro de Campos

Seguia como resposta e refutação um trecho bastante extenso da introdução de *O livro dos espíritos*, do qual o sr. Déchambre faz um relato semiburlesco. Mas, a propósito, ele prova historicamente, e por citações, que o fenômeno das mesas girantes é mencionado em Teócrito, sob o nome de *kosskinomantéia*, adivinhação pelo crivo, porque então se serviam de crivo para esse gênero de operação, e daí conclui, com a lógica ordinária dos nossos adversários, que, não sendo um fenômeno novo, não tem o mínimo fundo de realidade.

Para um homem de ciências positivas [diz Kardec], aí está um argumento singular. Lamentamos que a erudição do sr. Déchambre não lhe tivesse permitido remontar ainda mais alto, porque teria encontrado a prática das comunicações no antigo Egito e nas Índias.

12. A *Revista Espírita* e a SPES

Marcado pelo lançamento da *Revista Espírita, Jornal de Estudos Psicológicos*, o ano de 1858 foi particularmente importante para Kardec. O adjetivo *psicológico* pode parecer surpreendente, pois era de se esperar *psíquico*, mas o termo da parapsicologia, criado pelo alemão Max Dessoir, ainda não existia. Desde o sucesso de *O livro dos espíritos*, o feliz autor sentia a necessidade de uma publicação mensal para reunir seus leitores e permitir a Kardec comunicar-se diretamente com eles. Tal iniciativa necessitava de um grande capital, por isso foi procurar o antigo grupo de quatro, mas todos se esquivaram, exceto *Herr* Tiedeman. O senhor aposentado pela Universidade de Heidelberg, que não era abastado, procurava um meio para ajudar o amigo.

Kardec decidiu interrogar seu guia através da srta. Ermance Dufaux, a mais confiável dos seus médiuns.

– A ideia é excelente – respondeu o Espírito –, pode colocá-la o mais depressa possível à execução, e não se preocupe com nada!

Incentivado, foi consultar Amélie, sua ministra das finanças.

– Devo me decidir a publicar essa revista às minhas custas, e tocar em nossas economias, o que você acha?

– Vamos em frente, vale a pena tentar. Pode contar com nosso capital e vamos trabalhar!

> Apressei-me [diz Kardec] a redigir o primeiro número e fi-lo circular a 1º de janeiro de 1858, sem haver dito nada a quem quer que fosse. Não tinha um único assinante e nenhum fornecedor de fundos. Publiquei-o correndo eu, exclusivamente, todos os riscos e não tive de que me arrepender, porquanto o resultado ultrapassou a minha expectativa. A partir daquela data, os números se sucederam sem interrupção e, como previa o Espírito, esse jornal se tornou um poderoso auxiliar meu. Reconheci mais tarde que fora para mim uma felicidade não ter tido quem me fornecesse fundos, pois assim me conservara mais livre, ao passo que outro interessado houvera querido talvez impor-me suas ideias e sua vontade e criar-me embaraços. Sozinho, eu não tinha que prestar contas a ninguém, embora, pelo que respeitava ao trabalho, me fosse pesada a tarefa.

Eis então a *Revista Espírita*, contendo o relato das manifestações materiais ou inteligentes dos espíritos, aparições, evocações etc., bem como todas as notícias relativas ao espiritismo.

> O espiritismo é o ensino dos Espíritos sobre as coisas do mundo visível e do invisível; sobre as ciências, a moral, a imortalidade da alma, a natureza do homem e o seu futuro. A história do espiritismo na Antiguidade; suas relações com o magnetismo e com o sonambulismo; a explicação das lendas e das crenças populares, da mitologia de todos os povos etc.

Desde as primeiras páginas de sua revista, Kardec quer situar o espiritismo entre as ciências.

> Causa justa admiração que, enquanto na América, somente os Estados Unidos possuem dezessete jornais consagrados a esse assunto, sem contar um sem-número de escritos não periódicos, a França, o país da Europa onde tais ideias mais rapidamente se aclimataram, não possui nenhum. Até agora só existe na Europa um jornal consagrado à doutrina espírita – o *Journal de l´âme*, publicado em Genebra

pelo dr. Boessinger. Na América, o único jornal em francês é o *Spiritualiste de la Nouvelle-Orléans*, publicado pelo sr. Barthès.

Não se pode contestar a utilidade de um órgão especial, que ponha o público a par do progresso desta nova ciência e o previna contra os excessos da credulidade, bem como do ceticismo. É uma lacuna que nos propomos preencher com a publicação desta Revista, com vistas a oferecer um meio de comunicação a todos quantos se interessam por estas questões e de ligar, por um laço comum, os que compreendem a doutrina espírita sob seu verdadeiro ponto de vista moral: a prática do bem e a caridade evangélica para com todos.

Se não se tratasse senão de uma coleta de fatos, a tarefa seria fácil; eles se multiplicam em toda parte com tal rapidez que não faltaria matéria; mas os fatos, por si mesmos, tornam-se monótonos pela repetição e, sobretudo, pela similitude. O que é necessário ao homem racional é algo que lhe fale à inteligência. Poucos anos se passaram desde o surgimento dos primeiros fenômenos, e já estamos longe da época das mesas girantes e falantes, que foram suas manifestações iniciais.

Mas a França tirou logo o seu atraso: três anos após este artigo, a imprensa espírita era diversificada e próspera. Eis *O Futuro, monitor do espiritismo*; *A Verdade, jornal do espiritismo*; *A Revista do Ensino dos Espíritos*, a *Colmeia Espírita* e *O Salvador dos Povos*, ambos publicados em Bordeaux; *O Eco de Além-túmulo*, periódico de Marselha; *A Revista de Antuérpia*, a *Revista do Espiritualismo*, de Paris, do sr. Piérard, seu diretor.

E Kardec constatava com satisfação:

Hoje, o espiritismo é uma ciência que revela todo um mundo de mistérios, tornando patentes as verdades eternas que apenas pelo nosso espírito eram pressentidas; é uma doutrina sublime, que mostra ao homem o caminho do dever, abrindo o mais vasto campo até então jamais apresentado à observação filosófica. Nossa obra seria, pois, incompleta e estéril se nos mantivéssemos nos estreitos limites de uma revista anedótica, cujo interesse rapidamente se esgotasse.

> Talvez nos contestem a qualificação de ciência, que damos ao espiritismo. Certamente não teria ele, em nenhum caso, as características de uma ciência exata, e é precisamente aí que reside o erro dos que o pretendem julgar e experimentar como uma análise química ou um problema matemático; já é bastante que seja uma ciência filosófica.
>
> Toda ciência deve basear-se em fatos, mas os fatos, por si sós, não constituem a ciência; ela nasce da coordenação e da dedução lógica dos fatos: é o conjunto de leis que os regem. Chegou o espiritismo ao estado de ciência? Se por isto se entende uma ciência acabada, seria sem dúvida prematuro responder afirmativamente; entretanto, as observações já são hoje bastante numerosas para nos permitirem deduzir, pelo menos, os princípios gerais, onde começa a ciência.

No ano de 1858, o incansável Kardec fundou a SPES, Sociedade Parisiense de Estudos Espíritas, autorizada pelo prefeito de polícia, em 13 de abril, conforme o parecer favorável de sua excelência o sr. ministro do interior e da segurança geral.

O prefeito de polícia, encarregado da cidade de Paris e do distrito do Sena, pelas suas funções, atuava sob a autoridade do ministro do interior, tinha sob a sua vigilância as prisões, prostíbulos, bailes, teatros, mercados e feiras, mas também os cultos, as associações e tudo que era ligado à impressão e venda de livros.

Ocorre que esse importante personagem conhecia pessoalmente o sr. Dufaux, grande admirador de Kardec e pai da sensitiva Ermance. Mas o prefeito não podia tomar nenhuma decisão sem a aprovação do ministro do interior. E foi para surpresa de todos que ele também se mostrou bem disposto. Por isso fiquei me perguntando quem podia ser esse político tão liberal, quando uma voz interior respondeu-me: Persigny.

Restava-me fazer alguma pesquisa sobre esse personagem que eu até então desconhecia. Aqui está o que diz o republicano Pierre Larousse:

> À medida que se aproximava o final dos poderes presidenciais de Luís Napoleão, Persigny fazia parte do pequeno círculo de seus amigos próximos que prepararam o crime de 2 de dezembro de 1851.

Quando o duque de Morny renunciou à pasta do Ministério do Interior, Persigny o substituiu (22 de janeiro 1852) e pôde finalmente utilizar a circular preparada por ele no momento do golpe de Estado. Ele assinou os decretos, realizou as primeiras eleições no Corpo Legislativo usando a mais descarada pressão oficial e continuou a fazer pesar sobre a imprensa um jugo de ferro.

(Bom! Não era nem um pouco o liberal imaginado por mim.)

Chamado para a embaixada de Londres, em 7 de maio de 1855, Persigny ocupou o cargo até março de 1858.

No dia 1º de fevereiro do mesmo ano, tornou-se membro do Conselho Privado, com honorários de 100 mil francos. Até o fim do império, permaneceu o familiar, o confidente do mestre. Tornou-se o teórico do regime que havia ajudado a fundar, o que o levou a ser chamado de doutrinário do império. Uma ditadura moderada pela opinião pública, fazendo a nossa felicidade sem nós, eventualmente se necessário contra nossa vontade, ou seja, a abdicação de muitos nas mãos de um só.

Persigny, "o autor de um sistema sufocante de despotismo sob o qual mantinha a França", estava de volta para dar em 13 de abril seu parecer favorável à fundação da SPES. Ele não poderia ter adotado uma atitude tão contrária aos seus princípios sem consultar Napoleão III.

– *Sire*, o que pensais desse sr. Kardec?
– Tive a oportunidade de ler seus escritos com a imperatriz. É um homem sério, um cidadão estimável; podeis dar-lhe a permissão que solicita. Tudo o que diz respeito à vida futura só pode contribuir a moralizar a vida pública e tranquilizar aqueles angustiados com a perspectiva da morte.

Napoleão III falava com conhecimento de causa. Três meses antes, tinha milagrosamente escapado ao atentado de Orsini.

13. O atentado de Orsini e suas consequências espirituais

Precedida pelos lanceiros da guarda, a carruagem de suas majestades chegou à *rue* Le Pelletier às 20h30 do dia 14 de janeiro de 1858. Quando a carruagem estacionou na frente do peristilo da Ópera, ressoaram sucessivamente três explosões enormes. Os vidros da marquise e as vidraças de todos os edifícios próximos estouraram, os bicos de gás do teatro e da *rue* Le Pelletier apagaram-se imediatamente.

Crivados de projéteis, a carruagem e os cavalos são derrubados. Na calçada, lanceiros, policiais, transeuntes agonizavam no escuro. O imperador conseguiu sair do veículo; salvo seu chapéu furado e um corte no rosto, estava ileso. Imediatamente, ele ajudou a imperatriz a sair, sã e salva também, mas com o vestido e casaco manchados de sangue. Pessoas apressavam-se em torno dela. Com compostura, ela ordena:

– Não se preocupem conosco, são os riscos do ofício. Cuidem antes dos feridos!

Houve 156 vítimas; oito não sobreviveram.

O imperador quis acompanhá-los até a farmácia, mas um comissário de polícia o impediu:

– *Sire*, se o senhor não aparecer imediatamente na Ópera, o público que ouviu a explosão vai pensar que está gravemente ferido, talvez morto.

— Tem razão, voltarei imediatamente após a representação, para ter notícias dos infelizes.

Napoleão ofereceu o braço à Eugénia e dirigiram-se para o teatro, onde fizeram a sua entrada como se nada tivesse acontecido. Enquanto se dirigiam para a frente da cena, todos os espectadores levantaram-se e ovacionaram o casal. A orquestra tocou "Partindo para a Síria", romance outrora composta para a rainha Hortense. Napoleão acenou para que se sentassem e ordenou que o espetáculo continuasse.

O julgamento de Orsini e dos seus cúmplices abriu-se em 25 de fevereiro de 1858 no Tribunal Criminal do Sena. Jules Favre, o advogado autorizado pelo imperador, apresentou o apelo do acusado:

> Rogo a vossa majestade devolver à Itália a independência que seus filhos perderam em 1849, por culpa dos franceses. Que vossa majestade se recorde que os italianos, entre os quais estava meu pai, verteram com alegria o seu sangue para Napoleão o Grande, por toda a parte onde quis conduzi-los. Que se recorde que lhe foram fiéis até sua queda. Que se recorde que, enquanto a Itália não for independente, a tranquilidade da Europa e de vossa majestade serão apenas quimeras. Que vossa majestade não afaste o voto supremo de um patriota que está para subir os degraus do cadafalso, que vossa majestade libere a minha pátria! As bênçãos de vinte e cinco milhões de cidadãos segui-lo-ão na posteridade.

Impressionado pelo apelo de Orsini e, desde muito tempo, desejoso de liberar a Itália do Norte da dominação austríaca, Napoleão comprometeu-se em 1859 com a campanha da Itália.

Desde aquela noite de 14 de janeiro de 1858, na qual quase desapareceram, para Napoleão e Eugénia sempre ficaria a pergunta: o que teria acontecido com seu filho, Loulou, de dois anos de idade? Quem teria assumido a regência durante uns vinte anos? Quem teria exercido lealmente o poder em nome do jovem órfão antes de sua maioridade? E ambos recordavam-se da profecia de Home: nunca reinará o príncipe imperial.

Essa sinistra previsão, tão exata, além das já citadas trapaças de Home, fizeram com que eles se distanciassem das práticas do espiritismo, mas não de sua filosofia, quando era apresentada por Allan Kardec. Suas concepções procedentes de um deísmo cristão à la Rousseau agradavam o imperador e até mesmo a imperatriz, cujo confessor, monsenhor Bauer, era bastante tolerante.

A história era o passatempo de Napoleão III, autor muito honrado da obra *Vida de Júlio César*. Naquela época, ele fazia pesquisas sobre o conde de Saint-Germain, cujo mistério fascinava-o. Estudiosos examinavam para ele documentos sobre esse príncipe húngaro forçado a tornar-se aventureiro. Infelizmente, os arquivos a seu respeito desapareceram em fumaça com as certidões de nascimento e de morte de todos os parisienses dos séculos anteriores, quando os comuneiros incendiaram a prefeitura de Paris. Não sobrou nada do trabalho a que o imperador dava a maior importância.

Na *Revista Espírita*, que Victorien Sardou comunicava regularmente à imperatriz Eugénia, o seu cônjuge pôde ler em setembro de 1858, sob o título "Os gritos da noite de são Bartolomeu", essas linhas atestando a realidade das remanências, fenômeno extraordinário, do qual falou Pierre Monnier imediatamente após a Primeira Guerra Mundial.

O texto a seguir, escrito no final de 1572, tem como autor o marquês Christophe Jouvenel des Ursins, tenente-geral no governo de Paris:

> Em 31 de agosto de 1572, oito dias após o massacre da noite de são Bartolomeu, jantei no Louvre nos aposentos da sra. de Fiesque. Estava um dia muito quente, por isso fomos nos sentar na pequena pérgola do lado do rio para respirar o ar fresco, quando de repente ouvimos no ar um ruído horrível de vozes tumultuosas e de gemidos, misturados de gritos de raiva e de fúria; aterrorizados, permanecemos imóveis, olhando-se ocasionalmente sem ter a força de falar. Acredito que o barulho tenha durado quase meia hora. Com certeza, o rei [Charles IX] ouviu e ficou apavorado, decerto não dormiu naquela noite; contudo, não disse uma só palavra no dia seguinte, mas observou-se que ele tinha um ar sombrio, pensativo, perdido.

Ocorre que esse Christophe Jouvenel des Ursins é o remoto e direto antepassado de Roland de Jouvenel des Ursins, cujo nome completo figura na placa em bronze[24] embutida na base de sua sepultura que está localizada no monumento Hautoy no Père-Lachaise, a certa distância do dólmen de Kardec.

O primeiro Juvénal ou Jouvenel des Ursins, o barão Jean (1360-1431), pertencia a uma família inglesa que se estabeleceu na Champagne. Tornou-se reitor de Paris, por isso, recebeu da cidade uma casa chamada Hotel des Ursins. Os Ursins: família italiana ilustre à qual pertencia a princesa des Ursins e o papa Pietro Francesco Orsini.

Há uma pergunta que tem sido feita muitas vezes a Kardec: os espíritos, que respondem mais ou menos com precisão às perguntas que lhes são dirigidas, poderiam fazer um trabalho de fôlego? Ele responde citando a história de Joana d'Arc ditada por ela mesma a Ermance Dufaux, uma narração contendo uma infinidade de detalhes, pouco ou nada conhecidos, sobre a vida da heroína.

> Aos que poderiam pensar que a senhorita Dufaux inspirou-se em seus conhecimentos pessoais, responderemos que ela escreveu o livro com a idade de quatorze anos, e que havia recebido a instrução que recebem todas as jovens de boa família, educadas com cuidado; porém, mesmo que tivesse uma memória fenomenal, não seria nos livros clássicos que iria buscar documentos íntimos, dificilmente encontráveis nos arquivos do tempo. Sabemos perfeitamente que os incrédulos sempre terão mil objeções a fazer; mas, para nós, que vimos a médium em ação, a origem do livro não poderia suscitar nenhuma dúvida.

Do mesmo modo, ela escreveu a história de Luís XI e a de Carlos VIII, que serão publicadas como a de Joana d'Arc.

> Passou-se com ela um fenômeno bastante curioso. A princípio, era excelente médium psicógrafa, escrevendo com grande facilidade; pouco a pouco se tornou médium falante e, à medida que essa nova

---
[24] Essa placa foi roubada em 2002; a profanação de cemitérios tornou-se comum.

faculdade se desenvolvia, a primeira enfraquecia; hoje, escreve pouco ou com muita dificuldade, mas, o que há de estranho é que, falando, sente necessidade de ter um lápis à mão, fingindo que escreve; é preciso uma terceira pessoa para registrar suas palavras, como as da Sibila. Como todos os médiuns favorecidos pelos Espíritos bons, somente recebeu comunicações de ordem elevada.

Seu relato da morte de Luís XI tem todas as características da verdade psicológica e histórica:

> Não me sentindo bastante firme para ouvir pronunciar a palavra morte, muitas vezes tinha recomendado a meus oficiais que apenas me dissessem quando me vissem em perigo: 'Falai pouco', e eu saberia o que isso significava. Quando já não havia mais esperança, Olivier le Daim me disse duramente, na presença de Francisco de Paula e de Coittier:
>
> – Majestade, é preciso que nos desobriguemos de nosso dever. Não tenhais mais esperanças neste santo homem, nem em qualquer outro, porquanto chegastes ao fim; pensai em vossa consciência; não há mais remédio.
>
> A essas palavras cruéis, toda uma revolução operou-se em mim; eu já não era o mesmo homem e me surpreendia comigo mesmo. O passado desenrolou-se rapidamente ante meus olhos e as coisas me pareceram sob um aspecto novo: não sei que de estranho se passava em mim. O duro olhar de Olivier le Daim, fixado sobre o meu rosto, parecia interrogar-me. Para subtrair-me a esse olhar frio e inquisidor, respondi com aparente tranquilidade:
>
> – Espero que Deus me ajude; talvez eu não esteja tão doente como imaginais.
>
> Ditei minhas últimas vontades e mandei para junto do jovem rei aqueles que ainda me cercavam. Encontrei-me só com meu confessor, Francisco de Paula, le Daim e Coittier. Francisco me fez uma exortação tocante; a cada uma de suas palavras parecia que os meus vícios se apagavam e que a natureza retomava seu curso; senti-me

aliviado e comecei a recobrar um pouco de esperança na clemência de Deus.

Recebi os últimos sacramentos com uma piedade firme e resignada. Repetia a cada instante:

– Nossa Senhora de Embrun, minha boa Senhora, ajudai-me!

"A fé, somente a fé!", gritava Lutero.[25]

Sinto muito, Martinho! Mas a fé, mesmo dirigida a Deus, não é tudo. Em alguns seres, como Luís XI, ou Ivan, o Terrível, armados com motosserras, ela pode combinar-se à crueldade mais pavorosa.

Na passagem seguinte, não se trata de enternecer-se com o criminoso que agoniza, mas de citar alguns fatos desconhecidos de Ermance.

> Terça-feira, 30 de agosto, cerca de sete horas da noite, caí em nova prostração; todos os que estavam presentes, crendo-me morto, retiraram-se. Olivier le Daim e Coittier, temendo a execração pública, permaneceram junto ao meu leito, já que não tinham outro asilo. Logo recobrei inteiramente a consciência. Ergui-me, sentei-me na cama e olhei em torno de mim; ninguém de minha família lá estava; nenhuma mão amiga buscava a minha nesse momento supremo, para suavizar-me a agonia numa última carícia. Àquela hora, talvez, meus filhos se divertissem, enquanto seu pai morria. Ninguém pensou que o culpado ainda pudesse ter necessidade de um coração que compreendesse o seu. Procurei ouvir um soluço abafado, mas só ouvi as risadas dos dois miseráveis que estavam junto de mim.
>
> Percebi, em um canto do quarto, minha galga favorita que morria de velha. Meu coração estremeceu de alegria: tinha um amigo, um ser que me estimava. Fiz-lhe sinal com a mão; a galga se arrastou com dificuldade até o pé de meu leito e veio lamber-me a mão agonizante. Olivier percebeu esse movimento; praguejando, levantou-se bruscamente e golpeou o infeliz animal com um bastão até que morresse; ao morrer, meu único amigo lançou-me um longo e doloroso olhar.

---

[25] Referência à doutrina defendida por Lutero, a partir de interpretação da carta de Paulo aos Romanos, de que a fé é a única condição necessária para a salvação.

Olivier empurrou-me violentamente sobre o leito. Deixei-me cair e entreguei a Deus a minha alma culpada.

O biógrafo de Kardec sabe, como todo mundo, quem era Olivier le Daim, mas quem era Coittier, o outro miserável? Eis aqui, após algumas pesquisas, o que diz Philippe Commynes:

> O dito Coittier era tão rude com o rei que não parecia ser um doméstico, haja vista as palavras ultrajantes e duras com que o tratava. Não era despedido pelo rei como tantos outros servos, pois com audácia dizia-lhe o médico o seguinte: "Eu sei que um dia o senhor me mandará embora, como faz com outros, mas pela morte de Deus, não viverá oito dias após". O rei ficava tão apavorado que, após isso, adulava-o e dava qualquer coisa ao dito cujo.

De fato, Coittier vivia assediando Luís XI com seus pedidos de dinheiro. Mas dificilmente se pode imaginar a pequena Ermance sair secretamente, sem sua doméstica, consultar tais documentos na Biblioteca Imperial.

A façanha da jovem lembra a de Chico Xavier (1910-2002), o caixeiro de venda brasileiro que recebeu em escrita automática poemas (muitos na forma tão difícil de soneto) dos maiores escritores do Brasil e Portugal. Ele intitulou o primeiro livro *Parnaso de além-túmulo*. Foi seguido por outros: coleções de poemas, romances e um grande épico histórico: *Brasil, coração do mundo, pátria do Evangelho*. Essa odisseia ditada do outro mundo por Humberto Campos reconstruiu desde o ano 1500 até o século 20 a história desse país onde o kardecismo espalhou-se de maneira prodigiosa.

No número de dezembro, Allan Kardec faz um balanço do ano de 1858:

> Na introdução com que iniciamos o nosso primeiro número, traçamos o plano que nos propúnhamos seguir: citar os fatos, mas também investigá-los e submetê-los ao escalpelo da observação; apreciá-los e deduzir-lhes as consequências. No princípio, toda a atenção se concen-

trou nos fenômenos materiais que, então, alimentavam a curiosidade do público; mas a curiosidade não dura sempre; uma vez satisfeita deixa de interessar, assim como a criança que abandona um brinquedo.

Naquela época os Espíritos nos disseram: "Este é o primeiro período, que logo passará para ceder lugar a ideias mais elevadas. Fatos novos haverão de revelar-se, marcando um novo período – o filosófico – e em pouco tempo a doutrina crescerá, como a criança que deixa o berço. Não vos inquieteis com as zombarias: os próprios zombadores serão zombados, e amanhã encontrareis zelosos defensores, entre os vossos mais ardentes adversários de hoje. Quer Deus que assim o seja e fomos encarregados de executar a sua vontade; a má vontade de alguns homens não prevalecerá contra ela; o orgulho dos que pretendem saber mais que Ele será abatido."

Realmente, estamos longe das mesas girantes, que não divertem mais, porque tudo cansa; só não nos afadigamos daquilo que fala ao raciocínio, e o espiritismo voga a plenas velas em seu segundo período. Todos compreenderam que é toda uma ciência que se funda, toda uma filosofia, uma nova ordem de ideias.

É precisamente essa nova ordem de ideias que interessava ao imperador. De repente tinha tomado consciência da fragilidade de sua vida, de sua obra e de sua dinastia. Não tinha tanta certeza de que a igreja de Santo Agostinho, edificada sob o seu reino, seria à família Bonaparte o que Saint-Denis era aos Bourbon.

Entendia que milagrosamente protegido, em 14 janeiro de 1858, pela Providência, não seria sempre assim, e que deveria experimentar de maneira prematura a velhice, a doença e a lei implacável da morte. Essa "falta de saber viver", como disse um humorista, levava-o a saborear mais o momento presente e a refletir sobre os fins últimos.

As investigações de Kardec pareciam-lhe mais convincentes, mais autênticas que os sortilégios de Home. Quis consultar o homem que tinha posto na selva dos espíritos e dos médiuns a mesma ordem e a mesma harmonia que o barão Haussmann colocou na cidade de Paris.

Foi então que ele declarou àquela que ele chamava Ugénie: "Gostaria de falar em particular com este sr. Kardec, cujo livro emprestou-me. Vosso amigo Sardou poderá informá-lo que gostaria de encontrá-lo para conversações informais. É preferível que Persigny não saiba de nada! Nem Morny!"

Foi decidido que um fiacre comum do serviço dos veículos imperiais iria buscar o sr. Kardec na passagem da *rue* Sainte-Anne para conduzi-lo discretamente às Tulherias e depois o levaria de volta sem alarde ao seu domicílio. Não se tratava de consultar os espíritos – o sr. Kardec não era médium –, mas de falar de filosofia, teologia, organização da sociedade.

O retrato de Napoleão III pelo historiador Savart explica claramente suas simpatias pelo diretor-fundador da *Revista Espírita*.

> O imperador, que tinha um espírito curioso dotado de uma vasta cultura, falava inglês, italiano e alemão. Interessava-se pelas questões econômicas, estudava o sansimonismo, cujos seguidores ele apoiava. Fascinado pelos grandes nomes do passado, ele escreveu uma *Vida de Júlio César*. Bom e generoso, desejava sinceramente melhorar a sorte dos pobres e tornar-se popular. Bastante tímido, podia ser brusco e muitas vezes impenetrável; escutava muito, falava pouco, agia de surpresa com a ajuda de alguns íntimos.
>
> Fiel a seus amigos (mais do que às suas amantes), era tão grato quanto rancoroso; a sua tenacidade chegava ao limite da obstinação. Seus serviços pessoais agiam fora dos serviços oficiais, e às vezes no sentido contrário; de fato, permaneceu um conspirador.

14. Alguns diálogos com o Além

A *Revista Espírita* acaba de completar o seu primeiro ano, e Kardec está feliz em anunciar que, doravante, estando assegurada sua existência por um número de assinantes que aumenta a cada dia, ele dará prosseguimento às suas publicações.

Os testemunhos de simpatia que temos recebido de toda parte, o sufrágio dos homens mais eminentes pelo saber e pela posição social (alusão às suas visitas discretas nas Tulherias) são para nós um poderoso encorajamento na laboriosa tarefa que empreendemos; que aqueles, pois, que nos apoiaram na realização de nossa obra possam aqui receber o penhor de nossa gratidão. Seria um fato inusitado nos fastos da vida pública se não nos defrontássemos com contradições, nem com críticas, sobretudo quando se trata da emissão de ideias tão recentes; mas, se de alguma coisa devemos admirar-nos, é de ter encontrado tão poucos contraditores, em comparação com os sinais de aprovação que nos foram dados, e sem dúvida isso se deve bem menos ao mérito do escritor do que à atração suscitada pelo próprio assunto tratado e ao crédito que, diariamente, conquista nas mais altas camadas da sociedade. Nós o devemos também, e disso estamos convencidos, à dignidade que sempre temos conservado diante dos nossos adversários, deixando que o público julgue entre a moderação, de uma parte, e a inconveniência, de outra. O espiritismo marcha no mundo inteiro a passos de gigante; todo dia reúne alguns dissidentes pela força das coisas; e, se de nossa parte podemos lançar alguns grãos na balança desse grande movimento que se opera e que marcará nossa época como uma nova era, não será melindrando nem nos chocando frontalmente com aqueles que queremos justamente conquistar. É por esse raciocínio, e não pelas injúrias, que nos faremos escutar.

Foi mesmo pelo raciocínio e pela investigação experimental que Kardec entrou ainda vivo no mundo dos espíritos. Sem tristeza irremediável, abriram-se as portas do céu com a única força do seu pensamento.

Quanto aos seus leitores, era menos pelo raciocínio do que pela consolação trazida aos enlutados que o espiritismo tão rapidamente se espalhava na França e outras partes da Europa. A perspectiva de comunicar-se, mesmo brevemente, com os seus falecidos restaurava a sua fé, aliviava sua dor e dava-lhes a força de continuar a viver.

A próxima sessão, dirigida por Kardec, com comentários entre parênteses, é um modelo de evocação. Após cento e quarenta anos, a cena é sempre comovente e as palavras trocadas sempre úteis e verdadeiras.

A mãe: – Em nome de Deus Todo-Poderoso, Espírito Júlia, minha filha querida, peço-te que venhas, se Deus o permitir.

Júlia: – Mãe! Estou aqui!

A mãe: – És tu mesma, minha filha, que me respondes? Como posso saber que és tu?

Júlia: – Lili.

(Era um pequeno apelido familiar dado à jovem em sua infância; não era conhecido nem da médium, nem de mim, considerando-se que, há vários anos, só a chamavam pelo seu nome de Júlia. A esse sinal, a identidade era evidente; não podendo dominar a emoção, a mãe explode em soluços).

Júlia: – Mãe! Por que te afliges? Sou feliz, bem feliz: não sofro mais e te vejo sempre.

A mãe: – Mas eu não te vejo. Onde estás?

Júlia: – Aqui, ao teu lado, minha mão sobre a da sra. Baudin (a médium) para fazer-lhe escrever o que te digo. Vê a minha letra (a letra, de fato, era de sua filha).

A mãe: – Dizes: minha mão; tens, então, um corpo?

Júlia: – Não tenho mais aquele corpo que tanto me fazia sofrer, mas lhe guardo a aparência. Não estás contente porque eu não sofro mais e posso conversar contigo?

A mãe: – Se eu te visse, então, reconhecer-te-ia?

Júlia: – Sim, sem dúvida, e já me viste muitas vezes em teus sonhos.

A mãe: – De fato, já te revi em meus sonhos, mas pensei que fosse efeito da imaginação; uma lembrança.

Júlia: – Não; sou eu mesma que estou sempre contigo e procuro consolar-te; fui eu que te inspirei a ideia de evocar-me. Tenho muitas coisas a te dizer. Desconfia do sr. Z; ele não é sincero.

(Esse senhor, conhecido apenas da mãe, e citado assim espontaneamente, era uma nova prova de identidade do Espírito que se manifestava.) A mãe: – Que pode, pois, fazer contra mim o sr. Z?

Júlia: – Não te posso dizer; isto me é proibido. Apenas te advirto para desconfiares dele.

A mãe: – Estás entre os anjos?

Júlia: – Oh! Ainda não; não sou bastante perfeita.

A mãe: – Considerando que não havias feito o mal durante tua vida, por que sofreste tanto?

Júlia: – Prova! Prova! Eu a suportei com paciência, por minha confiança em Deus; sou muito feliz hoje, por isso. Até breve, mãe querida!

O essencial foi dito: necessidade da permissão divina, para obter algo de puro; prova da identidade dada pelo diminutivo afetuoso e pela letra da jovem; outra prova, a revelação da hostilidade do sr. Z; afirmação de que os espíritos têm corpos, que não têm mais sofrimentos físicos, que podem visitar-nos em sonhos, que não são anjos, mas podem um dia ser, dado que a evolução prossegue no País do Além.

É também através da sra. Baudin que Kardec recebeu notícias de Jeanne Rivail, com a qual, como filho amoroso que era, correspondeu-se sempre com regularidade. Por isso, perguntou um dia ao espírito Zéfiro:

> Allan Kardec: – Será que às vezes o Espírito da minha mãe vem visitar-me?
> Zéfiro: – Sim, e protege-o tanto quanto lhe é possível.
> A.K.: – Com frequência, vejo-a em meus sonhos; é uma lembrança?
> Zéfiro: – Não, é ela que aparece para você; pode percebê-lo pela emoção que você sente.

E Kardec comenta:

> Isto é verdade, quando minha mãe me aparecia em sonho, sentia uma emoção indescritível, e isso o médium não podia sabê-lo.

Será que Kardec falou com Napoleão III da comunicação de 28 de janeiro de 1860? Ele confidenciou suas preocupações aos seus correspondentes:

> – Nesse conflito não será de temer-se que a infeliz Itália sucumba e seja posta sob o cetro da Áustria?
> – Não, é impossível! – respondeu o Espírito de Verdade. – A Itália sairá vitoriosa da luta e a liberdade raiará para essa terra gloriosa. Ela nos salvou da barbárie, foi nossa mestra em tudo o que a inteligência tem de mais nobre e de mais elevado.

Algum tempo depois, consultando a imprensa estrangeira de língua francesa, Kardec ficou perplexo ao descobrir, numa revista de São Petersburgo, um artigo no qual dois jovens repórteres davam uma descrição hilariante do que viram na *rue* Sainte-Anne.

Contavam como foi mandado embora um espírito de mau gosto pelo sr. Kardec enfurecido; como outro brincalhão, este encarnado, sofreu o mesmo destino; como um encanador se queixou de estar obsediado por espíritos malignos e como caiu toda a sala em gargalhadas com os detalhes que forneceu; como eles, filhos do pope de Moscou, tentaram fazer com que o dono da casa caísse em armadilha, solicitando-lhe o que os espíritos pensavam da política do imperador.

Nem todas as mensagens tinham o valor das comunicações do Espírito de Verdade ou de Lili; algumas apresentavam perigos (por exemplo, a obsessão e a infestação) e Kardec era o primeiro a assinalá-las. Quando se opunha a essas mensagens de baixo nível em que certas entidades traziam a prova da sua pretensão, vulgaridade e mesmo da sua burrice, Kardec respondia:

> Nos meus escritos e conferências, sempre procuro advertir as pessoas contra a crença no saber ilimitado dos Espíritos. Dá-se com eles o que se dá com os homens; não basta interrogar o primeiro que aparece para ter uma resposta sensata. É preciso saber a quem se dirigir. Quem quer que deseje conhecer os costumes de um povo, deve estudá-lo desde a base até o cume da escala; ver somente uma classe é dele fazer uma ideia falsa, pois se julga o todo pela parte. A população dos Espíritos é como a nossa; há de tudo: o bom, o mau, o sublime, o trivial, o saber e a ignorância.
>
> Quem não os tiver observado seriamente em todos os graus não se pode gabar de conhecê-los. As manifestações físicas fazem-nos conhecer os Espíritos de baixa evolução: são a rua e a cabana. As comunicações instrutivas e sábias põem-nos em relação com os Espíritos elevados: são a elite da sociedade, o castelo e o Instituto.

Tudo isso é, obviamente, simbólico.

Sobre as manifestações físicas que interessam muito mais o público que os ensinamentos, ele citava *Le Spiritualiste de la Nouvelle-Orléans*, uma das raras revistas sobre esses temas em francês:

> Ultimamente perguntamos se todos os Espíritos, indistintamente, fazem mover as mesas, produzem ruídos etc. E logo a mão de uma

dama, séria demais para brincar com essas coisas, traçou violentamente estas palavras: "Quem faz dançar os macacos em vossas ruas? Serão os homens superiores?"

Entre as atas de sessão publicadas pela *Revista Espírita*, algumas são particularmente dramáticas. Eis por exemplo a entrevista de Kardec com o assassino Lemaire, condenado à pena de morte pelo tribunal criminal de Aisne e executado em 31 de dezembro de 1857. Foi evocado em 29 de janeiro de 1858; a médium era Ermance Dufaux.

> Allan Kardec: – Rogo a Deus Todo-Poderoso permitir ao assassino Lemaire, executado a 31 de dezembro de 1857, que venha até nós.
> Lemaire: – Eis-me aqui.
> A.K.: – Vendo-nos, que sensação experimentais?
> L.: – A de vergonha.
> A.K.: – Como pode uma jovem, mansa como um cordeiro, servir de intermediário a um ser sanguinário como vós?
> L.: – Deus o permite.
> A.K.: – Conservastes os sentidos até o último momento?
> L.: – Sim.
> A.K.: – Após a execução, tivestes imediata noção dessa nova existência?
> L.: – Eu estava imerso em grande perturbação, da qual, aliás, ainda não me libertei. Senti uma dor imensa, afigurando-se-me ser o coração quem a sofria. Vi rolar não sei que aos pés do cadafalso; vi o sangue que corria e mais pungente se me tornou minha dor.
> A.K.: – Era uma dor puramente física, análoga à que resultaria de um grande ferimento, pela amputação de um membro, por exemplo?
> L.: – Não; figurai-vos antes um remorso, uma grande dor moral.
> A.K.: – Quando começastes a sentir essa dor?
> L: – Desde que fiquei livre. (Ele quer dizer desde que seu perispírito ficou livre.)
> A.K.: – Mas a dor física do suplício, quem a experimentava: o corpo ou o Espírito?

L.: – A dor moral estava em meu Espírito, sentindo o corpo a dor física; mas o Espírito desligado também dela se ressentia.

A. K.: – Vistes o corpo mutilado?

L.: – Vi qualquer coisa de informe, à qual me parecia integrado; entretanto, reconhecia-me intacto, isto é, que eu era eu mesmo...

A.K.: – Será verdade que o corpo vive ainda alguns instantes depois da decapitação, tendo o supliciado a consciência das suas ideias?

L.: – O Espírito retira-se pouco a pouco; quanto mais o retêm os laços materiais, menos pronta é a separação.

A.K.: – Dizem que se há notado a expressão de cólera e movimentos na fisionomia de certos supliciados, como se quisessem falar; será isso efeito de contrações nervosas ou ato da vontade?

L.: – Da vontade, visto que o Espírito não se havia ainda desligado.

(Essa precisão é terrível, quando se pensa nas vítimas do Terror, nos erros judiciais.)

A.K.: – Qual o primeiro sentimento que experimentastes ao entrar na nova existência?

L.: – Um sofrimento intolerável, uma espécie de remorso pungente, cuja causa ignorava.

A.K.: – Acaso vos achastes reunido aos vossos cúmplices concomitantemente supliciados?

L.: – Infelizmente, sim, por desgraça nossa, pois essa visão recíproca é um suplício contínuo, exprobrando-se uns aos outros os seus crimes.

A.K.: – Tendes encontrado as vossas vítimas?

L.: – Vejo-as... são felizes; seus olhares perseguem-me... sinto que me varam o ser e debalde tento fugir-lhes.

A.K.: – Que impressão vos causam esses olhares?

L.: – Vergonha e remorso. Matei-os voluntariamente e ainda os abomino.

A.K. : – Terão por sua vez o ódio e o desejo de vingança?

L.: – Não; piedade. Seus votos atraem para mim a expiação. Não podeis avaliar o suplício horrível de tudo devermos àqueles a quem odiamos.

A.K.: – Lamentais a perda da vida corporal?

L.: – Apenas lamento os meus crimes. Se o fato ainda dependesse de mim, não mais sucumbiria.

A.K.: – O pendor para o mal estava na vossa natureza ou fostes também influenciado pelo meio em que vivestes?

L.: – Sendo um Espírito inferior, a tendência para o mal estava na minha própria natureza. Quis elevar-me rapidamente, mas pedi mais do que comportavam minhas forças.

A.K: – Se tivésseis recebido sãos princípios de educação, ter-vos-íeis desviado da senda criminosa?

L.: – Sim, mas eu havia escolhido a condição do nascimento. Eu era um homem fraco, incapaz tanto para o bem quanto para o mal. Poderia, talvez, corrigir na vida o mal inerente à minha natureza, mas nunca me elevar à prática do bem.

A.K: – Quando encarnado, acreditáveis em Deus?

L.: – Não.

A.K.: – Dizem que na última hora vos arrependestes; é verdade?

L.: – Porque acreditei num Deus vingativo, era natural que o temesse...

A.K.: – E agora o vosso arrependimento é mais sincero?

L.: – Pudera! Vejo o que fiz...

A.K: – Que pensais de Deus, agora?

L.: – Sinto-o, mas não o compreendo.

A.K.: – Achais justo o castigo que vos infligiram na Terra?

L.: – Sim.

A.K: – Como pretendeis reparar vossos crimes?

L.: – Por novas provações, conquanto me pareça que existe uma eternidade entre elas e mim.

A.K.: – Essas provas se cumprirão na Terra ou num outro mundo?

L.: – Não sei.

A.K.: – Como podereis expiar vossas faltas passadas numa nova existência, se não lhes guardais a lembrança?

L.: – Delas terei a intuição.

A.K.: – Onde vos achais agora?

L.: – Estou no meu sofrimento.

A.K.: – Perguntamos qual o lugar em que vos encontrais...

L.: – Perto de Ermance.

A.K.: – Estais reencarnado ou errante?

L.: – Errante; se estivesse reencarnado, teria esperança. Já disse: parece-me que a eternidade está entre mim e a expiação.

A.K.: – Poderíeis aparecer-nos?

L.: – Não. Deixai-me!

A. K.: – Poderíeis dizer-nos como vos evadistes da prisão de Montdidier?

L.: – Nada mais sei... é tão grande o meu sofrimento que apenas guardo a lembrança do crime... Deixai-me.

A.K.: – Poderíamos concorrer para vos aliviar esse sofrimento?

L.: – Fazei votos para que sobrevenha a expiação.

De fato, só a expiação podia libertá-lo.

Quando Lemaire, que não conhece o vocabulário espírita, diz "o espírito ainda não se tinha retirado", ele faz alusão ao perispírito, termo criado por Allan Kardec sobre o modelo de perisperma, invólucro da semente. O perispírito é a substância que chamamos hoje de corpo metafísico ou corpo energético. Sua textura é extremamente sutil, é a matéria em seu estado mais quintessenciado. Ele estabelece a ligação entre o espírito e a carne, guarda a aparência do corpo físico e é cercado por uma aura vibrante e colorida em função da espiritualidade do sujeito. No momento supremo, liberta-se e sai pela parte superior do corpo. É o que a linguagem popular expressa com *entregar a alma*. O perispírito (e não o *piorespírito*, como eu li num dicionário de ciências ocultas do século 20, idade de ouro dos erros de digitação e da incompetência) é invisível apenas para os encarnados. Contudo, em certas circunstâncias, a entidade pode modificar sua forma sutil e torná-la perceptível à nossa vista, o que ocorre com as aparições.

Durante uma comunicação relatada em *O livro dos espíritos*, Allan Kardec perguntou de onde tira o desencarnado seu invólucro semimaterial. Foi-lhe respondido:

[...] do fluido universal de cada globo, razão por que não é idêntico em todos os mundos. Passando de um mundo a outro, o espírito muda de envoltório, como se muda de roupa.

Allan Kardec: – Assim, quando os Espíritos que habitam mundos superiores vêm ao nosso meio, tomam um perispírito mais grosseiro?

O Espírito: – É necessário que se revistam de vossa matéria.

A.K.: – O invólucro semimaterial do Espírito tem formas determinadas e pode ser perceptível?

O espírito: – Sim, uma forma à escolha do desencarnado. É assim que este vos aparece algumas vezes, quer em sonhos, quer no estado de vigília, e que pode tomar forma visível, mesmo palpável.

Em resumo, a entidade toma esse receptáculo, ao mesmo tempo incorpóreo e substancial, no mundo onde permanece, que é mais ou menos sutil e se modifica de acordo com a natureza de cada esfera.

As vibrações do corpo energético excedem em velocidade as das substâncias mais ativas. Daí, a facilidade que têm as almas-espíritos em atravessar os corpos opacos, os obstáculos materiais e percorrer distâncias consideráveis com a rapidez do pensamento.

Insensível às causas de desagregação e de destruição que afetam o corpo físico, o corpo energético assegura a estabilidade do ser na renovação contínua das células. É o modelo invisível no qual passam, sucedem-se, renovam-se as partículas orgânicas. É o conjunto das linhas de força que constituem esse desenho, esse esquema, esse plano imutável, reconhecido por Claude Bernard como necessário para manter a forma humana... ou animal. Esse corpo energético que a Antiguidade, tanto pagã quanto cristã, chamava 'psique', palavra traduzida por 'alma', liberta-se do invólucro carnal não somente no momento da morte, mas também durante o sono natural ou provocado. A forma translúcida pode então ser percebida pelos verdadeiros videntes nos casos de aparições de falecidos ou de vivos exteriorizados.

O espírito do assassino Lemaire, evocado por Allan Kardec, acabou gritando: "Deixai-me! Deixai-me!" E o evocador obedeceu, entendendo que não era necessário atormentar mais essa alma esmagada pelo peso da sua falta.

Eis agora o caso de outro assassino que se manifestou espontaneamente em setembro de 1864 no grupo de Bruxelas. Trata-se de Jacques Latour, condenado à morte pelo júri de Foix e guilhotinado no mesmo mês.

> Estou vivo! – exclamou com horror o homem que, nos seus últimos momentos, havia blasfemado. Acreditava que, após a morte, tudo estaria terminado, e assim foi que afrontei o suplício, afrontei o próprio Deus, renegando-O!... Entretanto, quando me julgava aniquilado para sempre, que terrível despertar... oh! sim, terrível! Acreditava-me morto, e estou vivo!... Horrendo! horrendo! mais horrendo que todos os suplícios da Terra. Ah! se todos os homens pudessem saber o que há para além da vida, saberiam também quanto custam as consequências do mal! Certo não haveria mais assassinos, nem criminosos, nem malfeitores! Eu só quisera que todos os assassinos pudessem ver o que eu vejo e sofro...

Os criminosos da época, que pagaram duramente a sua dívida neste mundo ou no outro, não desfilavam como os delinquentes do presente século (1914-2014), que visa torná-los estrelas e abrir-lhes as portas da fama.

15. *O livro dos médiuns*

> Todo mundo é, mais ou menos, médium. Todavia, usualmente, assim só se qualificam aqueles em quem a faculdade mediúnica se mostra bem caracterizada. Fora erro acreditar alguém que precisa ser médium para atrair a si os seres do mundo invisível. Eles povoam o espaço; temo-los incessantemente em torno de nós.

Sucediam-se os livros com regularidade: em 1859, *O que é o espiritismo?* Em 1860, *Instruções práticas sobre as manifestações espíritas*; em 1861, *O livro dos médiuns*.

Kardec tinha também os artigos da *Revista Espírita* para escrever, que continuava tendo novos assinantes, e a correspondência com leitores sempre desejosos de que o autor se interessasse em seu caso, no que acabava repetindo o que havia dito em suas obras (algo que me acontece constantemente). Mas a preparação das sessões ocupava com prioridade o seu tempo. Após realizá-las em seu apartamento na *rue* des Martyrs, 8, e no Palais Royal, ocorreram por um período na *rue* de Valois, 35, para finalmente serem realizadas, a partir de abril de 1860, na *rue* Sainte-Anne, 59.

Com a ajuda dos conhecidos do sr. Dufaux, pai de Ermance, Kardec havia obtido em quinze dias aquilo que, em circunstâncias normais, teria levado meses e meses de esforços extenuantes. Do ponto de vista financeiro, a nova instalação se tornou possível graças à generosidade de uma senhora residente em Bordeaux, que havia enviado à SPES a soma considerável para a época de dez mil francos.

A vida terrestre oscila entre duas questões dramáticas: o dinheiro e o tempo. A primeira estava resolvida, mas a segunda era cada vez mais problemática. Mesmo levantando às quatro da manhã, estava sobrecarregado de trabalho. Poderia ter sucumbido, figurativamente e até mesmo literalmente, se não tivesse tido ao seu lado a pérola das colaboradoras. Montherlant disse: "Um escritor não precisa de uma visão do mundo, mas de uma boa secretária." O feliz Kardec tinha os dois na pessoa de Amélie, incansável apesar de seus sessenta e cinco anos (em 1860). Ela o ajudava com eficiência e inteligência como na época da instituição da *rue* de Sèvres. Copiava seus textos, lia as cartas e sublinhava as passagens importantes, corrigia as provas da *Revista Espírita* e dos livros, compartilhava com seu esposo as relações com os editores e mantinha uma mão firme com as finanças.

Cabia-lhe também selecionar os visitantes, porque naquela época sem telefone, as pessoas, e especialmente os provincianos e os estrangeiros, chegavam sem aviso prévio. Enfim, ela cuidava da preparação das palestras nas principais cidades: viagens árduas que, a partir de 1860, serão cada vez mais frequentes.

Para as tarefas domésticas, Amélie tinha uma empregada, não muito inteligente, a quem teve que ensinar a trabalhar. Tarefa adicional que teria preferido não ter, e ela suspirava: "Não se consegue mais ser servido". Numa vida tão laboriosa, as distrações eram raras, no entanto, existiam: ambos gostavam de música, por isso Kardec ia com sua esposa à ópera e aos concertos, até mesmo ao teatro quando convidados às estreias das peças de Victorien Sardou, que sempre os chamava.

Finalmente, Allan e Amélie mergulhavam na felicidade: não tinham mais preocupação com dinheiro, com os trabalhos mercenários muitas vezes fastidiosos; e eram cada vez mais fascinados pela atividade presente: construíam juntos uma obra que sabiam necessária e duradoura. Seu amor era tão forte quanto no primeiro dia, 30 anos antes; eram tão apaixonados um pelo outro quanto na época em que o bonitão Léon pedira ao sr. Julien Boudet, notário, a mão de sua filha, a adorável Amélie.

Sem ser um homem rodeado por mulheres, Allan era muito solicitado por muitas pessoas do sexo (como se costumava dizer na época), jovens e menos jovens (sendo as últimas as mais temíveis, as mais ousadas), todas prontas para se refugiar sob sua proteção e contar-lhe seus sonhos, confiar suas tristezas, reais ou imaginárias. Mas Amélie estava de olho: deixava de ser discreta para, com tato e autoridade, afastar as admiradoras.

Médicos, sacerdotes, fundadores de seitas e aqueles que são chamados hoje de gurus sabem bem a fascinação que exercem sobre as mulheres, da qual alguns se aproveitam. Este não era o caso de Allan Kardec, interessado somente na busca da verdade, ou seja, de Deus.

Era precisamente esse tipo de pesquisa pessoal que incomodava as cabeças pensantes do catolicismo. Pio IX (1792-1878) reinava desde 1846. Ia condenar o liberalismo na encíclica *Quanta cura*, acompanhada do *Syllabus* (1864), e proclamar a infalibilidade papal em 1870. Esse homem, para quem "a liberdade de consciência [era] inaceitável", foi beatificado, ó estupor, em setembro do ano 2000, junto com João XXIII, o autor admirável do *aggiornamento*. Pio IX é mais conhecido por ter proclamado, em 1854, a Imaculada Conceição, que perturbou muitos católicos, divididos na época em galicanos e ultramontanos, os últimos sendo fanáticos partidários de Roma.

Particularmente chocado, um exaltado, o padre Jean Verger, recusou o dogma que lhe parecia idólatra. Por isso foi proibido de sacerdócio pelo bispo Sibur, arcebispo de Paris, e remoeu por longo tempo o seu ressentimento. No dia 3 de janeiro de 1857, furioso, Verger esfaqueou o prelado no coração quando estava abençoando os fiéis reunidos na igreja de Saint-Étienne-du-Mont.

Levantando a faca ensanguentada, o assassino gritava: "Abaixo as deusas, abaixo a deusa!". "Ah, seu infeliz!", suspirou o bispo Sibur, moribundo. As últimas palavras de Verger sobre o cadafalso foram: "Ofereço minha vida em expiação dos meus pecados!"

Bispos e padres fulminavam condenações a Kardec por ele abordar a teologia e os fins últimos, penetrar no seu território, falar da terceira revelação. Desse modo, seguiam o tribunal da inquisição romana, o qual, a partir de 4 de agosto de 1856, mandou aos bispos, *urbi e orbi*, uma carta solene na qual condenava os "abusos do magnetismo".

Por sua vez, em 28 de maio de 1859, o padre Chesnel publicou um artigo contundente na revista *L'Univers*. Allan Kardec respondeu em termos moderados:

> Ora, acompanhai o meu raciocínio. De duas uma: ou o espiritismo é uma realidade, ou é uma utopia. Se for uma utopia, não há preocupação, porque cairá por si mesmo. Se for uma realidade, nem todos os raios o impedirão de ser, do mesmo modo que outrora a Terra não foi impedida de girar.

Com isso, referia-se ao caso de Galileu e ao argumento de Gamaliel, do qual Pierre Monnier, o mensageiro das esferas crísticas, serviu-se nos anos de 1920 para tranquilizar sua mãe, perturbada com as críticas dos pastores reformados.

Lembremos os fatos relatados pelos Atos dos Apóstolos (5,35-39). Pedro e João foram presos no templo de Jerusalém por pregar o reino do Messias. Aprisionados, graças à intervenção de Gamaliel, são liberados. O generoso fariseu os defende com essas palavras:

> Não se preocupem com esses homens, soltem-nos! Se sua obra for dos homens, vai destruir-se por si própria. Mas se ela for de Deus, vocês não poderão destruí-la, e se arriscam a fazer guerra contra o próprio Deus.

> Se há verdadeiramente um mundo invisível que nos circunda [retoma Kardec]; se podemos comunicar-nos com esse mundo e dele obter ensinamentos sobre o estado de seus habitantes – e nisto está todo o espiritismo –, em pouco tempo isto parecerá tão natural como ver o Sol ao meio-dia ou encontrar milhares de seres vivos e invisíveis

numa gota de água cristalina. Essa crença será tão vulgarizada (tão comum nos povos) que sereis forçados a vos render à evidência.

No entanto, a parte liberal da Igreja reconhecia o valor da nova filosofia. padre Lacordaire, dominicano, que, como Kardec, foi influenciado por Rousseau, via o lado positivo dos contatos com o Além. Um dia escreveu à sra. Swetchine:

> É possível que, com essa divulgação, Deus queira tornar o desenvolvimento das forças espirituais proporcional ao desenvolvimento das forças materiais, para que o homem não esqueça, na presença das maravilhas da mecânica, que há dois mundos incluídos um no outro: o mundo dos corpos e o mundo dos espíritos.

Os apóstolos Paulo e João não condenavam as relações com os falecidos, mas advertiam suas comunidades contra derivas. O primeiro considerava o discernimento dos espíritos como dom do Espírito Santo e fez a seguinte concessão: "Visto que estão ansiosos por terem dons espirituais, procurem crescer naqueles que trazem a edificação para a igreja!" I Cor 14,12) Por sua vez, João advertia seus discípulos contra os falsos profetas do outro mundo. "Amados, não creiais em qualquer espírito, mas provai se os espíritos são de Deus." (I Jo 4,1)

Formado no Instituto Pestalozzi e crescido num meio helvético-protestante, Kardec devia conhecer essas passagens.

Nenhum autor espiritualista estigmatizou tanto quanto ele os impostores, deste ou do outro mundo, e denunciou os excessos, erros e perigos de comunicações. Foi o que fez no seu novo *best-seller* (para falar no jargão do século 20): *O livro dos médiuns*, publicado em 1861. Com um método e uma precisão de entomologista, agrupa-os em famílias e subfamílias. Por exemplo, classifica os médiuns escreventes de acordo com vários critérios.

1. Segundo o modo de execução:

– *Psicógrafos*: os que têm a faculdade de escrever por si mesmos sob a influência dos Espíritos.

– *Intuitivos*: aqueles com quem os Espíritos se comunicam pelo pensamento e cuja mão é conduzida voluntariamente. São muito comuns, mas também muito sujeitos a erro, por não poderem, muitas vezes, discernir o que provém dos Espíritos do que deles próprios emana. Muito próximos dos psicógrafos.

– *Mecânicos*: cuja mão recebe um impulso involuntário e que não têm consciência do que escrevem. Muito raros.

– *Semimecânicos*: aqueles cuja mão se move involuntariamente, mas que têm, instantaneamente, consciência das palavras ou das frases.

– *Polígrafos*: aqueles cuja escrita muda com o Espírito que se comunica ou aptos a reproduzir a escrita que o Espírito tinha em vida. O primeiro caso é muito vulgar; o segundo, o da identidade da escrita, é mais raro.

– *Poliglotas*: os que têm a faculdade de falar ou escrever em línguas que lhes são desconhecidas. Muito raros.

– *Iletrados*: os que escrevem sem saberem ler, nem escrever. Mais raros ainda do que os precedentes.

2. Segundo o desenvolvimento da faculdade:

– *Médiuns novatos*: aqueles cujas faculdades ainda não estão completamente desenvolvidas.

– *Improdutivos*: os que não chegam a obter mais do que coisas insignificantes, monossílabos, traços ou letras sem conexão.

– *Feitos* ou *formados*: aqueles cujas faculdades mediúnicas estão completamente desenvolvidas, que transmitem as comunicações com facilidade e presteza.

– *Lacônicos*: aqueles cujas comunicações são sem desenvolvimento.

– *Explícitos*: cujas comunicações que recebem têm toda a amplitude de um escritor consumado.

– *Experimentados*: que têm o tato necessário para apreciar a natureza dos Espíritos que se manifestam, para lhes apreciar as qualidades boas ou más, para distinguir o embuste dos Espíritos zombeteiros, que se acobertam com as aparências da verdade e tomam ilustres pseudônimos.

3. Segundo as qualidades morais dos médiuns:

– *Obsidiados*: os que não podem desembaraçar-se de Espíritos importunos.

– *Fascinados*: os que são iludidos por Espíritos enganadores e se iludem sobre a natureza das comunicações que recebem.

– *Subjugados*: os que sofrem uma dominação moral e muitas vezes material da parte de maus Espíritos.

– *Levianos*: os que não tomam a sério suas faculdades e delas só se servem por divertimento.

– *Indiferentes*: os que nenhum proveito moral tiram das instruções que obtêm.

– *Presunçosos*: os que têm a pretensão de se acharem em relação somente com Espíritos superiores e consideram errôneo tudo o que deles não provenha. Muito próximo dos seguintes.

– *Orgulhosos*: os que se envaidecem das comunicações que lhes são dadas e não tomam para si as lições que recebem frequentemente dos Espíritos. Não se contentam com as faculdades que possuem, querem tê-las todas.

– *Suscetíveis*: variedade dos médiuns orgulhosos, suscetibilizam-se com as críticas de que sejam objeto suas comunicações; zangam-se com a menor contradição e, se mostram o que obtêm, é para que seja admirado e não para que se lhes dê um parecer. Geralmente, tomam aversão às pessoas que os não aplaudem sem restrições e fogem das reuniões onde não possam impor-se.

– *Mercenários*: os que exploram suas faculdades de maneira lucrativa; seus dons lhes são rapidamente retirados.

– *De má-fé*: os que, possuindo faculdades reais, simulam as de que carecem, e só produzem certos efeitos por meio da charlatanaria.

– *Egoístas*: os que somente no seu interesse pessoal se servem de suas faculdades e guardam para si as comunicações que recebem.

– *Invejosos*: os que se mostram despeitados com o sucesso daqueles que lhes são superiores.

Todas estas más qualidades têm necessariamente seu oposto no bem. A parte dos bons médiuns é muito mais curta do que a que acabamos de resumir.

Tudo o que disse Allan Kardec no parágrafo 3 é válido para a metafonia, ou transcomunicação por gravador, processo que conheci em 1972. Hoje, os senhores espíritos também se manifestam nas telas de televisão ou de computador.

Kardec teve o privilégio de ter ao seu lado pessoas distintas como Ermance Dufaux, srta. Japhet, sra. de Plainemaison e as irmãs Baudin. No final de 1857, as duas meninas casaram-se, pararam as reuniões e dispersou-se o pequeno círculo.

No entanto, foi na década de 1860 que apareceram os srs. Desliens, d'Ambel, Morin, Leymarie, a srta. Latelvin e especialmente Alexandre Delanne e sua esposa, pai e mãe do pequeno Gabriel.

Todos esses médiuns não profissionais, que não procuravam nem o dinheiro nem a fama, eram de uma perfeita honestidade.

> É nisto que se reconhecem os espíritas sinceros [dizia o mestre], os exemplos de reforma moral provocada pelo espiritismo já são bastante numerosos para que se possa julgar dos resultados que produzirá com o tempo. É preciso que sua força moralizadora seja bem grande para triunfar sobre os hábitos inveterados pela idade e sobre a leviandade da juventude.
>
> O efeito moralizador do espiritismo tem, pois, por causa primeira o fenômeno das manifestações, que deu a fé. Se esses fenômenos fossem uma ilusão, como o pretendem os incrédulos, seria preciso abençoar uma ilusão que dá ao homem a força de vencer as más inclinações.

Dissemos que o casal Kardec apreciava os concertos, a ópera e o teatro. Ele, que tão poucas vezes se põe em cena, tão alérgico ao humor, relata em *O livro dos médiuns* um episódio saboroso que temos o prazer de transcrever.

> Assistimos uma noite à representação da ópera *Obéron*, em companhia de um médium vidente muito bom. Havia na sala grande número de lugares vazios, muitos dos quais, no entanto, estavam ocupados por Espíritos, que pareciam interessar-se pelo espetáculo.

Alguns se colocavam junto de certos espectadores, como que a lhes escutar a conversação.

Cena diversa se desenrolava no palco: por detrás dos atores muitos Espíritos, de humor jovial, se divertiam em arremedá-los, imitando-lhes os gestos de modo grotesco; outros, mais sérios, pareciam inspirar os cantores e fazer esforços por lhes dar energia. Um deles se conservava sempre junto de uma das principais cantoras. Julgando-o animado de intenções um tanto levianas e tendo-o evocado após a terminação do ato, ele acudiu ao nosso chamado e nos reprochou, com severidade, o temerário juízo: "Não sou o que julgas, disse; sou o seu guia e seu Espírito protetor; sou encarregado de dirigi-la." Depois de alguns minutos de uma palestra muito séria, deixou-nos, dizendo: "Adeus; ela está em seu camarim; é preciso que vá vigiá-la."

Em seguida, evocamos o Espírito Weber, autor da ópera, e lhe perguntamos o que pensava da execução da sua obra. "Não de todo má; porém, frouxa; os atores cantam, eis tudo. Não há inspiração. Espera", acrescentou, "vou tentar dar-lhes um pouco do fogo sagrado." Foi visto, daí a nada, no palco, pairando acima dos atores. Partindo dele, um como eflúvio se derramava sobre os intérpretes. Houve, então, nestes, visível recrudescência de energia.

Pena que Kardec não tenha sido, ele próprio, "um médium vidente muito bom". Receio que o querido homem tenha sido enganado.

Outro fato [continua ele] que prova a influência que os Espíritos exercem sobre os homens, à revelia deles: Assistíamos, como nessa noite, a uma representação teatral, com outro médium vidente. Travando conversação com um *Espírito espectador*, disse-nos ele: "Vês aquelas duas damas sós, naquele camarote de primeira classe? Pois bem, estou esforçando-me por fazer que deixem a sala." Dizendo isso, o médium o viu ir colocar-se no camarote em questão e falar às duas. De súbito, estas, que se mostravam muito atentas ao espetáculo, se entreolharam, parecendo consultar-se mutuamente. Depois, vão-se e não mais voltam. O Espírito nos fez então um gesto cômico, querendo significar que cumprira o que dissera. Não o tornamos a ver, para pedir-lhe explicações mais amplas. É assim que muitas vezes fomos testemunha do papel que os Espíritos desempenham entre os vivos. Observamo-los em diversos lugares de reunião, em bailes, concertos, sermões, funerais, casamentos etc., e por toda parte os encontramos atiçando paixões más, soprando discórdias, provocando rixas e rejubilando-se com suas proezas. Outros, ao contrário, combatiam essas influências perniciosas, porém, raramente eram atendidos.

Surpreendente seria o contrário.

Em meio à abundante correspondência que chegava à mesa de Kardec, encontravam-se regularmente pedidos de ajuda espiritual. É assim que, em 1860, quatro irmãs vivendo numa pequena localidade da província expuseram-lhe seu caso. As moças, que pertenciam à pequena burguesia católica, encontravam-se, há alguns anos, vítimas de misteriosas depredações muito desagradáveis. Suas roupas íntimas principalmente eram atacadas, encontravam-nas cortadas, rasgadas e crivadas de buracos. Os destroços eram espalhados por todos os cantos da casa, pelos telhados, no fundo do jardim e até mesmo na calçada. O cúmulo foi encontrar uma calcinha de renda pendurada como uma bandeira no poste do outro lado da rua. Suspeitaram dos moleques do bairro: "os jovens de hoje já não respeitam mais nada!" Mas era impossível: seu guarda-roupa estava trancado a sete chaves, as portas interiores e exteriores cheias de cadeados e fechaduras. Além disso, nenhuma tentativa de arrombamento fora constatada. Tinham de encarar os fatos: o inimigo, que tinha se mudado para casa, só podia ser um espírito mau.

Seguindo o conselho de uma amiga que lhes falou muito bem do sr. Kardec, resolveram apelar para ele. Embora fossem boas paroquianas, resignaram-se a essa aproximação ímpia.

Sempre pronto para ajudar, ele evocou o espírito perseguidor e tentou trazê-lo à razão, mas o último, rebelde a qualquer sentimento, mandou-o passear. Kardec pediu às boas damas que recorressem à oração (o que já tinham feito sem sucesso), e houve de fato dessa vez um tempo de sossego. Mas logo as manifestações hostis começaram novamente, mais fortes ainda. Batidas, objetos quebrados, passos no corredor e, claro, calcinhas, saiotes e *lingeries* encontrados nos lugares mais inesperados e até mesmo na rua. Tudo aquilo fazia a alegria das crianças e alimentava as fofocas da vizinhança. As quatro irmãs viviam o inferno do ridículo.

Novamente apelaram para Kardec, que, dessa vez, pediu conselho a um espírito superior:

> O que essas senhoras têm de melhor a fazer é rogar aos Espíritos seus protetores que não as abandonem. Nenhum conselho melhor lhes posso dar do que o de dizer-lhes que desçam ao fundo de suas consciências para se confessarem a si mesmas e verificarem se sempre praticaram o amor ao próximo e a caridade. Não falo da caridade que consiste em dar e distribuir, mas da caridade da língua; pois, infelizmente, elas não sabem conter as suas e não demonstram, por atos de piedade, o desejo que têm de se livrarem daquele que as atormenta. Gostam muito de maldizer o próximo, e o Espírito que as obsidia toma sua desforra, porquanto, em vida, foi para elas um burro de carga. Pesquisem na memória e logo descobrirão quem ele é.

Foi o que fizeram e lembraram-se de um professor idoso que tinham massacrado durante uma década. Por isso, foi durante a mesma duração que sofreram sua represália. Tinham desencadeado o inexorável carma da zombaria.

Efetivamente, sabe-se que desonras, difamações, injúrias e maledicências são mais praticadas nos círculos cristãos e espiritualistas, onde as pessoas, sem se atreverem a fazer o mal de forma concreta e visível, o que implica alguns riscos, fazem-no com palavras. Cometem conscientemente o crime perfeito e acabam surpresas quando surgem em suas vidas catástrofes que consideram desmerecidas.

Contudo, Allan Kardec, que nunca praticou a calúnia, ia logo enfrentar essa prova que encurtaria os seus dias.

16. Turnês triunfais

Em 1860, Allan Kardec começou suas viagens apostólicas; inaugurou-as pela sua cidade natal, à qual permaneceu emocionalmente muito ligado. "Lyon", dizia ele, "foi a cidade dos mártires, onde a fé é vivaz; ela fornecerá apóstolos ao espiritismo. Se Paris é a cabeça, Lyon será o coração."

Foi o que aconteceu: em Lyon, Kardec foi recebido como um santo Irineu e pôde constatar que suas doutrinas estavam bem implantadas. Um chefe de oficina, o sr. Dijoud, havia fundado com alguns amigos o centro dos Brotteaux, no qual se trabalhava ativamente sobre os seus dois primeiros livros. O mesmo acontecia nas capitais regionais onde eram formados círculos semelhantes. A partir de 1859, surgiram centros espíritas em Metz, Tours, Poitiers, Angers, Biarritz, Limoges, Bordeaux.

Do círculo de Limoges, Kardec recebeu uma mensagem profética: "Tens ainda dez anos de trabalho." O que foi confirmado pelo espírito Verdade, que ficava constantemente com dele:

> Não ficarás muito tempo entre nós; é necessário que retornes para terminar a tua missão, que não pode ser rematada nesta existência. Se isso fosse possível, não te irias daí de modo algum, mas é preciso suportar a lei da Natureza. Estarás ausente durante alguns anos e, quando voltares, isso será em condições que te permitirão trabalhar

cedo. No entanto, há trabalhos que é útil que termines antes de partir, é porque te deixaremos o tempo necessário para acabá-los.

Em Bordeaux, um mecânico, o sr. Desqueyroux, convidou Allan Kardec para presidir um encontro de operários espíritas, grandes leitores de seus livros. Lembro que, no século 19, os meios populares liam muito, muito e bem: Alexandre Dumas, Hugo, Eugène Sue, Flaubert, George Sand, Zola, Hector Malot, o nosso Dickens. Hoje, deixam-se mistificar pela imprensa das celebridades, com suas histórias de *stars* e de príncipes, e sobretudo pela televisão, o novo ópio do povo.

Sob Napoleão III e sob Luís Felipe, comícios políticos eram proibidos, mas banquetes eram tolerados. Aliás, foram os banquetes de janeiro e fevereiro de 1848 que causaram a queda do rei burguês.

Aqui está o essencial do discurso em que o sr. Desqueyroux resumiu os sentimentos de seus companheiros e familiares:

> Sr. Allan Kardec, nosso caro mestre, em nome de todos os operários espíritas de Bordeaux, meus amigos e irmãos, permito-me erguer um brinde à vossa prosperidade. Estamos no seio do espiritismo e o espiritismo é para nós uma firme consolação em nossas penas. Não podemos negar que há momentos na vida em que a razão talvez pudesse nos sustentar, mas outros há em que se tem necessidade de toda fé que dá o espiritismo para não sucumbir. Em vão os filósofos vêm pregar uma firmeza estoica, enunciar suas pomposas máximas... tristes consolações! Longe de suavizar a dor, eles a tornam mais amarga. Mas o espiritismo nos vem em socorro, provando que nossa própria aflição pode contribuir para a nossa felicidade. Recebei, caro mestre, estas poucas palavras, brotadas do coração de vossos filhos, porquanto sois o pai de todos nós; pai da classe laboriosa e dos aflitos. Como bem o sabeis, progresso e sofrimento marcham juntos; mas, quando o desespero oprimia os nossos corações, viestes trazer-nos força e coragem... Sabei, pois, que somos apóstolos devotados e que neste século, como nos que se seguirão, vosso nome será abençoado pelos nossos filhos e pelos nossos amigos operários.

De fato, o espiritismo é a única filosofia que conseguiu tocar e convencer os trabalhadores, e especialmente os tecelões de Lyon, os mineiros da Bélgica e do norte da França.

Em nossa época, muitos 'pensadores' sonharam em dirigir-se diretamente a eles e receber suas aclamações. Foi assim que, em maio de 1968, Jean-Paul Sartre foi de Saint-Germain-des-Prés até Boulogne-Billancourt para incentivar os grevistas. Ele subiu em um barril e começou a discursar, cuspindo eloquentemente na sopa burguesa que comia. Eles ouviram em silêncio, educadamente surpresos, e um deles cochichou para seu companheiro: "Quem é aquele velhote lá?"

Foi em Bordeaux que Kardec exclamou: "Estamos muito longe já das mesas girantes e, no entanto, alguns anos apenas nos separam do berço do espiritismo." E não hesitava em considerar a nova doutrina como a Terceira grande Revelação, o Terceiro Testamento, sem, no entanto, assumir-se como messias. Dava muito mais apreço ao seu ideal do que às manifestações mediúnicas. "Os fenômenos", dizia Kardec, "longe de serem a parte essencial do espiritismo, dele são somente o acessório, um meio suscitado por Deus para vencer a incredulidade que invade a sociedade."

"Estamos muito longe das mesas girantes", repetiu em Lyon no ano seguinte. Com efeito, entre os rios Saône e Rhône, outros grupos se formaram, especialmente aquele de Saint-Just.

> Pois bem! declaramos em alto e bom som [escreve Kardec na sua *Revista* de outubro de 1861] que não vimos em parte alguma reuniões espíritas mais edificantes que a dos operários lioneses, quanto à ordem, recolhimento e atenção com que se devotam às instruções de seus guias espirituais. Ali há homens, velhos, senhoras, moços, até crianças, cuja postura, respeitosa e recolhida, contrasta com sua idade; jamais perturbaram, fosse por um instante, o silêncio de nossas reuniões, geralmente muito longas; pareciam quase tão ávidos quanto seus pais em recolher nossas palavras. Isto não é tudo; o número das metamorfoses morais, nos operários, é quase tão grande quanto o

dos adeptos: hábitos viciosos reformados, paixões acalmadas, ódios apaziguados, índoles pacificadas, em suma, desenvolvidas as virtudes mais cristãs...; é que neles não há uma fé vulgar, mas fé baseada em convicção profunda, raciocinada, e não cega.

Em 1862, o bom Mestre percorreu o país no sentido dos ponteiros de um relógio. Visitou os grupos de Provins, Troyes, Sens, Lyon, Avignon, Montpellier, Sète, em seguida subiu por Toulouse, Marmande, Albi, Bordeaux, Royan, Marennes, Oléron, Rochefort, Angoulême, Orléans, Tours... É notável que a Armórica não tenha feito parte do itinerário.[26] O bretão, o druida que fora dois mil anos antes, era *persona non grata* nas localidades onde os 'reitores' tinham muito poder.

Discreta e eficiente, Amélie acompanhava-o nessa volta da França que, para um casal idoso, era uma verdadeira proeza. Naquela época, a rede ferroviária ainda estava incompleta; o conforto dos vagões deixava muito a desejar. Não havia nem aquecimento nem banheiros. As ferrovias não tinham boa reputação; o povo achava as tarifas exorbitantes. De início, eram fixadas do seguinte modo: primeira classe: 10 centavos por quilômetro; segunda: 7,5 centavos, terceira, 5,5 centavos. Durante a campanha da Crimeia, o governo acrescentou alguns soldos, indicando que este aumento devia cessar com a guerra. Claro, isso não aconteceu.

Um contemporâneo reclamou do excesso de velocidade (40 km/h no máximo). "Isso não deixa muito espaço para uma conversa e, menos ainda, para as intrigas amorosas. Outra hora, na época das carruagens, faziam-se conquistas. Hoje, cometem-se estupros."

A esse respeito, Pierre Larousse propõe a colocação, em cada compartimento, de um sinal de alarme acima do vagão para pedir ajuda ao controlador no seu posto de observação no mirante, na parte da frente do comboio.

> Pois bem [diz o enciclopedista indignado], as companhias ferroviárias fazem bem pouco caso dessas recomendações. Hoje, podemos

---

[26] Armórica, região das antigas Gálias que corresponde aproximadamente, na França atual, à Bretanha e Normandia...

ser assassinados, nossas mulheres, filhas e irmãs estupradas, nenhum sistema permite estabelecer uma comunicação entre os viajantes e o condutor do trem.

A propósito, em 28 de novembro de 1860, na estrada de ferro do Oeste, um guarda-freios abandonou três vezes o seu posto para introduzir-se no compartimento em que se encontrava uma moça sozinha, "da qual abusou três vezes!"

Em março de 1861, o padre Arcanjo (sic), antigo superior dos capuchinhos da França, "foi surpreendido no compartimento de um vagão numa conversa criminosa com uma senhora de Marselha". Ele foi condenado a dois meses de prisão pelo tribunal de Aix. Poucos meses antes desse escândalo, o padre Arcanjo tinha queimado em Grasse, em praça pública, (após ter-se deleitado) obras pornográficas que ele havia coletado na cidade.

Tais barbaridades eram facilitadas pela ausência de sinal de alarme e, sobretudo, pela ausência de corredor, o que obrigava os controladores a saltarem de estribo em estribo para entrar nos compartimentos isolados.

Os cônjuges Kardec eram mantidos informados desses perigos por Adeline, a jovem empregada, que devorava os noticiários. Foi ela quem lhes contou que, em 16 de setembro de 1860, foi encontrado o corpo do major russo Heppi, entre Belfort e Mulhouse. Respirava ainda e pôde explicar como, sozinho, no seu 'cupê' de primeira classe, tinha sido atacado por um indivíduo que surgiu no momento em que o comboio diminuiu de velocidade numa curva. Golpeado pelo agressor, depois de ter sido despojado do seu dinheiro e de seus papéis, ele foi jogado na via.

Sempre que Kardec e Amélie faziam uma viagem, Adeline ficava muito preocupada, porque aos crimes e estupros acrescentavam-se os acidentes. De acordo com as estatísticas da época, morriam nas linhas ferroviárias francesas cinco vezes mais passageiros que na Inglaterra, oito vezes mais que na Bélgica, dezesset vezes mais que em Baden, vinte e uma vezes mais que na rede prussiana.

Mas era indevidamente que se preocupava a excelente moça. A Providência velava os cônjuges Kardec, que do norte ao sul iam levando a boa palavra. As ferrovias deram ao espiritismo o mesmo serviço que as estradas romanas ao cristianismo nascente.

A grande volta de 1862 havia terminado por Tours e Orléans. O Mestre voltou várias vezes a Tours para dar palestras. Foi lá que, em 1867, iria conhecer seu sucessor. Chamava-se Léon Denis, tinha 21 anos. Três anos antes, converteu-se lendo *O livro dos espíritos*: "Encontrei nele uma solução clara, completa, lógica, do problema universal. A minha convicção foi assegurada. A teoria espírita dissipou a minha indiferença e as minhas dúvidas."

Como a polícia imperial (menos tolerante que Napoleão III) tinha proibido qualquer reunião pública, a conferência ocorreu no jardim de um fervoroso kardecista, o sr. Rebondin. No dia seguinte, Léon Denis apresentou-se para conhecer o Mestre. "O entusiasta kardecista" estava pesaroso: a multidão tinha pisado no gramado e nos canteiros de flores. O jovem Denis foi conduzido à frente de uma cerejeira, onde o esperava o grande homem. Pendurado numa escada, colhia cerejas que esticava a uma pequena senhora, a sua esposa, nove anos mais velha. Filémon trajado de casaca olhava com uma expressão amorosa sua Baucis em vestido xadrez e xale verde. O velho casal irradiava a felicidade de seus trinta anos sem nuvens.

Uma vez que Kardec desceu para conversar com seu discípulo, descobriram que, embora viessem de horizontes diferentes, tinham passado pelas mesmas insatisfações e mesmas dúvidas. Como o protestantismo ensinado ao jovem Léon (Rivail), o catolicismo ensinado ao jovem Léon (Denis) não o havia convencido. Somente a descoberta do mundo dos espíritos conduziu os dois a compreenderem o verdadeiro cristianismo. Ambos eram convencidos de que os seus trabalhos eram destinados a restaurá-lo, rejuvenescê-lo. Mas o cristianismo das igrejas não quis, e ainda não quer, essa reformulação.

A nova revelação espalhava-se alegremente nos países sob a influência francesa, como a Argélia, os países de língua francesa como a Bélgica, Maurícia, Suíça francesa e Quebec (apesar da oposição virulenta do seu arcebispo). O mesmo ocorria para os países onde as classes instruídas falavam francês: Viena, Roma e Praga, os países eslavos como a Rússia e a Bulgária, a Turquia de Constantinopla e de Esmirna, a Espanha e a América espanhola, Portugal e, sobretudo, o Brasil, onde a doutrina espírita tomaria um magnífico rumo.

A Espanha sempre foi um caso especial: nesse país mais católico que o papa não era bom ser muçulmano, protestante ou espírita. Em contrapartida, a Catalunha era mais tolerante; cinco anos mais cedo, tinha acolhido Maurice Lachâtre, que se exilou após a sua saída da prisão. Fundou então em Barcelona uma livraria francesa, próspera, na qual difundia as ideias e a nova doutrina. Tinha encomendado de Paris 300 obras de Kardec, mas o carregamento foi apreendido em Portbou pela *guarda civil* e entregue aos eclesiásticos, que tinham naquela época, na Espanha, toda autoridade sobre a livraria.

O bispo de Barcelona ordenou um auto de fé sobre a esplanada, em 9 de outubro de 1861, na presença de uma multidão estarrecida.

Uma vez consumidos pelo fogo os trezentos volumes e brochuras, o sacerdote e seus ajudantes se retiraram sob vaias, maldições e gritos sediciosos: "Abaixo a Inquisição! Abaixo o clero!" Enquanto vários assistentes se precipitavam para recolher as cinzas. Essa revolta, inconcebível em Madrid ou Toledo, podia explodir apenas na Catalunha, fundamentalmente republicana e libertária, como provaram os acontecimentos de 1936.[27]

A *Revista Espírita* de novembro de 1861 publicou um relato detalhado do auto de fé:

---

[27] Jean Prieur se refere à unânime defesa da democracia do povo catalão em resposta ao covarde e brutal golpe de setores das forças armadas espanholas, que, sob a liderança do tristemente famoso Francisco Franco e apoiados pelos governos de Hitler e Mussolini, sob a total indiferença dos demais países, deu fim, depois de mais de três anos de cruenta guerra civil, à mais democrática experiência política que já existiu em nosso planeta, a chamada Segunda República Espanhola. Após o golpe, durante todo o longo governo do generalíssimo Franco (de 1938 a 1973), as reuniões espíritas foram proibidas em toda a Espanha. Era a vingança das mais trevosas lideranças espirituais às luzes que o auto de fé de Barcelona havia revelado ao mundo.

Hoje, nove de outubro de 1861, às dez horas e meia da manhã, na esplanada da cidade de Barcelona, lugar onde são executados os criminosos condenados ao último suplício, e por ordem do bispo desta cidade, foram queimados trezentos volumes e brochuras sobre o espiritismo, a saber:

A Revista Espírita, diretor Allan Kardec; *A Revista Espiritualista*, diretor Piérard; *O livro dos espíritos*, por Allan Kardec; *O livro dos médiuns*, pelo mesmo; *O que é o espiritismo?* pelo mesmo; *Fragmento de sonata ditada pelo espírito Mozart*; *Carta de um católico sobre o espiritismo*, pelo dr. Grand; *A história de Joana d'Arc*, ditada por ela mesma à srta. Ermance Dufaux; *A realidade dos espíritos demonstrada pela escrita direta*, pelo barão de Guldenstubbé.

Assistiram ao auto de fé:

– um sacerdote com os hábitos sacerdotais, empunhando a cruz numa mão e uma tocha na outra;

– um escrivão encarregado de redigir a ata do auto de fé;

– um ajudante do escrivão;

– um empregado superior da administração das alfândegas;

– três *mozos* (jovens) da alfândega, encarregados de alimentar o fogo;

– um agente da alfândega representando o proprietário das obras condenadas pelo bispo;

– dois sargentos da *guarda civil*.

Uma multidão incalculável enchia as calçadas e cobria a imensa esplanada onde se erguia a fogueira. Quando o fogo consumiu os trezentos volumes e brochuras espíritas, o sacerdote e seus ajudantes se retiraram.

Allan Kardec havia reclamado o retorno das obras incriminadas: não foram devolvidas, e os direitos de alfândega permaneceram nas caixas do fisco espanhol. Seriamente lesado, o autor poderia ter empreendido uma ação diplomática com a ajuda das relações do providencial sr. Dufaux, mas os espíritos dissuadiram-no, declarando que essa ignomínia medieval ia contribuir para o desenvolvimento do espiritismo na Espanha toda, conforme o princípio estabelecido por um jovem conhecido meu: "Se a Igreja for contra, é que deve haver algo de verdadeiro." No final de 1861, Kardec recebeu muitas cartas de conforto, como esta, por exemplo:

> Caro mestre, tenho um bem doce dever a cumprir, o de vos cumprimentar, tanto em meu nome como em nome de todos os nossos irmãos do Oriente, pela condenação sofrida por vossas obras pela santíssima inquisição do pensamento, quero dizer, a condenação do *Índex*. Rejubilai-vos, pois, com todos os nossos irmãos, se vossas obras levantaram tão altas cóleras que não puderam vos atingir senão se ridicularizando e deixando ver, cada vez mais, a realidade. Esse julgamento já foi declarado nulo e sem validade pela opinião pública de todos os países. Assinado sr. Repos, advogado em Constantinopla.

Sempre ávida de autoridade, a Sagrada Congregação do Índex condenou três anos depois todos os livros, brochuras e revistas espíritas. Em 1866, a segunda reunião plenária dos bispos americanos em Baltimore renovou o anátema do Índex.

Nova carta do sr. Repos:

> Sem dúvida, recebestes os jornais de Constantinopla que vos remeti, nos quais se achava a maior parte dos artigos publicados contra o espiritismo e contra os espíritas. Vistes as nossas duas pequenas respostas; o que achastes? Aqui elas produziram bom efeito, e agora fala-se do espiritismo mais do que nunca. Esperamos impacientemente o que direis para nos ajudar a combater o embuste e a mentira, que são o único apanágio dos inimigos de nossa bela doutrina.
>
> Aqui a perseguição surda que anunciastes começou; um de nossos irmãos, devido à sua qualidade de espírita, perdeu seu emprego; outros são perseguidos, ameaçados em seus mais caros interesses de família ou em seus meios de existência, pelas manobras tenebrosas dos eternos inimigos da luz, e que ousam dizer que o espiritismo é a obra do anjo das trevas! Se é assim que creem abafá-lo, enganam-se. A perseguição, longe de deter, faz engrandecer toda ideia que vem do

alto; apressa a sua eclosão e sua maturidade, porque é o adubo que a fecunda; ela prova a ausência de todo meio inteligente para combatê-la. A ideia cristã foi abafada no sangue dos mártires?

Um ano após a cerimônia grotesca do auto de fé, em 1862, um espírito apresentou-se ao círculo Sainte-Anne sem ter sido evocado. Era o bispo de Barcelona, recentemente falecido, que teve tempo de constatar a veracidade de *O livro dos espíritos*. Muito perturbado, ele declarou: "Está escrito: queimaste as ideias, e as ideias queimar-te-ão." O pobre homem sofria o seu carma num purgatório católico. Disse ainda: "Rezem por mim; rezem, porque é agradável a Deus a oração que endereça o perseguido ao perseguidor.
– Sim, disse Kardec, vamos orar por vós.
– Aquele que foi bispo, e que é apenas um penitente, agradece-vos.

Exatamente cem anos depois, em agosto de 1962, dois excêntricos apresentaram-se na fronteira franco-espanhola de Cerberus. O primeiro, o reverendo Davidson, pastor pentecostal americano, dirigia um caminhão cheio de brochuras e folhetos evangélicos, coleções de cânticos, novos testamentos e Bíblias, todos em francês e espanhol. Adicione a isso um estoque considerável de *slides* e filmes edificantes com os seus aparelhos de projeção. Pilhas de roupas para homens, mulheres e crianças, latas de leite condensado, suco de frutas e vários enlatados completavam a carga destinada a ciganos protestantes de Barcelona; sim, isso existe!

O segundo personagem era eu, para quem Allan Kardec ainda era apenas um nome. Iniciado durante o verão de 1936, na ilha de Ré, por um grupo espírita fervoroso de Périgueux, eu tinha feito com duas amigas algumas experiências: mesa, prancheta, pêndulo. No início, tínhamos obtido resultados, mas muito rapidamente o fenômeno perturbou-se, as jovens também, por isso resolvi parar por aí. Nós nos lançáramos nesse jogo sem preparação nem conhecimento dos livros de Kardec.

Durante o verão de 1962, após ter-me inteirado sobre o pente-costalismo (no caminho, Davidson havia realizado batismos em cadeia por imersão completa), estava impaciente para encontrar, numa atmosfera de *negro spirituals*, a comunidade cigana evangélica que ia nos acolher como foram acolhidos outrora Paulo e Timóteo. Mas esses tempos exaltantes estavam longe, e por enquanto o funcionário superior da administração da alfândega espanhola ordenava aos *mozos* que descarregassem o caminhão suspeito, pedia a licença de exportação para os aparelhos de projeção e descobria com horror os folhetos protestantes.

Davidson explicou rapidamente que o pentecostalismo era a intervenção direta do Espírito Santo (*Holy Ghost*), que caiu com força sobre o rebanho dos eleitos e provocou incorporações piedosas. Também falou das curas pelos médicos espirituais. "Espiritismo", gritou escandalizado o funcionário da alfândega.

– Não, protestantismo! – respondeu Davidson.
– Pior ainda! Confisco o caminhão e toda a carga.
– Você não tem direito! – gritou o reverendo.
– O coronel da guarda civil vai decidir quais medidas tomará no seu caso.

E ordenou aos dois sargentos da dita guarda e aos dois funcionários da alfândega de levar-nos a pé para Portbou, onde iriam decidir o nosso destino.

Durante todo o percurso, Davidson não cessava de vociferar contra a Espanha, *typical* representante da *old european catholic*, contra Franco, *generalissimo* de opereta, novo césar de carnaval, que subsistia apenas graças à indulgência culpada americana e ao maná dos dólares protestantes.

"Diga ao vosso amigo para ficar quieto! – sussurrou um dos *mozos*, que, como bom trabalhador fronteiriço, falava um excelente francês. Não sabem o que arriscam."

Ficar quieto, nem pensar. Davidson enfurecido tinha palavras cada vez mais incendiárias. Chegado à frente do coronel da guarda civil, ele acenou a Bíblia com a fúria de um evangélico passionário.

– *Do you know that book?*
– *Si, Si, la Sagrada Biblia!*

– E pretende, velho maldoso, miserável decrepitude da inquisição espanhola, pretende encarcerar a palavra de Deus!

– Quero apenas confiscar o caminhão e queimar a literatura espírita. Você vai passar a noite na prisão em Barcelona, aguardando a decisão final das autoridades de Madrid.

A prisão não assustava Davidson, que, ao contrário de mim, estava sedento de martírio; esse novo Polieucto fazia tudo para provocar a perseguição.

Mas não suportava o eventual auto de fé de seus livros e o confisco de seu caminhão. Então, ele apostou tudo:

"Já que me toma o que tenho de mais precioso, então toma tudo. Tome o meu *tiounik*, tome o meu casaco! *If anyone would sue you and take your coat, let him have your cloak as well.*"[28]

Naquela hora ocorreu na delegacia de polícia de Portbou uma cena incrível, da qual não têm exemplo os Atos dos Apóstolos: de repente, ele arrancou a sua gravata, retirou o blusão, a camisa, a camiseta e jogou tudo na escrivaninha do coronel apavorado. Tendo tirado seu *coat* e seu *cloak*, ele tirou os sapatos, as meias e até as calças e ficou de cueca, andando para cima e para baixo, amaldiçoando os espanhóis até a milésima geração. Quase tendo uma crise de apoplexia, o coronel conseguiu murmurar aos dois sargentos estupefatos da *guarda civil*: "Pode reconduzir à fronteira este par de hereges."

E sempre escoltados pelos dois *mozos* e os dois sargentos da *guarda civil*, retomamos a pé a estrada em espiral, que vai de Portbou até a fronteira francesa.

Tivemos apenas tempo de recarregar o caminhão e ir embora correndo para Cerberus, sem nada pedir. Lá, muito feliz por tirar o corpo fora dessa situação por tão pouco, perguntei ao meu companheiro: "E agora, o que vamos fazer?"

Como todas as pessoas que foram criadas no protestantismo, como o próprio Kardec, o reverendo Davidson sempre tinha, em todas as circunstâncias, uma citação bíblica pronta: "*When they persecute you in one town, flee to the next. What is the next* passagem de fronteira?"

---

[28] Mateus 5,40.

E fomos repelidos também em Bourg-Madame e em San Sebastian.

Mas voltemos ao ano de 1862, quando Kardec escrevia:

> O espiritismo teve seu ponto de partida no fenômeno vulgar das mesas girantes; mas como esses fatos falam mais aos olhos que à inteligência, despertam mais curiosidade que sentimento; satisfeita a curiosidade, fica-se tão menos interessado quanto maior é a falta de compreensão. A situação mudou quando a teoria veio explicar a causa.

Também era a opinião de Pierre Larousse, que, honra suprema e inesperada, dedicou um longo artigo a Kardec no seu *Dicionário Universal do século 19*: "As mesas girantes tiveram o seu tempo, como tantas outras coisas, tiveram alguns dias de moda, e ninguém mais se importa com elas hoje em dia, nem mesmo a título de divertimento."

Entrar no dicionário quando ainda em vida era a glória e a consagração, mas o artigo não era amigável:

> Quando o sr. Rivail ouviu falar das mesas girantes, das supostas manifestações dos espíritos batedores e dos médiuns, pensou ver nisso uma nova ciência e contribuiu para espalhar na França a funesta epidemia de supernaturalismo que fez tantos estragos nas mentes das pessoas na América e na Europa durante dez anos.

O termo *supernaturalismo*, ou ciência do sobrenatural, é de se lembrar. Fora da questão dos espíritos, o sr. Larousse e o sr. Rivail tinham tudo para se entender: mentalidade lógica, erudição imensa, excepcional capacidade de trabalho.

No suplemento, publicado após a morte de ambos, a viúva de Pierre Larousse, o autor do artigo "Kardec", quis ressuscitar o diretor do Instituto Pestalozzi: "Antes de se perder nas loucas quimeras do espiritismo, o sr. Rivail tinha sido o chefe da instituição, e tinha composto obras básicas com cuidado." Segue a lista completa dos livros didáticos que tiveram sucesso sob Luís Felipe, Napoleão III e muito tempo após eles.

No século 20, o *Grande Larousse enciclopédico* de 1973 não fala mais de mesas loucas, mas de um aspecto menos conhecido desse grande homem.

> Por muitos anos, ele teve como ambição unificar as crenças. Em 1854, participou de sessões espíritas e consagrou-se completamente ao assunto. Encarregado por um espírito de uma missão, "fundar uma religião realmente grande, bela e digna do Criador", dedicou-se, portanto, desde então, ao seu apostolado.

Em setembro de 1864, Léon e Amélie, que não tiveram uma lua de mel, decidiram esquecer por um tempo os espíritos e tirar férias. Ele tinha sessenta anos e ela, sessenta e nove; era um pouco tarde para se divertir em Veneza. Escolheram então a Helvécia, cujas ordem e prosperidade eram bastante conforme à maneira de ser de ambos. Com certeza, os dois teriam feito excelentes suíços. Por que tinham nascido numa terra de guerra, greve, descontentamento, desordem generalizada e revolução permanente? No país menos feito para a democracia? Sem dúvida, uma prova cármica.

Nada indica que foram a Yverdon: o novo diretor do Instituto Pestalozzi não devia apreciar as fantasmagorias da *rue* Sainte-Anne, admitindo que as conhecesse.

O itinerário deles passava por Neuchâtel, Berna, Zimmerwald, o lago de Thun, Interlaken, Oberland bernês, o vale de Lauterbrunnen, o vale de Grindelwald, o lago de Brienz, Friburgo. Voltaram pelo Castelo de Chillon, do qual percorreram os subterrâneos, e por Vevey, onde embarcaram no lago de Genebra. A bombordo estava a Saboia. Francesa havia quatro anos, a Saboia, segunda Suíça, onde o senhor e a senhora Perrichon, seus contemporâneos e sua paródia fizeram uma memorável viagem.[29]

---

[29] Referência à comédia em quatro atos *A viagem do sr. Perrichon*, de Eugène Labiche e Édouard Martin, cuja estreia ocorreu a 10 de setembro de 1860, no teatro do Gymnase, em Paris.

Em Genebra, tomaram o trem para Paris, trocaram de bagagem, tomaram conhecimento de uma grande quantidade de cartas e imediatamente partiram novamente para a Bélgica, onde, ao contrário da Suíça, fervorosos círculos os esperavam. O profeta fez conferências em Bruxelas e Antuérpia, onde visitou a Exposição Internacional. Foi lá que admirou um grande quadro representando a *Cena do interior de uma casa de camponeses espíritas*.

Certamente, Kardec poderia se orgulhar da recepção entusiasta que lhe era reservada em todos os círculos que visitava, mas declarava em público que esses testemunhos calorosos dirigiam-se menos ao homem que à doutrina filosófica que representava.

> *A força do espiritismo [dizia sempre] não reside na opinião de um homem ou de um Espírito; está na universalidade do ensino dado por estes últimos. Como o sufrágio universal, resolverá no futuro todas as questões litigiosas; fundará a unidade da doutrina muito melhor que um concílio de homens. Esse princípio, disto estejamos certos, senhores, fará o seu caminho, como aquele de: Fora da caridade não há salvação.*

17. Ilustres visitas dos dois mundos

Em maio de 1858, um homem de bem, o dr. Fournier, foi chamado à cabeceira de um aprendiz gravador, doente por privações e excesso de trabalho. O jovem, Camille Flammarion, como era de regra nessa época, trabalhava dezesseis horas por dia para ganhar um salário de miséria, no verdadeiro sentido da palavra. Frequentava os cursos noturnos gratuitos oferecidos pela Associação Filotécnica fundada em 1848, na qual o sr. Rivail foi professor. De volta ao seu casebre sem aquecimento nem iluminação, continuava a estudar à luz de uma vela, e até mesmo à luz do luar, quando não tinha mais dinheiro para a vela. A falta de sono, somada à falta de alimento, e o excesso de trabalho intelectual, acentuando o cansaço do trabalho manual, foram abalando sua saúde.

Enquanto fazia seu exame de rotina, o dr. Fournier, que nunca exigia honorários aos indigentes, viu um enorme manuscrito de quinhentas páginas. Estupefato, ele leu: *Cosmogonia universal: estudo do mundo primitivo, história física do globo desde os tempos mais recuados de sua formação até o reino do gênero humano.* Ao folhear a obra enorme, ilustrada com cento e cinquenta desenhos, ele perguntou:

— Tudo isso é muito interessante, meu rapaz. Como este manuscrito chegou às suas mãos? De quem é?

— É meu; os desenhos também.

— Não é possível! Quantos anos você tem?

— Dezesseis anos. Espere, doutor, tenho outro manuscrito, muito mais elegante, que minha irmã mais nova copiou novamente. Ela também tomou tempo do seu sono e economizou dos seus almoços para me comprar livros.

Espantado, o dr. Fournier continuava a percorrer a *Cosmogonia universal*:

— Meu filho, logo que você estiver com saúde, cuidarei de você. Tenho conhecidos no observatório.

O médico providencial cumpriu sua promessa um mês depois. Camille entrou como aluno astrônomo no Observatório de Paris, dirigido então pelo ilustre Le Verrier, que descobriu o planeta Netuno.

O manuscrito com o título interminável foi publicado em 1865, e passou a se chamar: *O mundo antes do aparecimento do homem*.

Em 1861, Camille estava feliz: aos dezenove anos, havia recuperado a saúde, comia de acordo com sua fome, estudava o dia inteiro coisas que o fascinavam. Eis que perambulava pelas galerias do Odéon, sem saber que estava prestes a descobrir a outra face do universo e a outra vertente do seu pensamento. De repente, fica parado vendo *O livro dos espíritos*, de Allan Kardec. Após ter absorvido a obra, ele pede para ser recebido pelo autor: a admiração imediata é recíproca. Dessa entrevista nasce uma amizade que nunca irá desaparecer.

No ano seguinte, o jovem prodígio faz um estrondo ao publicar *A pluralidade dos mundos*, que conhece um sucesso internacional. Torna-se um dos colaboradores mais ativos da revista *Cosmos*, até chegar a hora de redigir a parte científica do jornal *O Século*.

Em 1862, Camille Flammarion acabava de completar vinte anos. Por isso, ele é chamado ao *Hôtel de Ville* (prefeitura) de Paris para atender à convocação do serviço militar de sete anos. O prefeito do 1º distrito, que faz parte da comissão de recrutamento, dirige-se ao futuro soldado com uma amabilidade muito especial:

— Diga-me, meu jovem, você é provavelmente o filho do sr. Camille Flammarion, o célebre autor da *Pluralidade dos mundos*.

– Não, sr. prefeito – responde Camille, como se desculpando –, o autor em questão sou eu. Escrevi aquilo no ano passado.

Nunca a expressão "filho de suas obras" tinha sido mais verdadeira.

O prefeito não podia acreditar. Ninguém podia acreditar: nem o editor encantado que vira o livro ser imediatamente traduzido para treze línguas, nem Victor Hugo, abismado, que lhe escrevia de Guernesey, em 17 de dezembro de 1862:

> As matérias de que tratais são a perpétua obsessão do meu pensamento, e o exílio só aumentou em mim essa meditação, colocando-me entre dois infinitos, o oceano e o céu. Sinto-me em estreita afinidade com espíritos como o vosso. Os vossos estudos são os meus estudos. Sim, vamos escavar o infinito: é o uso real das asas da alma.

Foi com assombro que Allan Kardec escreveu na *Revista Espírita*:

> Vendo a soma de ideias contidas nessa obra, a gente se admira que um jovem, numa idade em que os outros ainda estão nos bancos escolares, tenha tido tempo de se apropriar delas e, com mais forte razão, aprofundá-las. É para nós a prova evidente de que seu Espírito não é principiante ou que, malgrado seu, foi assistido por outro Espírito.

Uma segunda hipótese bem forte.

Assombro do leitor do século 20 quando descobre linhas nas quais a extraordinária profundidade do pensamento exprime-se numa língua perfeita, um estilo amplo e firme, à medida dos esplendores que descreve:

> Outrora, nós considerávamos a Terra que habitamos como única na natureza, e pensávamos que, sendo a única expressão da vontade criadora, ela era o único objeto da complacência e do amor de seu Autor. Nossas crenças religiosas eram fundadas sobre esse sistema egoísta e mesquinho. Nós julgávamos então nossa humanidade importante

o suficiente para ser o alvo de uma criação que dependia inteiramente de nossos destinos; para nós, o começo da Terra foi o começo do mundo; igualmente, o fim da Terra representava para nós o fim de todas as coisas. A história de nossa humanidade era a própria história de Deus; tal era o fundamento de nossa fé. Quando nosso olhar procurava sondar as regiões de nossa imortalidade futura, nós assistíamos ao fim do mundo, e o momento em que o último homem devesse desaparecer da Terra decrépita e gelada nos parecia dever marcar ao mesmo tempo a extinção do Universo atual e uma revolução geral na obra divina. Hoje, tais ideias falsas estão afastadas de nossos espíritos mais esclarecidos; nós conhecemos melhor nosso estado real. Nós sabemos que a Terra não é mais que um astro obscuro, e que seu habitante é apenas um membro da imensa família que povoa a criação inteira. Nós sabemos que astros resplandecentes se apagam solitariamente um dia ou outro, e que o mundo não muda por um acontecimento tão insignificante como a morte de um sol, quanto mais pela morte de um pequeno planeta como o nosso. Nossa humanidade inteira seria destruída esta noite por um sopro mortal, e nada seria percebido nos outros mundos, nada pareceria na marcha cotidiana do Universo.

Sopro mortal: o gênio profético não faltava ao jovem Flammarion. Hoje, sabe-se que as armas nucleares desencadeiam efeitos térmicos e sísmicos, efeitos de irradiação direta e de contaminação radioativa, ondas de ionização e efeitos de perturbação eletromagnética, ondas de choque e de sopro.

Durante uma reunião na casa da família Delanne, Allan Kardec e seus amigos comentavam um artigo publicado em *La Patrie* de 18 de março de 1865. O cardeal Wiseman, que acabava de morrer na Inglaterra, acreditava no espiritismo; é o que prova o fato seguinte, citado pelo *Spiritualist Magazine*. Um bispo havia proibido a atuação de dois membros de sua Igreja, por causa de sua tendência ao espiritismo. O cardeal suspendeu essa interdição e permitiu que os dois sacerdotes prosseguissem seus estudos e servissem como médiuns, dizendo-lhes: "Eu mesmo creio firmemente no *modern spiritualism*, e não poderia ser um bom membro da Igreja se tivesse a menor dúvida a respeito."

Kardec hesitava em fazer a evocação do cardeal quando este se manifestou:

> Vosso desejo de me evocar me trouxe a vós e estou contente por vir dizer-vos, meus irmãos bem-amados, que na Terra eu era, sim, um espírita convicto. Tinha vindo com essas aspirações, que não pude desenvolver, mas me sentia feliz por vê-las desenvolvidas por outros.
>
> Eu era espírita porque o espiritismo é o caminho reto que conduz ao verdadeiro objetivo e à perfeição; eu era espírita porque reconhecia no espiritismo a realização de todas as profecias, porque esta doutrina é o desenvolvimento da religião, o esclarecimento dos mistérios e a marcha da humanidade inteira para Deus, que é a unidade.
>
> Ó meus irmãos bem-amados! que graça imensa concede o Senhor aos homens em lhes enviando esta luz divina, que lhes abre os olhos e lhes faz ver de maneira irrecusável que além do túmulo existe mesmo outra vida e que, em vez de temer a morte, quando se viveu segundo os desígnios de Deus, deve-se abençoá-la quando vem libertar um de nós das pesadas cadeias da matéria. Sim, essa vida, que se prega constantemente de maneira tão assustadora, existe; mas nada tem de penosa para as almas que, na Terra, observaram as leis do Senhor. Sim, lá se encontram aqueles a quem amamos na Terra; é a mãe bem-amada, uma terna mãe que vos vem felicitar e receber; são amigos que vos vêm ajudar a vos reconhecerdes em vossa verdadeira pátria, e que vos mostram todos os encantos da vida verdadeira, em relação aos quais os da Terra não passam de tristes imagens. Perseverai, meus irmãos bem-amados, em marchar na via abençoada do espiritismo; que as manifestações que recebeis vos ajudem a subir o rude calvário da vida, a fim de que, chegados ao cume, possais colher os frutos de vida que vos tiverdes preparado. É o que desejo a vós todos que me escutais, e a todos os meus irmãos em Deus. Aquele que foi o cardeal Wiseman. (Médium: Sra. Delanne)

Nossos contemporâneos não se lembram do nome do cardeal Wiseman, arcebispo de Westminster, apesar do papel importante que desempenhou na revitalização da imprensa católica inglesa, multiplicando sínodos e conferências sobre a Igreja romana, fazendo revogar as medidas discriminatórias que pesavam sobre seus membros. Isso resultou numa ativa ressurgência do movimento antipapista, que enfrentou publicando uma brochura eloquente: *Appeal to the English People*.

Nos seus últimos anos, tomou posição em prol do movimento de Oxford, o qual subsistia na França nos anos 30, em grupos fraternos. Um dos seus membros quis iniciar-me na escrita intuitiva: tratava-se de pegar um lápis e uma folha de papel e esperar... tentei, não aconteceu nada, nenhuma mensagem veio. Era cedo demais para mim.

Da obra enorme de Wiseman subsiste apenas a novela histórica que publicou em 1854, *Fabíola*, do qual, cem anos mais tarde, fizeram um belo filme.

Em 20 de outubro de 1865, na Sociedade de Paris, uma entidade que se nomeava Baluze iniciou uma dissertação sobre um assunto caro à sra. Kardec: o feminismo. O médium do dia era Pierre-Gaëtan Leymarie. Foi no Brasil, onde havia se exilado após o golpe de Estado, que Leymarie ouviu pela primeira vez falar de espiritismo. Logo que voltou para a França, apresentou-se na casa de Kardec e pôs-se ao seu serviço.

> Na época em que vivia entre vós [ditou Baluze], acontecia-me muitas vezes fazer sérias reflexões sobre a sorte da mulher. Toda noite, antes de dormir, eu orava por essas pobres irmãs tão infelizes e tão desprezadas, implorando a Deus por fazer progredirem as desclassificadas. Por vezes, em sonho, eu as via livres, amadas, estimadas, tendo uma existência legal e moral na sociedade, na família, cercadas de respeito e de cuidados; eu as via transfiguradas. E esse espetáculo era tão consolador que eu despertava chorando. Mas ah! a triste realidade então me aparecia em sua lúgubre verdade e por vezes eu perdia a esperança de que chegassem melhores dias.

> Esses dias chegaram, meus amigos. Alguns de vós sentem, intuitivamente, os direitos da mulher. Há para ela esperança e alegria em meio às profundas misérias e desilusões. Alguns dias atrás, prestando atenção a uma roda de senhoras distintas pela posição, pela beleza e pela fortuna, eu me dizia: Estas são todas perfumadas; foram amadas, como devem amar! Como devem ser boas mães, esposas encantadoras, filhas respeitosas!
>
> Que erro estranho!... Todos esses rostos frescos mentiam, sob sorrisos estereotipados; tagarelavam, falavam de roupas, de corridas, de modas; falavam com graça encantadora, com malícia, mas não se ocupavam dos filhos, nem dos maridos, nem de questões literárias ou sociais! Ah! belas cabeças, mas cérebros... nada! Aves encantadoras, sua pretensão: agradar, tocar em tudo e nada conhecer. O vento leva sua tagarelice e não deixa traços; nem são filhas, nem esposas, nem mães. Ignoram seu país, seu passado, seus sofrimentos, sua grandeza. Confiam os filhos a uma mercenária! A felicidade íntima é uma ficção. São fascinantes borboletas, com belas asas... mas, depois...

Não diz o bom Kardec quem era esse espírito misógino, que pintou um quadro bastante semelhante ao das mulheres do Segundo Império. Quem podia esconder-se por trás desse nome cômico de Baluze? Será que era um trote dos senhores espíritos? Cento e trinta e seis anos depois, fiz o meu inquérito entre os velhos livros e cheguei ao resultado seguinte: não era um pseudônimo; de fato, Étienne Baluze existiu. Nascido em Tule, em 1630, ele morreu em Paris em 1718. Bibliotecário de Colbert, tinha professado o direito canônico no Collège de France.

Luís XIV, que era ciumento e vingativo como ninguém, destituiu-o de repente de todas as suas funções e pensões. Seu crime foi o seguinte: tinha provado que os Bouillon descendiam dos duques de Guyenne, condes de Auvergne. A sua nobreza era, por conseguinte, mais antiga do que a dos Bourbon. Uma tempestade vingativa abalou a augusta peruca: ela exilou Baluze longe da capital. Foi apenas após a morte do rei que o desafortunado, que se entediou profundamente na província, retornou a sua cara Paris. Três anos depois, era sua vez. Passou então o seu tempo de espírito entre as senhoras com saias-balões, esperando chegar a hora das senhoras em crinolinas.

E sempre de acordo com a mensagem de 20 de outubro de 1865, andou em espírito nos ateliês de costura entre as mulheres:

> Também atentei para um grupo de jovens operárias. Que sabiam elas? Nada... como as outras... nada da vida, nada do dever, nada da realidade! Invejavam, eis tudo. Fizeram-nas compreender Deus, sua grandeza, sua vontade? Não, mil vezes não!... A Igreja lhes ensina o luxo; trabalham para o luxo e é ainda o luxo que bate à sua mansarda, dizendo: Abri-me; eu sou a fita, a renda, a seda, os bons pratos, os vinhos delicados. Abri, e sereis bela; tereis todas as fantasias, todos os deslumbramentos!... É por isso que tantas, entre elas, são a vergonha de suas famílias!

Baluze, Baluze, você está contando a história da dama das Camélias. E imita Victor Hugo: "Oh! nunca insulte uma mulher que cai..."

Após isso, ó velho rabugento, você mexe com a *intelligentsia* parisiense.

> Cérebros amáveis, que vos divertis com o espiritismo, poderíeis dizer-me qual a panaceia que inventastes para purificar a família, para lhe dar vida? Eu o sei, em questões de moral sois indulgentes; muitas frases, gemidos pelos povos que caem, pela falta de educação das massas; mas, para levantar moralmente a mulher, que fizestes? Nada... Grandes senhores da literatura, quantas vezes espezinhastes as santas leis de respeito à mulher, que tanto enalteceis! Ah! desprezais profundamente a mulher, e com ela, a família e o futuro da nação! O que sois incapazes de fazer, bem o sabeis, o espiritismo fará e dará à mulher esta fé robusta que remove montanhas, fé que lhes ensina seu poder e seu valor, sua inteligência, sua vontade poderosa.

Basta, Baluze! Você confirma essa lei que quer que os misóginos estejam inevitavelmente entre os que fizeram uma ideia elevada demais desses seres imprevisíveis e temíveis. Era, por conseguinte, espírita antes da hora, dado que o vosso epitáfio, composto por você mesmo, contém uma alusão a essa reencarnação que o assustava, como a tantas pessoas.

> Encontra-se aqui o sr. Étienne;
> Ele concluiu a sua obra.
> Teve tantos males neste mundo
> Que não se acredita que volte.

E ele voltou em espírito, não para reencarnar-se, mas para ouvir às portas.

A mensagem desse desconhecido do século 17 (cuja identidade foi reencontrada apenas no século 21) parece-me mais autêntica na sua acrimônia do que os discursos edificantes e clichês assinados por nomes famosos.

Baluze é uma pedra no jardim à francesa de Allan Kardec.

A igualdade dos sexos, sob Napoleão III, era a ordem do dia: em 1860, Jenny d'Héricourt publicou um livro cujo título era todo um programa: *A mulher liberta*. Referia-se a Proudhon, Augusto Comte, Michelet, Émile de Girardin, para reclamar uma imediata emancipação das mulheres, o acesso ao ensino superior, a todas as carreiras, mesmo técnicas, industriais, administrativas e políticas, naturalmente com um salário idêntico ao dos homens. E terminava a sua defesa em prol de uma total igualdade dos sexos por este apelo: "Mulheres de todos os países, uni-vos!"

No ano seguinte, em Lyon, o velho professor que fazia a chamada dos candidatos ao 'bacharelado' quase se estrangulou. Lia tranquilamente: "Bonaffé, Prosper, dezesseis anos, segundo grau; Duplessis, Emile, dezessete anos, segundo grau", quando parou ao ver o nome: "Daubié, Julie, trinta e sete anos, professora".

– Deve haver um erro, deve ser Julien...

Uma pessoa do sexo feminino levantou-se e o professor ajeitou os óculos:

– Não, senhor, não é um erro, sou Julie Daubié.

– Como, moça, pediu para estar na lista de uma prova reservada aos rapazes? Você se atreveu?

– Sim, professor, informei-me; nenhum texto proíbe-o. É o que é chamado de vazio jurídico.

E era verdade, não se pode pensar em tudo. Com sucesso, Julie Daubié passou no exame e abriu às mulheres as portas da universidade. Vimos que Amélie Boudet, apesar de sua inteligência, de sua cultura, dos três livros que tinha publicado, não podia passar do estatuto de professora do ensino primário. O vestibular de 1861 era algo de especial.

Em 1968, todos os candidatos foram dispensados do vestibular, totalmente desvalorizado.

Em 2001, houve 90% de aprovação; em outros termos, para errá-lo, era necessário fazê-lo de propósito.

Embora Jenny d'Héricourt tivesse reivindicado o acesso das mulheres a todas as profissões, mesmo técnicas e industriais, elas permaneciam confinadas ao ensino primário e à literatura romanesca, no melhor dos casos. Sob o Segundo Império, houve uma exceção notável: a sra. Hautoy, nascida Stéphanie Saussay, que fundou sua própria empresa de construção. Encarregado por Napoleão III, o barão Haussmann fez, de uma cidade medieval insalubre e tortuosa, a Paris que conhecemos. Foi ele quem traçou os dois grandes eixos, um saindo da praça do Trono até a praça da Estrela, no Arco do Triunfo, e o outro da Estação do Leste ao Observatório; foi ele quem estabeleceu os bosques de Boulogne e de Vincennes, Buttes-Chaumont, o jardim de Luxemburgo, os parques Monceau e Monsouris. Haussmann, que enxergava longe,[30] depositou sua confiança nessa mulher de caráter. Concedeu-lhe as seguintes grandes obras: recinto das fortificações, duplicando as alamedas dos Marechais, planejamento da planície Monceau; construção da ponte Napoleão III (1852, renomeada como Ponte Nacional em 1870), construção da ponte de l'Alma (1856, substituída em 1971), da ponte de Solférino

---

[30] Como o General de Gaulle, que teve a ideia do RER e do periférico.

(1859); renovação da antiga ponte au Change, que ela marcou com quatro 'N' esculpidos.

Desde as cinco horas da manhã, essa mulher incrível estava presente na obra e dirigia as operações com a mesma autoridade que seu patrão.

Antes de sua morte, em 1876, a sra. Hautoy comprou no Père-Lachaise uma concessão perpétua onde construiu um mausoléu, ornado de duas grandes cariátides, localizado na esquina da via Hautoy e do caminho Bourget. É lá que descansam seus descendentes: Marcelle e Roland de Jouvenel.

Em julho de 1865, um senhor de idade, muito cerimonioso, o sr. G. Bach, outrora Primeiro Prêmio de piano do Conservatório de Paris, bisneto do grande Sebastian Bach, apresentou-se a Allan Kardec. Vinha pedir-lhe o seu parecer a respeito de um fato psíquico incrível que lhe acontecera em 4 de maio último. Seu filho, Léon, estabelecido também na França, tinha-lhe trazido uma espineta, espécie de cravo portátil, velha de três séculos, descoberta numa feira de antiguidades e de antiquários, tão comuns em Paris. Depois de longas e minuciosas pesquisas, o sr. Bach descobriu, numa prancha interna, o inventário do instrumento; datava do mês de abril de 1564 e tinha sido fabricado em Roma.

Na noite seguinte, no mais profundo sono, o sr. Bach viu aparecer à cabeceira do leito um homem com longa barba, sapatos arredondados na ponta e com grandes laços em cima, um calção muito grande, um gibão de mangas justas com aberturas no alto, um grande colarinho e com um chapéu pontudo e de abas largas. Essa personagem curvou-se diante do sr. Bach e narrou o seguinte:

> A espineta que possuis me pertenceu. Muitas vezes me serviu para distrair meu senhor, o rei Henrique III. Quando ele era muito jovem, compôs uma ária com letra, que gostava de cantar e que eu lhe tocava muitas vezes. Ele compôs a ária e a letra em lembrança de uma mulher que encontrou numa caçada e pela qual se apaixonou.

Afastaram-na dele; diz-se que foi envenenada pela rainha Catarina, e o rei sofreu uma grande dor. Toda vez que estava triste cantarolava essa *romanza*. Então, para distraí-lo eu tocava em minha espineta uma sarabanda de minha composição que ele apreciava muito. Assim eu associava sempre esses dois trechos e não deixava de tocar um após o outro. Vou fazer-te ouvi-los:

Então [continuou o sr. Bach], o homem do sonho aproximou-se da espineta, deu alguns acordes e cantou a ária com tanta expressão que acordei em pranto. Acendi uma vela, olhei a hora, constatei que eram duas da madrugada e não tardei a dormir novamente. É aqui que começa o extraordinário. Pela manhã, ao despertar, fiquei muito surpreso ao encontrar sobre a cama uma página de música, preenchida com uma escrita muito fina e notas microscópicas. Foi com dificuldade que, auxiliado pelo meu binóculo, já que sou bastante míope, consegui reconhecer-me em meio a esses rabiscos. Um instante depois, sentei ao piano e decifrei o trecho. A *romanza*, a letra e a sarabanda estavam exatamente conformes as que o homem do sonho me fizera ouvir durante o sono! Ora, não sou sonâmbulo; jamais escrevi um único verso em minha vida e as regras da versificação me são completamente estranhas. Eis o refrão e as três quadras tais quais as copiei do manuscrito. Conservei a sua ortografia do século 16.

Perdi aquela por quem tanto amor nutria;
Ela é tão bela, tinha por mim cada dia
Novo favor, e novo anseio ter.
Sem ela, oh! dor, quero morrer!

Numa caçada longe, ainda matina,
Eu a avistei pela primeira vez,
Imaginei um anjo na campina,
Então senti-me o mais feliz dos reis.

Daria, sim, meu reino para revê-la
Ainda que fosse por um breve instante;

Numa cabana humilde ao lado dela
Para sentir meu coração pulsante.

Enclausurada e triste, oh! minha linda,
Últimos dias seus longe de mim.
Ela não sente mais que a pena é finda;
E quanto a mim, ai, ai! sofrendo assim.

Nesta canção lamentosa, como na sarabanda alegre, que a segue, a ortografia musical não é menos arcaica que a ortografia literária. As *claves* são feitas de modo diverso daquelas dos nossos dias. O baixo é escrito num tom e o canto em outro.

O sr. Bach teve a delicadeza de me fazer ouvir no piano [diz Kardec] os dois trechos, que são de uma melodia simples, ingênua e penetrante.

O jornal da *Estoile* nos informa que o rei Henrique III teve uma grande paixão por Maria de Clèves, marquesa de Isles, morta na flor da idade, numa abadia, no dia 15 de outubro de 1574. Não seria "a pobre, bela e triste enclausurada" a que aludem os versos? O mesmo jornal também diz que um músico italiano, chamado Baltazarini, veio à França nessa época e foi um dos favoritos do rei. Teria a espineta pertencido a Baltazarini? Será que foi ele que escreveu a romança e a sarabanda?

– Tudo deixa pensar que sim, declarou Kardec, mas diga-me: morta na flor da idade no fundo de uma abadia! Suspeito qualquer assassinato sombrio.

– Suspeita bem. Léon. Meu filho, apaixonado por história, foi consultar um amigo, ligado à Biblioteca imperial. Foi ele quem lhe mostrou o jornal *Estoile* no qual parece que Catarina de Médici temia e invejava a influência que Marie de Clèves exercia sobre seu filho. Por isso, mandou trancar a jovem mulher de espírito superior num convento, esperando fazê-la perecer por mãos piedosas que derramavam diariamente um veneno, destruindo lentamente suas forças e beleza. Inconsolável, Henrique III nunca perdoou a mãe criminosa.

Será que o bom Kardec, que ignorava a palavra *bissexual*, simplificada em *bi*, percebeu que o sr. Bach vinha clarificar um mistério histórico? A florentina tinha deliberadamente favorecido, senão provocado, a homossexualidade latente de seu filho para não ter que enfrentar uma nora brilhante e indócil. Marie de Clèves pagou com sua vida sua inteligência.

Em 1º de setembro de 1865, a sra. X, uma dama da sociedade que quis guardar o anonimato, recebeu uma mensagem em versos de Alfred de Musset, falecido em 1857. Essa senhora muito cultivada, mas de modo algum poeta, tinha grandes capacidades mediúnicas. Tendo ido passar a bela estação num chalezinho entre as dunas beirando o mar do Norte, uma noite se achava em sua varanda, sob magnífico luar, e contemplava a praia infinita. A hora era sublime, e se o cão da casa tivesse cessado os seus latidos irritantes, a sua felicidade teria sido absoluta.

De repente, a sra. X sentiu-se agitada por um arrepio que não era de origem física (a noite estava extremamente quente), mas espiritual. Impelida a voltar ao seu quarto, foi levada a tomar de uma pena. Ela escreveu, sem rasura nem hesitação, o poema seguinte, de forma clássica, em alguns minutos. Um escritor profissional demoraria pelo menos um dia, considerando as regras tão exigentes da prosódia francesa.

> Pobre Espírito, eis-te aí, assim,
> Contemplando o dia e a noite, enfim,
> A triste duna,
> Não tendo pra te desenfadar,
> Senão esse cão que vem uivar
> À luz da *lua*.
>
> Quando te vejo só e agitada,
> Erguer para a abóbada estrelada
> Úmido olhar,
> Os tristes dias vêm-me à lembrança

Que eu maldizia sem esperança
De algo encontrar.

Tal quanto em ti, sofrendo estou certo,
Em chama neste imenso deserto
Meu coração;
Como pérola do mar no fundo,
Um grito d'alma por todo o mundo
Busquei em vão.

Para a minha cabeça esfriar,
Sob o céu da Itália a viajar
Vivo em seguida;
Têm-me visto Florença e Veneza,
Entre moças de colo em nueza,
Encher a vida.

Por vezes o fraco pescador
Em me vendo, qual criança, de dor,
Chorar na praia,
E parando, cheio de piedade,
Esquecer as redes que à metade
O mar espraia.

Pobre menino, vem até nós;
Pondo-o em seus joelhos com terna voz
Lhe estanca o choro,
Te levaremos a teu passeio
Nas *terras* plenas de bom recreio
Lá onde eu moro.

Se nestes versos pra ti assim,
Ainda preso e apesar de mim
Esta feitura,

É para sábios que zombam fundo,
Trazer de minh'alma do outro mundo,
A assinatura
        Alfred de Musset

Ainsi, te voilà, pauvre esprit,
Contemplant le jour et la nuit
La triste dune,
N'ayant, pour te désennuyer,
Que le chien qui vient aboyer
Au clair de lune.

Quand je te vois, seule et troublée,
Lever vers la voûte étoilée
Ton œil humide,
Je me souviens des tristes jours
Où je maudissais pour toujours
La Terre aride.

Tout autant que toi, j'ai souffert,
En sentant dans ce grand désert
Mon cœur en flamme;
Comme une perle au fond des mers,
J'ai cherché dans tout l'univers
Un cri de l'âme.

Pour apaiser ma tête en feu,
J'ai voyagé sous le ciel bleu
De l'Italie;
Florence et Venise m'ont vu,
Parmi leurs filles au sein nu,
Traîner ma vie.

Parfois le pêcheur indolent
M'a vu pleurer, comme un enfant,
Près de la grève,
Et s'arrêtant, plein de pitié,
Laisser ses filets qu'à moitié
La mer enlève.

Pauvre enfant, reviens près de nous,
Comme on berce sur les genoux
L'enfant qui pleure,
Nous te conduirons à ton tour
Dans les Terres pleines d'amour
Où je demeure.

Si dans ces vers écrits pour toi,
J'ai pris encore et malgré moi
Cette facture,
C'est pour affirmer aux savants,
Qui se moquent des revenants,
Ma signature
            Alfred de Musset

Publicando esses versos, o *Petit Journal* acrescenta, em vez de *Au clair de lune*: *Au clair de la lune*, o que estropia o verso; em vez de *ce grand désert*, ele pôs: *le grand désert*, na Terra em que se sente tão só. Quanto a "retorna perto de nós", ele não entendeu a alusão direta feita à preexistência e ao regresso das almas de elite para a sua verdadeira pátria, o céu. Não entendeu também a alusão feita à pluralidade dos mundos: as Terras cheias de amor.

Embora não fosse espírita, outro editor, o do *Monde illustré*, apreciou o poema ao seu justo valor. Ele ficou estupefato:

> É o estilo de Musset, sua linguagem encantadora, sua desenvoltura de cavalheiro, seu encanto e sua graciosa atitude. Esses versos são

tão belos, que aquele ou aquela que os traçou é um poeta ou poetisa de primeira ordem.

Ou aquela? Será que estava se referindo à sra. X. Mas ela era incapaz de escrever a menor estrofe e era sincera demais para montar a menor fraude. Alguns pensaram que Musset, ainda vivo, tivesse escrito o poema, que teria sido roubado no momento da sucessão. Desse modo, o sr. Charpentier, o editor das *Obras completas* de Musset, escandalizado, pôs-se a gritar: "Pega o ladrão!" Mas seria sem levar em conta as circunstâncias precisas: o deserto de areia, os latidos prolongados, a beleza daquele luar, a solidão angustiada do infeliz espírito encarnado, o da sra. X.

Quando Théophile Gautier publicou seu romance intitulado *Espírita*, Alfred de Musset manifestou-se de novo à jovem senhora, por cujo espírito encantador se apaixonara. Era o dia 2 de dezembro de 1865:

> Eis-me aqui outra vez. Embora ter, Senhora,
> Jurado aos deuses que não rimaria mais.
> É muito triste ofício o que imprimir faz
>
> As obras de um autor que vem do além agora.
> Fui para longe de vós, mas, Espírito afável
> Arrisca-se a falar de nós com almo sorriso.
> Eu penso que ele sabe além do que é preciso,
> E que tenha encontrado a sua alma agradável.
> Uma alma do outro mundo! É estranho realmente;
> Eu mesmo já me ri quando aí me encontrava;
> Porém ao informar que não acreditava,
> Teria a me salvar um anjo clemente.
> Que amado eu o teria, à noite, na janela,
> Apoiada na mão a fronte em palidez,
> Quando a sondar, em pranto, esse *grande talvez*,
> Do espaço a percorrer a fúlgida aquarela!

Amigos, que esperais de um século sem crença?

Quando espremerdes pois vosso mais belo fruto,
O homem sempre achará seu tumular reduto
Se, para o sustentar, a esperança é indefensa.

Mas meus versos, dirão, para eles não são.

Que me importa, aliás, a censura é vulgar!
Disso quando era vivo, eu não quis me ocupar;
Hoje, eu riria, enfim, com mais forte razão.
       Alfred de Musset

Me voici revenu. Pourtant j'avais, Madame,
Juré sur mes grands dieux de ne jamais rimer.
C'est un triste métier que de faire imprimer

Les œuvres d'un auteur réduit à l'état d'âme.
J'avais fui loin de vous, mais un esprit charmant
Risque, en parlant de nous, d'exciter le sourire.
Je pense qu'il en sait bien plus qu'il n'en veut dire,
Et qu'il a, quelque part, trouvé son revenant.
Un revenant! Vraiment cela paraît étrange;
Moi-même j'en ai ri quand j'étais ici-bas;
Mais lorsque j'affirmais que je n'y croyais pas,
J'aurais, comme un sauveur, accueilli mon bon ange.
Que je l'aurais aimé, lorsque, le front jauni,
Appuyé sur ma main, la nuit, dans la fenêtre,
Mon esprit, en pleurant, sondait le grand peut-être,
En parcourant au loin les champs de l'infini!

Amis, qu'espérez-vous d'un siècle sans croyance

Quand vous aurez pressé votre fruit le plus beau,

> L'homme trébuchera toujours sur un tombeau
> Si, pour le soutenir, il n 'a plus l'espérance.
>
> Mais ces vers, dira-t-on, ils ne sont pas de lui.
>
> Que m'importe après tout le blâme du vulgaire
> Lorsque j'étais vivant, il ne m'occupait guère;
> A plus forte raison en rirais-je aujourd'hui.
> Alfred de Musset

Logo que se trata dele, clichês e adjetivos afáveis surgem: encantador, gracioso, leve, sedutor, mas o encantador, o dândi é também aquele que fez esta pergunta terrível:

> Por que sob a santa luz
> Veem-se atos tão medonhos
> Que fazem expirar a oração
> Nos lábios do infeliz?

Oh sim! Por quê, por quê? Espera-se sempre a resposta. E não sou eu quem vai dá-la.

18. *O Evangelho segundo o espiritismo*

Enquanto Allan Kardec escrevia, em 1863, os primeiros capítulos da nova obra *Imitação do Evangelho*, que passará a ser *O Evangelho segundo o espiritismo*, enquanto recomendava aos seus leitores que seguissem os ensinos do Cristo, os bispos e os decanos das faculdades de teologia enfureciam-se contra ele e contra sua doutrina, o que garantiu às duas obras uma publicidade fenomenal. Graças a eles, no fim do Segundo Império, o número de espíritas atingia o milhão.

Segundo eles, o espiritismo pregava o comunismo, invertia a ordem social, dissolvia a sociedade, degradava a mulher, recomendava o aborto e o suicídio.

Após o caso do suicídio de Tours, que provocou uma grande agitação em Paris, houve no ano seguinte o drama da *rue* des Martyrs. Um jovem de dezenove anos, filho de médico, disparara uma bala em sua boca com uma pistola. A bala despedaçou-lhe a cabeça, mas ele continuou consciente durante cinco horas e declarou que, fora a dor que estava causando ao pai, não se arrependia do seu gesto. Em seguida, o delírio apoderou-se dele e, apesar dos cuidados que recebeu, morreu na mesma noite.

O jornal *Le Moniteur* de 6 de agosto de 1864 escreveu: "O jovem alimentava, há algum tempo, pensamentos de suicídio, e presume-se, com ou sem razão, que o estudo do espiritismo, ao qual se entregava com ardor, não foi estranho à fatal resolução."

O diretor do jornal *L'Avenir*, o sr. Ambel, informou-se da verdadeira causa do acontecimento e publicou o resultado de sua investigação na edição de 11 de agosto de 1864:

> Sabemos que a leitura dos noticiários mergulhou-nos na mais profunda estupefação. É impossível não protestar contra a leviandade com que o órgão oficial acolheu tal acusação. O espiritismo é completamente alheio ao ato do infeliz. Nós que somos os seus vizinhos, sabemos perfeitamente que tal não é a origem do terrível suicídio. É apenas com a maior reserva que devemos indicar a verdadeira causa. A nossa doutrina não pode permanecer sob o golpe de tal imputação. O jovem havia falhado várias vezes nos seus exames para o vestibular. O estudo era-lhe antipático assim como a profissão do pai; devia em breve tentar passar em outro exame, e foi depois de viva discussão com o pai que, temendo falhar novamente, ele tomou a fatal resolução e a executou.

O vestibular era, naquela época, de tal nível, tinha tal prestígio, tal importância, que um fracasso equivalia a uma sentença de morte para um estudante frágil.

O ódio contra Kardec e seu ensino conduzia certos pregadores a dizer absurdos como esses: "Prefiro sabê-los fora da Igreja a vê-los entrar no espiritismo" ou "Prefiro um ateu que não acredita em nada a um espírita que acredita em Deus e na sua alma."

Cem anos mais tarde, Marcelle de Jouvenel e eu, cujos escritos trouxeram de volta tantas pessoas à Igreja, sofremos ataques e ostracismos similares. Em Roma, a imprensa do Vaticano, sem o menor respeito pela dor de uma mãe, ironizou sobre "ilusões lamentáveis da sra. de Jouvenel", enquanto em Paris, nos anos 50 e 60, a *intelligentsia* católica só falava com muita reverência "dos pensadores marxistas".

Permitam-me essa digressão histórica: no imediato pós-guerra, o comunismo ateu infiltrou-se com sucesso na Itália, Portugal e França, ao passo que os países islâmicos do Sul e os países protestantes do Norte opunham-lhe uma barragem passiva e impermeável.

Quanto ao protestantismo, a Igreja do século 19 via-o ressurgir na forma inesperada do espiritismo, aliás condenado pelas igrejas da Reforma. Roma viu em Kardec, batizado católico, mas criado na Helvécia, um aliado de Calvino e Lutero. De fato, havia no sr. Rivail um pouco de Calvino no rigor da linguagem, do pensamento e no seu estilo de vida, na firmeza dos seus conhecimentos gerais, teológicos e bíblicos, na sua rigorosa honestidade intelectual, mas a comparação para por aí. Kardec era fundamentalmente tolerante e generoso, não teria enviado seus adversários à fogueira. Era um *bon-vivant*, apreciava os prazeres inocentes, uma mesa fina, a sociedade das senhoras, a música e belos espetáculos. A comunidade Ségur que sonhava estabelecer em nada se assemelharia à seita dos Amish, esses menonitas americanos, cristalizados na austeridade e na virtude, e que pretendem viver e se vestir como no século da Reforma, ignorando rádio, televisão e até mesmo o telefone.

No que diz respeito a Lutero, o Rabelais germânico, o sr. Rivail, homem bem educado, rejeitava seus desvios de conduta e de linguagem. Ele não teria enganado sua Amélie como o fazia Lutero com sua Catherine; ele não teria tratado a Santa Igreja católica apostólica e romana de grande Babilônia, mãe de todos os vícios, grande focinho, meretriz das meretrizes.

Na realidade, os reformadores não tinham ido bastante longe em seu trabalho de limpeza. Sua artilharia não tinha derrubado a velha nave de são Pedro que, sob os papas renascentistas pouco edificantes, fazia água por toda parte. Apenas estava calafetada e, graças a eles, tinha partido de novo freneticamente levada pelos ventos fortes. Kardec foi muito além de *"Lutin e Calvaire"* (duende e calvário) (conforme o trocadilho involuntário do inefável pastor Babut, famoso por seus lapsos). Sr. Rivail, novo Arius, rejeitava a igualdade total de Jesus com o Pai e acima de tudo o pecado original, a predestinação e as decisões dos primeiros concílios conservadas pelos protestantes.

kardecismo foi um retorno, não para eles, mas para os cristãos antes de Niceia (ano 325).

Nos séculos 20 e 21, a Igreja tem um novo desafio, vindo diretamente do espiritismo e das doutrinas orientais: a reencarnação, a qual recoloca tudo em questão. Marie Stanley está certa quando fala em seu livro de "novo caso Galileia".

Sob o Segundo Império, o clero que não tinha essas preocupações se enfureceu contra os protestantes com a mesma virulência que contra os espíritas. Eram confundidos e condenados sob o mesmo anátema. Em uma catequese de perseverança da diocese de Langres, foi feita uma instrução sobre o espiritismo e dada como assunto a ser tratado pelos alunos. Dizia-se o seguinte:

> O espiritismo é obra do diabo que o inventou, é entrar em relação direta com o demônio. Superstição diabólica! Muitas vezes, Deus permite essas coisas para reanimar a fé dos fiéis. O diabo faz de conta que é bom, que é santo e cita palavras das Escrituras sagradas. Tertuliano, que viveu no século 2, nos diz que fazer falar as mesas é a essência da idolatria. Tais operações satânicas eram raras em certos países cristãos, e hoje são muito comuns. Mostrou-se o poder do diabo em toda sua glória com o aparecimento do protestantismo. O espiritismo nasceu na América, em uma família protestante chamada Fox. O demônio apareceu primeiro com golpes que os acordavam de repente, e finalmente impacientes com o barulho procuraram o que poderia ser. Foi assim que a filha do sr. Fox começou a dizer um dia: 'Bate aqui', 'bate lá', e se batia onde ela queria.

> Sempre a excitação contra os protestantes! [indignava-se Kardec]. Assim, crianças eram educadas pela religião no ódio contra alguns dos seus concidadãos, muitas vezes contra membros de sua própria família! Felizmente, o espírito de tolerância que prevalece em nossa época faz um contrapeso; sem isso, iriam renovar-se as cenas sangrentas dos séculos passados.

O espiritismo, essa heresia, tornou-se rapidamente vulgar [retomava o bispo de Langres]. Contou logo com 500 mil adeptos. Espíritos invisíveis procuravam fazer todo tipo de coisas. Ao simples pedido de um indivíduo, mesas carregadas de centenas de libras moviam-se; mãos sem corpos eram vistas. Após os acontecimentos na América, entrou na França pela Espanha. O espírito maligno foi forçado por Deus e os anjos disseram que era o diabo; que não leve em suas armadilhas as pessoas honestas.

O espiritismo penetra na França pela Península Ibérica! Isso é o cúmulo, o cúmulo da ignorância e da tolice!

Um século depois, o concílio do Vaticano II, liderado por João XXIII e seu sucessor, dois papas liberais e de grande cultura, admitia observadores protestantes, inclusive o teólogo alsaciano Oscar Cullmann, amigo pessoal de Paulo VI, pouco conhecido.

De volta aos anos de 1860, estamos em Roma, sob o reino de Pio IX, o papa reacionário e intransigente, autor da encíclica *Quanta Cura* (1864), à qual é anexado o *Syllabus*, verdadeira turnê mundial dos "erros contemporâneos" em oitenta propostas.

Não é de surpreender que, naquele ano, Daniel Home foi convocado pela polícia pontifical, a qual estava interessada em 1795 no infeliz Cagliostro, morto em suas prisões sinistras, descritas por Stendhal em *Vanina Vanini*.

O médium passou por um interrogatório que ficou gravado em suas notas pessoais.

– Depois de vossa conversão ao catolicismo, sr. Home, tendes exercido vosso poder de médium?
– Nem depois nem antes exerci esse poder, porque, como não depende da minha vontade, não posso dizer que o exerço.
– Considerais esse poder como um dom da Natureza?
– Considero-o como um dom de Deus.

Muito bem falado, mas o que pôde levar o médium escocês a se jogar vivo na boca da loba romana? Allan Kardec deu a explicação a essa imprudência:

> O sr. Home não é rico, e não teme dizer que deve procurar no trabalho um suplemento de recursos para prover os encargos aos quais deve recorrer. Pensou em procurar no talento natural que tem pela escultura, e foi para se aperfeiçoar nesta arte que foi a Roma. Com a notável faculdade medianímica que possui, poderia ser rico, muito rico mesmo, se tivesse querido explorá-la; a mediocridade de sua posição é a melhor resposta ao epíteto de hábil charlatão que se lhe lançou à face. Mas ele sabe que essa faculdade lhe foi dada com um objetivo providencial, para os interesses de uma causa santa, e acreditaria cometer um sacrilégio se a convertesse em ofício. Ele tem demasiadamente o sentimento dos deveres que ela lhe impõe para não compreender que os Espíritos se manifestam pela vontade de Deus para conduzir os homens à fé na vida futura, e não para fazer demonstração de um espetáculo de curiosidades.

Foi o que Daniel Home declarou ao oficial de polícia pontifical, que continuou:

> – Que religião os espíritos ensinam?
> – Isso depende dos espíritos que atraem. Atraem-se apenas os espíritos que se assemelham.
> – Que fazeis para fazê-los vir?
> Respondi que não fazia nada; mas, no mesmo instante, pancadas repetidas e distintas se fizeram ouvir sobre a mesa onde meu interrogador escrevia.
> – Mas também fazeis as mesas se moverem? – disse-me. No mesmo instante a mesa se pôs em movimento.

Pouco impressionado por esses fenômenos, o chefe da polícia convidou "o mágico" a deixar Roma em três dias.

Abrigando-se o sr. Home, como era seu direito, sob a proteção das leis internacionais, contou o caso ao cônsul da Inglaterra, que obteve de sua santidade que o novo católico não fosse perturbado e que poderia continuar sua permanência em Roma, desde que pensasse em se abster, durante esse tempo, de toda comunicação com o mundo espiritual.

Daniel Home acedeu a essa condição e assinou o compromisso que lhe foi pedido.

Como podia comprometer-se a não usar de um poder cujo exercício era independente de sua vontade?

No *Syllabus* de Pio IX está incluído *A vida de Jesus*, de Renan. Em 1843, no seminário de Saint-Sulpice, um jovem de vinte anos vivia atormentado pelas suas primeiras dúvidas sobre a divindade do Cristo. Em 1862, no auge das honras, foi nomeado professor no Collège de France, mas causou um escândalo já em sua primeira aula, chamando o Cristo de "um homem incomparável". De imediato, viu seu curso ser suprimido. Seu amigo, o príncipe Napoleão, filho do ex-rei Jerome, protestou em voz alta ao seu primo imperial, que no fundo tinha a mesma opinião, mas ninguém se atrevia a ir contra a arquidiocese de Paris.

Quanto a Renan, assina e persiste publicando *A vida de Jesus*, em que trabalhava quando fez sua viagem arqueológica na Síria. Naquela ocasião estava com sua irmã Henriette, sua inspiradora e secretária, que ia ser levada pelas febres.

Grande admirador de Renan, Kardec reproduziu na sua revista a dedicatória tão comovente que o biógrafo do Cristo endereçou à alma de Henriette, que morreu em Byblos, em 24 de setembro de 1861.

> Lembras-te, do seio de Deus onde repousas, dessas longas jornadas de Ghazir, onde, só contigo, eu escrevia essas páginas inspiradas pelos lugares que acabávamos de percorrer? Silenciosa ao meu lado, relias cada folha e recopiavas tão logo escrita, enquanto que o mar, as aldeias, os barrancos, as montanhas se desenrolavam aos nossos pés. Quando a acabrunhante luz havia sido substituída pelo inumerável exército de

estrelas, tuas perguntas finas e delicadas, tuas dúvidas discretas me levavam ao objeto sublime de nossos pensamentos comuns. Tu me dizias um dia que este livro tu o amarias, primeiro porque fora feito contigo, e também porque te agradava. Se temias, às vezes, por ele, os estreitos julgamentos do homem frívolo, estavas sempre persuadida de que as almas verdadeiramente religiosas acabariam gostando dele. Em meio a essas doces meditações, a morte nos atingiu a ambos com a sua asa; o sono da febre nos tomou na mesma hora; despertei só!... Tu dormes ainda na terra de Adonis, junto da santa Byblos e das águas sagradas onde as mulheres dos mistérios antigos vinham misturar suas lágrimas. Revela-me, ó bom gênio, a mim que amavas, estas verdades que dominam a morte, impedem o medo e fazem quase amá-la.

Há mais do que uma semelhança entre a amizade amorosa de Henriette pelo seu irmão e a tranquila e constante paixão de Amélie Gabrielle pelo seu marido e a obra dele. Sinto-me levado a emprestar essas palavras que, em sua longa viuvez, ela deve ter pronunciado:
"Allan, querido, lembras-te, do coração de Deus onde repousas desses longos entardeceres em Paris, onde, sozinha contigo, eu transcrevia tuas páginas inspiradas? Silenciosa ao teu lado, eu relia cada folha que recopiava tão logo escrita. Se temias, às vezes, por teus livros, os estreitos julgamentos e as calúnias, estive sempre persuadida de que as almas verdadeiramente religiosas acabariam por gostar e encontrar-se neles. Em meio a nossa colaboração tão doce, a morte te atingiu, somente a ti, de repente, na minha ausência. Por quê? Porque saí aquela manhã? Encontrei-me destruída, arrasada, privada de mim mesma.

"Volta! Fala comigo! Continua a revelar-me, a mim que amava, as grandes verdades que dominam a morte, que impedem o medo e fazem quase amá-la."

No seu impulso para Deus, Kardec orientava-se para um misticismo racional, sem, no entanto, tomar-se por um messias, nem pensar em fundar uma religião nova, embora a sua doutrina, tão conforme ao ensino do Cristo, traga todos os elementos para isso.

Muitos leitores lamentaram o fato de não terem encontrado na coletânea de preces do seu livro uma especial para a manhã e outra para a noite. Por isso, ele fez observar que as orações contidas nesse livro não constituíam um formulário que, para ser completo, deveria conter um número muito maior. Faziam parte das comunicações dadas pelos espíritos, que foram juntadas por ele ao capítulo consagrado ao exame da oração, como ele tinha acrescentado a cada um dos outros capítulos as comunicações que podiam ser relacionadas.

Omitindo intencionalmente as orações da manhã e da noite, Kardec certamente quis evitar dar à sua obra um caráter litúrgico, deixando apenas aquelas que tinham uma relação mais direta com o espiritismo, podendo cada pessoa encontrar outras no seu culto particular.

Mais uma vez, ele mostrou tolerância e abertura de espírito. Duas virtudes que faltavam totalmente ao novo bispo de Barcelona, haja vista a seguinte carta vinda da Espanha:

> Caro mestre,
> Tomo a liberdade de vos dirigir a nova ordenação que o mons. Pantaleone, bispo de Barcelona, acaba de publicar no jornal *El Diário de Barcelona*, de 31 de julho. Como podereis notá-lo, quis caminhar sobre as marcas de seu predecessor. Para mim, espírita sincero, perdoo-lhe os palavrões que nos dirige, mas não posso me impedir de pensar que poderia empregar a ciência que possui de maneira mais aproveitável para o bem da fé e de seus semelhantes. Para não citar senão um exemplo, temos, a cada instante, o espetáculo desses abomináveis cursos de toureiro, nos quais os pobres cavalos, depois de terem dispensado sua existência ao serviço do homem, vêm morrer desventrados nessas tristes arenas, à maior alegria de uma população ávida de sangue e cujos jogos bárbaros desenvolvem os maus instintos.

O correspondente catalão havia escrito previamente a dom Pantaleone:

> A tourada! Essa vergonha nacional, eis contra o que deveríeis fulminar, monsenhor, e não contra o espiritismo que vos conduz, cada

> dia, ao redil as ovelhas que havíeis perdido; porque eu, que creio sinceramente em Deus, que reconheço a sua grandeza nos menores detalhes da Natureza, antes de ser espírita, não podia me aproximar de uma igreja, tanto aos meus olhos havia dessemelhança entre aqueles que se dizem os representantes de Deus sobre a Terra e essa grande figura do Cristo, que o *Evangelho* nos mostra todo amor e abnegação.

E o discípulo de Kardec anexou a sua carta o texto e a tradução do mandamento do bispo Pantaleone Monserrat y Navarro. Esse mandamento derramava a mesma onda de maldições e de imprecações que o do seu antecessor, mas reconhecia indiretamente o extraordinário sucesso do espiritismo na Espanha:

> Foi assim que se chegou a criar uma religião que, renovando os desvios e as aberrações do paganismo, ameaça levar a sociedade ávida de maravilhoso à loucura, à extravagância e ao cinismo mais imundo.
>
> Eis ainda um príncipe da Igreja [escreve Kardec] que proclama, num ato oficial, que o espiritismo é uma religião que se cria. É aqui o caso de repetir o que já dissemos a respeito: Se jamais o espiritismo se tornar uma religião, foi a Igreja que, a primeira, ter-lhe-á dado a ideia. Em todos os casos, essa religião nova, se tanto é que seja uma, se afastaria do paganismo pelo fato capital de que ela não admite um inferno localizado, com penas materiais, ao passo que o inferno da igreja, com suas chamas, suas forcas, suas caldeiras, seus pregos pontudos que rasgam os condenados, e seus diabos que atiçam o fogo, é uma cópia ampliada do Tártaro greco-latino.
> O espiritismo não admite tampouco que seja uma felicidade para os eleitos levantar a tampa das caldeiras para ver nelas ferver os condenados, seja talvez um pai, uma mãe ou um filho.

De fato, Tomás de Aquino diz que a felicidade dos bem-aventurados aumenta os sofrimentos dos amaldiçoados, especialmente se forem membros de sua família.

"O espiritismo", retoma Kardec, "não admite tampouco que Deus se compraza em ouvir, durante a eternidade, os gritos de desespero de suas criaturas, sem ser tocado das lágrimas daqueles que se arrependem."

Em maio de 1864, na cidade de Bordeaux, o grupo de Saint-Jean recebeu por intermédio do sr. Rui uma mensagem sobre *O Evangelho segundo o espiritismo*, divulgado em livrarias:

> É uma luz muito brilhante que vem clarear o vosso caminho. Há dezoito séculos eu vim, por ordem de meu Pai, trazer a palavra de Deus aos homens de boa vontade. Esta palavra foi esquecida pela maioria, e a incredulidade, o materialismo, vieram abafar o bom grão que eu tinha depositado sobre vossa Terra. Hoje, por ordem do Eterno, os bons Espíritos, seus mensageiros, vêm sobre todos os pontos do globo fazer ouvir a trombeta retumbante. Escutai suas vozes; são aquelas destinadas a vos mostrar o caminho que conduz aos pés do Pai celeste. Sede dóceis aos seus ensinos; os tempos preditos são chegados; todos as profecias serão cumpridas. Provas e expiações, eis a condição do homem sobre a Terra. Expiação do passado, provas para fortalecê-los contra a tentação, para desenvolver o espírito pela atividade da luta, habituá-lo a dominar a matéria e prepará-lo para os gozos puros que o esperam no mundo dos Espíritos. Há várias moradas na casa de meu Pai, eu lhes disse, há dezoito séculos. Estas palavras, o espiritismo veio fazer compreendê-las. E vós, meus bem-amados, trabalhadores que suportais o ardor do dia, que credes ter a vos lamentar da injustiça da sorte, bendizei vossos sofrimentos; agradecei a Deus que vos dá os meios de quitar as dívidas do passado; orai, não dos lábios, mas do vosso coração melhorado para vir tomar, na casa de meu Pai, a melhor morada; porque os grandes serão rebaixados; mas, vós o sabeis, os pequenos e os humildes serão elevados.
>
> O Espírito de Verdade

> *Nota de Kardec:* Sabe-se que tomamos tanto menos a responsabilidade dos nomes quanto pertençam a seres mais elevados. Nós não garantimos mais essa assinatura do que muitas outras. Diremos, no

entanto, que não se pode nela desconhecer a elevação do pensamento, a nobreza e a simplicidade das expressões, a sobriedade da linguagem, a ausência de todo supérfluo.

Observação do seu biógrafo: "Pagas as suas dívidas do passado", vejo apontar a orelha do lobo reencarnacionista, que se introduziu sorrateiramente no curral crístico. Havia sob o Segundo Império tantas mensagens assinadas Jesus quanto hoje em dia. Kardec não se deixava enganar e concluía assim o seu artigo: "vimos massas assinadas com este nome venerado, ou o de *Jesus,* cuja prolixidade, verborragia, vulgaridade, às vezes mesmo a trivialidade das ideias, traem a origem apócrifa aos olhos com menos discernimento."

Esse texto está na página 400, a última da *Revista Espírita* de dezembro de 1864. No final da página, fala-se da subscrição em prol dos queimados de Limoges. Um ato semelhante foi feito para as vítimas de Rouen.

19. O resgate do sucesso

Por volta de abril de 1868, Allan Kardec adoeceu por excesso de trabalho. O espírito dr. Demeure, seu amigo, veio avisá-lo:

– Vossa doença atual não é senão o resultado de um gasto incessante de forças vitais que não deixa ao organismo o tempo de se refazer e de um aquecimento do sangue produzido pela absoluta falta de repouso. Nós vos sustentamos, sem dúvida, mas com a condição de não desfazerdes o que fazemos. De que serve correr? Não vos disseram muitas vezes que cada coisa viria a seu tempo e que os Espíritos prepostos ao movimento das ideias saberiam fazer surgir circunstâncias favoráveis quando chegasse o momento de agir?

– Bom senhor Demeure – respondeu Allan Kardec –, eu vos agradeço os sábios conselhos. Graças à resolução que tomei de obter ajuda, salvo nos casos excepcionais, a correspondência ordinária pouco sofre agora e não sofrerá mais no futuro. Mas o que fazer com esse atraso de mais de quinhentas cartas que, a despeito de minha boa vontade, não consigo pôr em dia?

O *spirit doctor* receitou-lhe amigavelmente passá-las em bloco à conta de lucros e perdas, e não desperdiçar mais o seu capital de saúde. Kardec tentou seguir essa sugestão, mas mesmo restringindo as respostas, o peso da correspondência era para ele cada vez mais intolerável. Muitos eram aqueles que lhe enviavam mensagens que pareciam aos seus olhos como tantas sublimes revelações, mas eram apenas platitudes, obviedades, banalidades.

Alguns tinham pretensões ridículas. Por exemplo, um ingênuo, muito crédulo, que se acreditava iludido por um médium assalariado, e que pedira a Allan Kardec, "seu irmão em Deus", que o "entregasse à justiça dos homens, à espera que fosse punido pela de Deus".

Kardec se recusou:

> *Lamento que você tenha podido pensar que eu serviria, no que quer que seja, a seus desejos vingativos, tomando providências para levar os culpados à justiça. Você se equivoca singularmente sobre meu papel, meu caráter e minha compreensão dos verdadeiros interesses do espiritismo. Se você é realmente, como você o diz, meu irmão em Deus, creia-me, implore sua clemência e não sua cólera; porque aquele que chama essa cólera sobre outro corre o risco de fazê-la cair sobre si mesmo.*

Kardec constatava mais uma vez que ele tinha mais dificuldades com os seus adeptos do que com seus inimigos declarados:

> *É um fato constante que o espiritismo é mais entravado pelos que o compreendem mal do que pelos que absolutamente não o compreendem. E é de notar que os que o compreendem mal geralmente têm pretensão de compreendê-lo melhor que os outros. Não é raro ver noviços que, ao cabo de alguns meses, querem ultrapassar os que têm por si a experiência adquirida em estudos sérios.*

Oh, caro Kardec, quanta verdade!

Sobre sua enorme mesa descia já o voo dos corvos que, entre 1940 e 1944, atingiria um desenvolvimento geral. Seu colaborador Pierre-Gaëtan Leymarie lembra: "As cartas anônimas, as traições, os insultos e a difamação sistemática perseguiam esse homem laborioso, esse gênio benfazejo, e lhe abriam, moralmente, feridas incuráveis."

No dia 12 de junho de 1856, o Espírito de Verdade já advertira Kardec, quando ele lhe fez a seguinte pergunta:

> – Quais são as causas que me poderiam fazer fracassar? Seria a insuficiência das minhas aptidões?
>
> – Não [respondeu o Espírito de Verdade], mas a missão dos reformadores é cheia de escolhos e perigos; a tua é rude; previno-te, porque é ao mundo inteiro que se trata de agitar e de transformar. Não creias que te seja suficiente publicar um livro, dois livros, dez livros, e ficares tranquilamente em tua casa; não, é preciso te mostrares no conflito; contra ti se açularão terríveis ódios, implacáveis inimigos tramarão a tua perda; estarás exposto à calúnia, à traição, mesmo daqueles que te parecerão mais dedicados; as tuas melhores instruções serão impugnadas e desnaturadas; sucumbirás mais de uma vez ao peso da fadiga; em uma palavra, é uma luta quase constante que terás de sustentar com o sacrifício do teu repouso, da tua tranquilidade, da tua saúde e mesmo da tua vida, porque tu não viverás muito tempo.

A médium que recebeu esse texto era Aline C..., sua querida Aline – em outra oportunidade falaremos dela, quando tratarmos da frase: "Traição, até mesmo daqueles que te parecem os mais dedicados."

"Tu não viverás muito tempo". Kardec também tinha essa impressão, e de vez em quando se perguntava se seria possível fazer tudo.

> Segundo a minha maneira de apreciar as coisas, calculava eu que ainda me faltavam cerca de dez anos para a conclusão dos meus trabalhos; mas a ninguém falara disso. Achei-me, pois, muito surpreendido, ao receber de um dos meus correspondentes de Limoges uma comunicação dada espontaneamente, em que o Espírito, falando de meus trabalhos, dizia que dez anos se passariam antes que eu os terminasse. Perguntei-lhe:

– Como é que um Espírito, comunicando-se em Limoges, aonde nunca fui, pôde dizer precisamente o que eu pensava acerca da duração dos meus trabalhos?

O Espírito de Verdade respondeu:

– Nós sabemos o que te resta a fazer e, por conseguinte, o tempo aproximado de que precisas para acabar a tua tarefa. É, portanto, muito natural que alguns Espíritos o tenham dito em Limoges e algures, para darem uma ideia da amplitude da coisa, pelo trabalho que exige. Entretanto, não é absoluto o prazo de dez anos; pode ser prolongado por alguns mais, em virtude de circunstâncias imprevistas e independentes da tua vontade.

A mensagem foi do dia 24 de janeiro de 1860. Em 10 de junho do mesmo ano, o Espírito de Verdade confirmava-o através da srta. Schmidt:

Não permanecerás longo tempo entre nós. Terás que volver à Terra para concluir a tua missão, que não podes terminar nesta existência. Se fosse possível, absolutamente não sairias daí; mas é preciso que se cumpra a lei da natureza. Ausentar-te-ás por alguns anos e, quando voltares, será em condições que te permitam trabalhar desde cedo. Entretanto, há trabalhos que convém os acabes antes de partires; por isso, dar-te-emos o tempo que for necessário a concluí-los.

"Estarás exposto à calúnia", disse, em 12 de junho de 1856, a mensagem verdadeira enviada por uma pessoa que não era a pequena Aline. A previsão do Espírito de Verdade revelou-se terrivelmente exata. No dia 1º de janeiro de 1867, Allan Kardec observou com melancolia:

[...] dez anos e meio depois que esta comunicação me foi dada, e verifico que ela se realizou em todos os pontos, porque experimentei todas as vicissitudes que nela me foram anunciadas. Tenho sido alvo do ódio de implacáveis inimigos, da injúria, da calúnia, da inveja e do ciúme; têm sido publicados contra mim infames libelos; as minhas melhores instruções têm sido desnaturadas; tenho sido traído.

Sempre tivemos do que viver, minha esposa e eu, muito modestamente, é verdade, mas o que teria sido pouco para certa gente nos bastava, graças a nossos gostos e hábitos de ordem e economia. À nossa pequena renda vinha juntar-se, como suplemento, o produto das obras que publiquei antes do espiritismo e o de um modesto emprego, que me vi forçado a deixar quando os trabalhos da doutrina absorveram todo o meu tempo.

Na propriedade que possuo [a Villa Ségur, onde ele pretendia se aposentar], e que me fica como saldo daquilo que a má-fé não me pôde arrancar, podíamos viver tranquilamente e longe da agitação dos negócios. Tirando-me da obscuridade, o espiritismo veio lançar-me em novo caminho; em pouco tempo vi-me arrastado num movimento que estava longe de prever. Quando concebi a ideia de O livro dos espíritos, minha intenção era não me pôr em evidência e ficar desconhecido; mas, prontamente ultrapassado, isto não me foi possível: tive de renunciar aos meus gostos de insulamento, sob pena de abdicar da obra empreendida e que crescia prodigiosamente; foi preciso seguir seu impulso e tomar-lhe as rédeas.

Fi-lo por meu próprio impulso, e minha mulher, que nem é mais ambiciosa, nem mais interesseira do que eu, concordou plenamente com meus pontos de vista e me secundou em minha tarefa laboriosa, como o faz ainda, por um trabalho muitas vezes acima de suas forças, sacrificando sem pesar os prazeres e distrações do mundo, aos quais sua posição de família a tinha habituado.

Se meu nome tem agora alguma popularidade, seguramente não fui eu que o procurei, pois é notório que nem a devo à propaganda, nem à camaradagem da imprensa, e que jamais aproveitei de minha posição e de minhas relações para me lançar no mundo, quando isto me teria sido fácil. Mas, à medida que a obra crescia, um horizonte mais vasto se desdobrava à minha frente, recuando os seus limites; compreendi então a imensidão de minha tarefa e a importância do trabalho que me restava fazer para completá-la. Longe de me apavorarem, as dificuldades e os obstáculos redobraram minha energia; vi o objetivo e resolvi atingi-lo com a assistência dos Espíritos bons. Sentia que não tinha tempo a perder e não o perdi nem em visitas inúteis, nem em cerimônias ociosas; foi a obra de minha vida: a ela dei todo o meu tempo, sacrifiquei meu repouso, minha saúde.

Embora o francês clássico pouco tenha mudado nesse meio tempo, duas palavras devem ser traduzidas: propaganda = publicidade; camaradagem da imprensa = favoritismo, instituição cujo papel tem crescido constantemente nos círculos literários e políticos.

Kardec disse que a SPES (Sociedade Parisiense de Estudos Espíritas) tinha-se revelado como um foco de intrigas e calúnias que conspirava contra o casal, mas, em contrapartida, tinha uma sólida rede de amizades.

Em primeiro lugar, o sr. Pierre-Paul Didier (1800-1865), seu editor, fundador da Livraria acadêmica que levava seu nome, a qual foi assumida por Eugénie Perrin em 1884, tornando-se a Livraria acadêmica Perrin, que editou *Os grandes iniciados* (*Les grands initiés*), de Edouard Schuré.[31] O sr. Didier imprimia a 14ª edição de *O livro dos espíritos*, quando de repente ele morreu, em dezembro de 1865. Um plumitivo escreveu sobre o assunto: "O pobre homem deve saber agora o que pensar das doutrinas do sr. Allan Kardec".

Quanto ao sr. Dufaux, pai de Ermance, ele estava sempre lá, sempre pronto quando se tratava de servir e beneficiar Kardec com as boas relações que mantinha com o prefeito de polícia e diversas autoridades.

Outro que sempre foi um amigo, Maurice Lachâtre introduziu o espiritismo em seu *Novo Dicionário universal*, de modo que o Codificador, como é chamado por nossos amigos brasileiros, tomava lugar ao lado das maiores personalidades do século: Arago, Becquerel, Chateaubriand, Cuvier, Gay-Lussac, Guizot, Lamartine, Michelet, Raspail.

Lachâtre, o Diderot do século 19, confiou a Kardec a elaboração de todos os itens metafísicos, que foi para ele um acréscimo de trabalho, mas realizou essa tarefa com alegria e de graça.

---
[31] E, em 1987, *A Europa dos médiuns e dos iniciados*, de Jean Prieur.

Maurice Lachâtre (1814-1900) era um personagem dos mais insólitos. Entusiasta fervoroso de *O livro dos espíritos*, era também um escritor com ideias avançadas que passava com razão por comunista. Próximo a Cabet, que tentou organizar uma cidade socialista ideal no Texas e depois no Illinois, mas que morreu desesperado com seu fracasso, Lachâtre adotou em seguida as ideias de Proudhon sobre a propriedade, rejeitando ao mesmo tempo sua fórmula blasfema: "Deus é o mal". Depois, adotou as de Emile de Girardin sobre a plena emancipação da mulher e as do revolucionário profissional Blanqui, que passou sua vida tumultuada em conspirações, rebeliões, ataques, detenções, aprisionamentos, evasões, e terminou como diretor de um jornal de extrema-esquerda: *Nem Deus nem soberano* (*Ni Dieu ni maître*).

Mas Lachâtre era deísta como Voltaire e Rousseau, e espírita como Kardec e Jean Reynaud. De uma erudição prodigiosa, ele publicou em 1843 uma *História dos papas* na qual não foi muito cordial com os *muitíssimos santos padres* sucessivos. Sob o império autoritário, foi condenado em 1856 à prisão por ter publicado a primeira versão do seu *Dicionário universal* (*Dictionnaire universel*), assim como *Os mistérios do povo* (*Les Mystères du peuple*) de Eugène Sue. Após a sua libertação, retirou-se em Barcelona, abriu uma livraria, difundiu as obras espíritas e atraiu, como se sabe, a ira do bispo da cidade. Após o auto-de-fé de 1861, ele permaneceu na cidade, retornando a Paris somente após a queda de Napoleão III.[32]

Naturalmente, entusiasmou-se com a Comuna, escreveu artigos incendiários no jornal *O Vingador* (*Le Vengeur*) de Félix Pyat, mais uma vez condenado pelos versalheses, novamente teve de se refugiar no exterior. Voltou a Paris após a anistia concedida aos comuneiros, reabriu a editora e publicou em 1880 uma *História da inquisição*, onde acertou contas com essa instituição tenaz.

O bom burguês Kardec e o revolucionário sem gravata eram antípodas; no entanto, eram unidos por uma profunda e recíproca admiração.

---

[32] Lachâtre retomou à Paris em 1864, permanecendo na França até 1870, quando irrompe a Comuna de Paris. A fortíssima repressão à Comuna, com ordem expressa para seu assassinato, o obrigou a se refugiar no exterior novamente.

Outro amigo de longa data era Camille Flammarion (1842-1925). Sem aderir totalmente ao espiritismo, ele era grato a Kardec pelo acolhimento a braços abertos que havia reservado à publicação da sua primeira obra. Recordou esse fato em 1869, quando ele pronunciou o elogio fúnebre do velho druida:

> Foste o primeiro, oh! mestre e amigo! foste o primeiro a dar, desde o princípio da minha carreira astronômica, testemunho de viva simpatia às minhas deduções relativas à existência das humanidades celestes, pois, tomando do livro sobre a *Pluralidade dos mundos habitados*, o puseste imediatamente na base do edifício doutrinário com que sonhavas.

Levado pelo fogo da inspiração, o superdotado, como se diz hoje em dia, embora tão raros, ele publicou, um após o outro, no mesmo ano de 1865, *Os mundos imaginários e os mundos reais* e *As maravilhas celestiais*, e, em 1867, *Deus na natureza*.

Resumo o artigo que Kardec consagrou a este livro capital.

"Nesse trabalho o autor procedeu da mesma maneira que na sua *Pluralidade dos mundos habitados*, colocando-se no próprio terreno de seus adversários. Se tivesse haurido seus argumentos na teologia, no espiritismo ou em doutrinas espiritualistas quaisquer, teria estabelecido premissas que seriam rejeitadas. É por isso que toma a dos negadores e demonstra, pelos próprios fatos, que se chega a uma conclusão diametralmente oposta; não se perde nas nuvens da metafísica, do subjetivo e do objetivo, nas argúcias da dialética; fica no terreno do positivismo; combate os ateus com suas próprias armas. Tomando um a um os seus argumentos, ele os destrói com o auxílio da mesma ciência que invocam. Não se apoia na opinião dos homens; sua autoridade é a natureza e aí mostra Deus em tudo e por toda parte."

Léon Denis (1846-1927), como Flammarion, tinha dezessete anos quando descobriu *O livro dos espíritos*, que viria a transformar o seu pensamento e sua vida.

Imediatamente, comprei o livro e entreguei-me com avidez à leitura. Nele encontrei a solução clara, completa, lógica, acerca do problema universal. Minha convicção tornou-se firme. A teoria espírita dissipou minha indiferença e minhas dúvidas.

Léon Denis era originário do leste da França, como Flammarion. Como ele, tinha tido uma adolescência dura, conheceu a vida difícil dos aprendizes daquele tempo, trabalhando primeiro na Casa de Fundição de Moedas de Bordeaux, em uma oficina de decapagem ao lado do pai, em seguida na fábrica de cerâmica da cidade de Saint-Pierre-des-Corps, onde carregava os sacos cheios de cerâmicas nos dias em que eram esvaziados os fornos; depois, em uma casa comercial, onde trabalhou na escrituração, o que não o impediu de carrear peles nas horas de aperto.

"Obrigado a ganhar o pão dos meus velhos pais e meu, passei muitas noites estudando para completar meus poucos conhecimentos, daí a origem do enfraquecimento prematuro da minha vista."

O jovem autodidata morava em Tours quando, em 1867, Allan Kardec foi dar uma palestra naquela cidade. Encontraram-se duas vezes depois disso: primeiro, em Paris, no apartamento da *rue* Sainte-Anne, e a segunda em Bonneval, onde o Mestre deu uma palestra para os grupos de Eure-et-Loir e do Loir-et-Cher.

Após sua passagem em Tours foi formado, com o sr. Rebondin e o sr. Aguzoly, o Grupo da Rua do Cisne, do qual o jovem Denis se tornou o secretário. Com honestidade, reconhece que, no início, os fenômenos foram bastante medíocres, tanto nas mensagens escritas quanto nas manifestações físicas, e houve até casos de obsessão.

"Aprendi aí", escreveu ele, "como é perigoso entregar-se às experiências espíritas sem preparação, sem proteção eficaz, e esses exemplos tornaram-me prevenido em tais assuntos."

Alexandre Delanne e sua esposa, Marie-Alexandrine, foram também valiosos auxiliares. Aderiram ao espiritismo em circunstâncias que deviam repetir-se para muitas outras pessoas.

Enquanto Marie-Alexandrine dirigia em Paris a loja deles de artigos de higiene, Alexandre percorria a França como caixeiro-viajante.

Um domingo, no café do Grand Balcon, em Caen, surpreendeu uma conversa entre dois desconhecidos: falavam de espíritos e de suas intervenções no mundo dos vivos. Alexandre interveio e lançou as brincadeiras habituais. Longe de ficar zangado, um deles fez-lhe um breve histórico da questão e o ensinou que um pensador, o sr. Kardec, havia fundado em Paris uma sociedade que estudava esses fenômenos. E o aconselhou a ler *O livro dos espíritos*.

Foi o que fez em seu retorno, e o livro produziu nele e em sua esposa o mesmo encantamento experimentado por Camille Flammarion e Léon Denis.

Os Delanne apresentaram-se na passagem Sainte-Anne e foram convidados a participar de uma reunião da sociedade recém-fundada. Ambos se perguntavam se tinham o dom da mediunidade.

> A exemplo do Mestre [escreveu Alexandre Delanne mais tarde], dirigimos uma oração curta, mas fervorosa, ao Ser supremo. Sentados, minha esposa e eu, um lápis posto sobre uma folha de papel branco, esperamos, ansiosos e cheios de emoção, que o Espírito quisesse bem manifestar-se. De repente, ó maravilha, a mão da minha mulher agita-se.
>
> Movida por uma força invisível, traçou rapidamente linhas em ziguezague e palavras mal esboçadas, através das quais, no entanto, três muito legíveis, resplandeciam diante dos nossos olhos espantados:
>
> – Acreditem! Rezem! Esperem!

Ambos revelaram-se médiuns de alto nível que foram logo acompanhados pelo seu filho, Gabriel. Tornou-se este último, como Léon Denis, um discípulo entusiasmado do Mestre e fez uma carreira notável de experimentador e de escritor espiritualista, além de uma carreira de engenheiro.

Foi Gabriel Delanne (1857-1927) quem melhor resumiu a ação de Allan Kardec, o que fez em sete propostas:

– Substituir a fé cega numa vida futura pela certeza inabalável que resulta de constatações científicas;

– Fazer penetrar a luz da observação e mesmo a experimentação num domínio reservado até então às obscuras e intermináveis discussões filosóficas;
– Quebrar os velhos moldes de pensamento;
– Infundir sangue novo ao antigo espiritualismo;
– Renovar completamente a psicologia;
– Indicar-lhe uma via nova e fecunda, reservando muito mais confiança à observação do que à teoria;
– Preparar a colheita mais rica de novos conhecimentos dos últimos dois mil anos.

As amizades femininas não faltaram ao Mestre, mas mais do que um rosto bonito, era a inteligência que ele prezava. Ele gostava particularmente da srta. Anna Blackwell, a sua tradutora inglesa e boa médium. Além disso, deixou-nos o melhor retrato que temos dele:

> Allan Kardec era de estatura um pouco abaixo da média. Compleição forte, com uma cabeça grande, redonda e maciça, feições bem marcadas, olhos pardos, claros, mais se assemelhando a um alemão do que a um francês. Enérgico e perseverante, mas de temperamento calmo, cauteloso e não imaginoso até a frieza, incrédulo por natureza e por educação, pensador seguro e lógico, e eminentemente prático no pensamento e na ação. Era igualmente emancipado de qualquer misticismo e entusiasmo.

Farei observar a *miss* Blackwell que a grande cabeça redonda maciça que chamou sua atenção não é a dos germanos, mas de bretões e de celtas. O druida Allan Kardec tinha renascido em Léon Rivail com a mesma morfologia. Quanto ao retrato mental, é ainda mais exato que o retrato físico. As palavras: "cauteloso, refletido, preciso, lógico, prático" caracterizam-no perfeitamente. Como o termo "entusiasmado" significava naquela época fantasioso, delirante, esquisito, extravagante, um pouco louco, é bom ser desprovido de entusiasmo. Swedenborg também desconfiava dos espíritos "entusiásticos", deste mundo ou do outro.

Para Pierre-Gaëtan Leymarie (1827-1901), que foi o assistente e o sucessor imediato de Allan Kardec,[33] além da sua "compleição forte", ele tinha "uma constituição para viver cem anos". Mas acrescenta que foi menos prejudicado pelo trabalho que pelos desgostos incessantes causados pelos seus adversários e falsos amigos; atacado e insultado abertamente por alguns, decepcionado e traído por outros.

Enraivecidos e ciumentos acusavam-no de enriquecer à custa da Sociedade Espírita, e dói ver o pobre grande homem forçado a prestar contas:

> Acusam-me de desfrutar do aluguel da Sociedade; saliento que conservei meu próprio apartamento. Se moro na sede, é para estar mais perto do meu trabalho. Quanto às despesas das viagens? São pagas pelos adeptos. Se pude visitar em seis semanas vinte cidades e participar de cinquenta reuniões, foi graças aos lucros de meus livros.

Quando ele dizia "meus livros", estava se referindo, naturalmente, a *O livro dos espíritos* e *O livro dos médiuns*, cujas reedições sucediam-se rapidamente, e também às suas obras escolares que o Ministério da Educação Pública, como se dizia então, utilizou até o final do século 19, dado o seu valor pedagógico e seu estilo impecável.

Também foi acusado de vender seus livros de espiritualidade. Ele replicou com bom senso: "Para aqueles que têm perguntado por que nós vendemos nossos livros em vez de dá-los gratuitamente, respondemos que o faríamos se tivéssemos encontrado uma gráfica para imprimi-los por nada."

E acrescento: supondo que exista um dia tal gráfica, mesmo assim os livros teriam de ser pagos, porque as pessoas desprezam o que é gratuito; de acordo com elas, o que é dado por nada é menos do que nada. O que não custa nada não vale nada.

Allan Kardec praticava o voluntariado mais e melhor do que qualquer outra pessoa. Na época em que era professor na escola Levy-Alvarez, Léon Rivail havia aberto em seu apartamento cursos gratuitos de física, química, anatomia comparada, astronomia.

---

[33] Dirigiu a Sociedade Anônima para a Continuação das Obras de Allan Kardec.

Ousava-se criticar seu conforto burguês, "fruto do labor de toda sua vida e da sábia economia de sua esposa". Então, perdia a paciência: "O produto do meu trabalho pertence a minha esposa e a mim. Nós fazemos o que queremos e não temos de nos justificar."

No entanto, fazia-o mesmo assim! "Qualquer um que tenha visto outrora o interior de nossa casa e veja-o hoje pode atestar que nada mudou na maneira como vivemos. Onde está nossa escolta? E nossos castelos? E nossos empregados?"

Às fofocas e às acusações estúpidas, ele se opunha com bondade e dignidade, mas esses ataques faziam-no cruelmente sofrer e apressaram o seu fim.

20. A controvérsia de Barcelona

Recorde-se que, apesar do arrependimento no 'purgatório' do bispo de Barcelona, que havia ordenado o auto-de-fé de 1861, seu sucessor, dom Pantaleão, publicou uma ordem muito severa contra a nova doutrina.

Kardec publicou a tradução dessa ordem e acrescentou observações que podem ser encontradas em itálico.

Dom Pantaleão: Nós, dom Pantaleão Monserrat e Navarro, pela graça de Deus e da Santa Sé apostólica, bispo de Barcelona, cavaleiro grande cruz da Ordem americana de Isabel a Católica, e do Conselho de Sua Majestade, aos nossos amados e fiéis diocesanos.

A geração atual se vê obrigada a assistir a esse triste espetáculo que nos dão hoje os povos mais avançados em ciência e em civilização. Os Estados Unidos da América, essa nação chamada modelo, e algumas partes da França, compreendendo a colônia de Argel, empenham-se, há algum tempo, no estudo ridículo e na aplicação do espiritismo, que vem, sob esse nome, ressuscitar as antigas práticas da necromancia pela evocação dos Espíritos invisíveis, que são consultados para descobrir os segredos ocultos sob o véu estendido por Deus entre o tempo e a eternidade.

Allan Kardec: *Se fosse repreensível ter relações com os Espíritos, seria preciso que a Igreja impedisse estes de virem sem ser chamados; por-*

que é notório que há uma multidão de manifestações espontâneas entre as próprias pessoas que nunca ouviram falar de espiritismo. Como as senhoritas Fox, nos Estados Unidos, foram postas no caminho das evocações, se isso não foi pelos Espíritos que vieram se manifestar a elas, ao passo que nem pensavam nisso?

Por que esses Espíritos deixaram seu lugar que lhes estava assinalado além do túmulo? Foi com ou sem a permissão de Deus?

O espiritismo não saiu do cérebro de um homem como um sistema filosófico criado pela imaginação; se os próprios Espíritos não tivessem se manifestado, não teria havido espiritismo.

D.P.: O Espírito das trevas toma os homens por joguete e por instrumento de seus maus desígnios, servindo-se de sua vaidade, de sua credulidade, de sua presunção para fazerem de si mesmos os propagadores e os apóstolos do que riram na véspera, do que qualificam de invenção quimérica e de espantalho para as almas fracas.

A verdadeira fé, a doutrina do cristianismo e o ensino constante da Igreja têm sempre reprovado a prática dessas evocações que levam a crer que o homem tem sobre os Espíritos um poder que não pertence senão unicamente a Deus. "Não está no poder de um mortal que as almas separadas dos corpos depois da morte lhe revelem os segredos que cobrem o véu do futuro." (Mt 16,4)

[Jean Prieur] Permita-me dar meu palpite e entrar com cento e quarenta anos de atraso nesta controvérsia ainda de atualidade. "Um mortal", "almas separadas", "o véu do futuro", esse vocabulário nunca pertenceu ao estilo evangélico e estou surpreso que Kardec, conhecedor das Escrituras, ao contrário do prelado espanhol, não o tenha visto. Na realidade, em Mateus 16,4 pode-se ler: "Uma geração má e adúltera pede um sinal, e nenhum sinal lhe será dado, senão o sinal do profeta Jonas. E, deixando-os, retirou-se." A citação era completamente errada.

A.K.: *O espiritismo diz também que não é dado aos Espíritos revelar o futuro, e condena formalmente o emprego das comunicações de além-túmulo como meio de adivinhação; diz que os Espíritos vêm para nos instruir e nos melhorar, e não para nos dizer a sorte; diz, além disso, que nada pode constranger os Espíritos a virem e a falarem quando não o querem. É uma calúnia pretender que o espiritismo pratica a necromancia.*

[J.P.] Que é condenada pelos mensageiros crísticos do século 20.

D.P.: Se a sabedoria divina tivesse julgado útil à felicidade do gênero humano instruí-lo sobre as relações entre o mundo dos Espíritos e o dos seres corpóreos, ela no-lo teria revelado de maneira a que nenhum mortal pudesse ser enganado em suas comunicações; teria nos ensinado um meio para reconhecer quando nos tivessem dito a verdade, ou insinuado o erro, e não nos teria abandonado à luz da razão, que tem um brilho bem fraco para descobrir essas regiões que se estendem além da morte.

A.K.: *Uma vez que Deus permite hoje que essas relações existam – pois é preciso admitir que nada chega sem a permissão de Deus –, é que ele julga útil à felicidade dos homens, a fim de lhes dar a prova da vida futura, na qual há tantos que não creem mais. O número sempre crescente de incrédulos prova que só a Igreja é impotente para retê-los no redil. Por isso, Deus lhe envia auxiliares.*

[J.P.] Isto é ainda mais verdadeiro no século 20 do que era no século 19. Trazemos para o moinho das igrejas uma água (no caso, a água da vida eterna) que rejeitam com desprezo todo ecumênico.

D.P.: Quando, pois, um miserável mortal desviado por sua imaginação pretende nos dar novidade sobre a sorte das almas no outro mundo; quando homens de visão curta têm a audácia de querer revelar à humanidade e ao indivíduo sua destinação indefectível no futuro, usurpam um poder que pertence unicamente a Deus.

A.K.: *Vós negais, pois, as predições de Jesus, uma vez que não reconheceis no que chega o cumprimento do que ele anunciou. Que significam estas palavras: "Derramarei o Espírito sobre toda a carne; vossas mulheres e vossas filhas profetizarão, vossos filhos terão visões e vossos velhos terão sonhos?"*

[J.P.] Perdoe-me, meu caro Kardec, mas desta vez é você quem está enganado. Não foi Jesus quem disse isso, mas Pedro, no primeiro Pentecostes (At 2,17). Ele citava o profeta Joel. Quanto ao senhor, don Pantaleão, dada vossa formação, teria cometido o mesmo erro.

D.P.: Os espíritas desprezam os artigos de nosso símbolo, como os ensina a Igreja, quiseram substituí-los por outros que os anulem, admitindo uma imortalidade da alma, um purgatório e um inferno muito diferentes daqueles que nos ensina nossa fé católica.

[J.P.] Hoje em dia, alguns padres e pastores dizem que a imortalidade da alma é um mito platônico.

A.K.: *O espiritismo não admite um inferno onde há chamas, tridentes e lâminas de navalha. Não admite que Deus seja ainda mais cruel do que esse tirano que fez construir um respiradouro ligando os calabouços de seu palácio ao seu quarto de dormir para se dar o prazer de ouvir o gemido de suas vítimas. Não admite, tampouco, que a suprema felicidade consiste numa contemplação perpétua, que seria uma inutilidade perpétua, nem que Deus haja criado as almas para não lhes dar senão alguns anos ou alguns dias de existência ativa, e mergulhá-las em seguida, pela eternidade, nas torturas ou numa inútil beatitude. Se estiver aí a pedra angular do edifício, a Igreja tem razão de temer as ideias novas; não é com tais crenças que fechará o abismo escancarado da incredulidade.*

[J.P.] A igreja atual não fala mais de tridentes e chamas.

D.P.: Com isso, como o disse muito a propósito o sábio bispo de Argel, tudo que puderam fazer os incrédulos foi mudar de face para arrastar essa porção de crentes, cuja fé simples e pouco esclarecida é fácil a se prestar a tudo o que é extraordinário e, ao mesmo tempo, de conseguir opor um novo obstáculo à conversão de outras almas amortalhadas na indiferença religiosa.

A.K: *Eis uma coisa bem singular! É o espiritismo que impede a Igreja de converter as almas amortalhadas na indiferença religiosa; mas, então, por que não as converteu antes do aparecimento do espiritismo? Ele é, pois, mais poderoso do que a Igreja? Se os indiferentes se ligam a ele de preferência, é que, aparentemente, o que ele dá lhes convém mais.*

D.P.: A fim de que os homens de pouca fé não se escandalizem lendo as doutrinas de O livro dos espíritos, e não creiam, um único instante, que elas estão em harmonia com todos os cultos e todas as crenças, aí compreendida a fé católica, assim como o pretende Allan Kardec, lembramo-los de que as Escrituras santas as condenam como loucura, dizendo pela boca do Eclesiastes: "As adivinhações, os augúrios e os sonhos são coisas vãs, todas as vezes que não forem enviados pelo Mais Alto."

[J.P.] Não encontrei esse versículo.[34] O certo é que as Escrituras em sua totalidade nos alertam justamente contra as adivinhações, os presságios e os sonhos. Mas pelo amor de Deus, dom Pantaleão, não cite esse livro materialista, onde encontramos o seguinte: "O destino dos filhos do homem e o destino dos animais é o mesmo. A morte de um é como a morte de outro: ambos têm o mesmo fôlego. A vantagem do homem sobre a besta é nula, pois tudo é vaidade. Tudo vai para o mesmo lugar. Tudo vem do pó e retorna ao pó."[35]

Nós dizemos: Tudo vem da luz e retorna à luz. Mas seria demasiado longo explicá-lo ao senhor. O Eclesiastes, esse livro sartriano, contradiz tudo que é anunciado por Jesus sobre a vida eterna. Portanto, como o senhor pode argumentar que a Bíblia é inspirada em todas as suas partes e que é totalmente a Palavra de Deus?

D.P.: Esse desejo exagerado de tudo conhecer por meios ridículos e reprovados não é outro senão o fruto dessa necessidade, desse vazio que o homem sente quando rejeitou tudo o que lhe foi proposto como verdade pela sua soberana: Igreja infalível.

[J.P.] A Igreja infalível enganou-se sobre Kardec, assim como sobre Lutero, Giordano Bruno, Galileu e Darwin. Ela tem sempre uma guerra de atraso.

A.K.: *Se o que essa "soberana infalível" propõe como verdade é demonstrado ser errado pelas observações da ciência, é culpa do homem se a repele? Por acaso, a Igreja era infalível quando condenava às penas eternas aqueles que acreditavam no movimento da Terra e nos antípo-*

---

[34] Jean Prieur não encontrou o texto porque a referência está errada. Em vez de Eclesiastes, é Eclesiástico 34,5-7.
[35] O texto de Eclesiastes 3,18-20 citado por Jean Prieur pode ser interpretado de maneira bem diferente. O fôlego, o sopro, o ar são frequentemente utilizados em diversos textos da Bíblia com o sentido de espírito. Portanto, o texto pode apenas estar confirmando a existência da contraparte espiritual em relação ao corpo físico. Os animais têm também um corpo espiritual e sua desencarnação se processa como a do homem. Dessa maneira, por que o homem se julgaria superior aos animais?

das? Quando ela condena, ainda hoje, aqueles que creem que a Terra não foi formada em seis vezes vinte e quatro horas? Para que a Igreja fosse acreditada sob palavra, seria preciso que ela não ensinasse nada que pudesse ser desmentido pelos fatos.

[J.P.] Roma, invariavelmente, do lado do erro, ensinou sucessivamente o geocentrismo, que vai com o antropocentrismo insensato, condenou Copérnico e seu sucessor, queimou vivo o estudioso Bruno, que tinha descoberto a pluralidade dos mundos, rejeitou a evolução biológica e a origem animal do corpo humano. Deu o ano 4004 a.C. como data da criação do mundo. Note-se que o mesmo ocorre com aqueles do outro lado do oceano. O ensino da evolução é proibido em alguns estados dos EUA dominados pelos protestantes fundamentalistas. Por lá também os espíritas são tratados de visionários quando não de satanistas. O ecumenismo da ignorância e da intolerância é realizado.

D.P.: Podemos considerar como visionários aqueles que, abandonando a verdade e dando ouvidos às fábulas, querem que se escutem como revelações os caprichos, os sonhos fantásticos de sua imaginação em delírio. São Paulo, escrevendo a Timóteo, alerta-o contra tudo isso, ele e as gerações futuras (I Tm 4,7). O apóstolo já pressentia, dezoito séculos antes, o que à nossa época a incredulidade deveria oferecer para encher com alguma coisa o vazio que deixa na alma a ausência da fé.

[J.P.] Monsenhor, como eu sou cauteloso com suas citações bíblicas, tive a curiosidade de procurar 1 Tm 4,7. Eis o que diz: "Quanto às fábulas profanas, esses contos extravagantes de comadres, rejeitam-nas." Contos de comadres, isso faz pensar na fábula da serpente e da maçã ou em Josué parando o Sol. Agora é com você, Kardec!

A.K.: *Com efeito, a incredulidade é a praga da nossa época; deixa na alma um vazio imenso; por que, pois, a Igreja não a combate? Por que não pode ela reter os fiéis na fé? Os meios materiais e espirituais não lhe faltam, no entanto; não tem imensas riquezas, um inumerável exército de pregadores, a instrução religiosa da juventude?*

[J.P.] Sob o Segundo Império, o catolicismo era a religião do estado.

A.K.: *Se seus argumentos não triunfam sobre a incredulidade, é, pois, que não são bastante peremptórios. O espiritismo não vai sobre seus destroços:*

ele faz o que ela não faz, dirige-se àqueles em que é impotente em trazê-los de volta a Deus e consegue dando-lhes a fé em sua alma e na vida futura.

Que se diria de um médico que, não podendo curar um doente, se opusesse a que ele aceitasse os cuidados de outro médico que poderia salvá-lo?

É verdade que não preconiza um culto às expensas do outro, que não lança o anátema a ninguém, porque é portador de uma palavra de união, à qual todos podem responder: "Fora da caridade não há salvação", que vem fazer cessar os antagonismos religiosos, que fizeram derramar mais sangue do que as guerras de conquistas.

D.P.: Depois de ter tentado a adivinhação, o sonambulismo pelo magnetismo animal, sem ter podido obter outra coisa senão a reprovação de todo homem sensato; depois de ter visto caírem em descrédito as mesas girantes, desenterraram o cadáver infecto desse espiritismo com os absurdos da transmigração das almas.

[J.P.] Dom Pantaleão, você se perde. Tire, por favor, a palavra infecto ou vou fazê-lo respirar o cheiro das prisões da inquisição e o odor das carnes queimadas de suas *fiestas* a que vinham respirar com prazer suas majestades muito católicas. Mais uma vez, está atacando o adversário errado, o único homem que havia apresentado um conceito aceitável da reencarnação que vem afirmar-se em religião rival. Eis um desafio para os seus sucessores desde que o Ocidente tornou-se uma terra de missão para o Oriente. Você vai ver, você vai sentir falta de Lutero e Calvino, pois com esses dois estava brigando no mesmo terreno. Ao contrário, o reencarnacionismo derruba todo o edifício, começando com a redenção.

Mas os 'reencatólicos', como Mary Stanley, nem parecem notá-lo. Esta cara amiga, formada pelas freiras na região do Aveyron, que conta com o maior número de religiosos por hectare, tem grande mérito, nunca conta sua vida, nem mesmo a anterior. Ela não foi a grande sacerdotisa de Ísis na dinastia XXII, não era próxima de Diane de Poitiers. Ela não tem o ego inchado dos figurinistas e atores (que se acham grandes diante das costureiras pequenas).

Allan Kardec só entrou em reencarnação, como dizem entrar em religião, após ter sido persuadido por uma mensagem cuja essência era a seguinte: "Viveste a época céltica. Eras um druida, teu nome era Allan Kardec, este nome doravante será teu." Tratava-se de uma encarnação com um propósito específico: reencontrar certos valores que corriam o risco de se perder.

De todas as comunicações que recebeu, Kardec, esse espírito lógico e didático, tirou as seguintes conclusões: a mente humana deve passar por várias existências, quer na Terra quer em outros mundos. O espírito tem sua individualidade antes da encarnação, conservá-la-á após a separação do corpo. Em seguida, encontrará a lembrança de todas as suas existências anteriores e poderá ver todo bem e todo mal que tem feito.

As diferentes existências são sempre uma fonte de progresso, podem estagnar, mas nunca retrogradar. A velocidade da evolução depende do progresso feito pelo homem para chegar à perfeição. A encarnação das almas ocorre sempre na espécie humana.

Seria um erro acreditar que possam encarnar-se no corpo de um animal. Isso seria uma regressão, uma degradação, pois o espírito nunca anda para trás. As almas não podem degenerar. O rio não volta à sua fonte.

À medida que progridem, os seres entendem o que os afasta da perfeição para a qual somos convidados por Jesus! "Sede perfeitos como vosso Pai celestial é perfeito!" Uma vez terminada uma prova, eles têm o conhecimento e não mais o esquecem.

Embora de todo errônea, a ideia ligada à metempsicose (que não deve ser confundida com a reencarnação) é a intuição profunda das diferentes existências do homem e de sua aspiração ao progresso.

A.K.: *Seja como for, a antiguidade e a universalidade da doutrina da metempsicose e, bem assim, a circunstância de a terem professado homens eminentes provam que o princípio da reencarnação se radica na própria natureza.*

[J.P.] Permita-me recordar-lhe, Mestre, que a antiguidade, a universalidade de uma doutrina e a celebridade dos homens que a professam não provam nada a seu favor. O geocentrismo e a terra plana eram conceitos incontestados durante milênios. Pessoas do melhor mundo eram convencidas disso.

A.K.: *Funda-se o dogma da reencarnação na justiça de Deus, pois um bom pai deixa sempre aberta a seus filhos uma porta para o arrependimento. Todos os Espíritos tendem para a perfeição e Deus lhes faculta os meios de alcançá-la, proporcionando-lhes as provações da vida corporal. Sua justiça, porém, lhes concede realizar, em novas existências, o que não puderam fazer ou concluir numa primeira prova. Se a sorte do homem se fixasse (como o ensina a igreja) irrevogavelmente depois da morte, não seria uma única a balança em que Deus pesa as ações de todas as criaturas e não haveria imparcialidade no tratamento que a todas dispensa.*

[J. P.] Em sua sabedoria, evita adequadamente especificar o número de sucessivas encarnações, não pretende que o Espírito se reencarne à perpetuidade. Sua teoria das vidas sucessivas é a única admissível, mas é uma pena que você não tenha considerado a reencarnação de misericórdia que eu esbocei em O mistério dos retornos eternos (Le Mystère des retours éternels, Robert Laffont, 1994). Quem me inspirou talvez tenha sido você.

A.K.: *Digo apenas: aquele que avança rapidamente poupa-se de muitas provas. Todavia, as encarnações sucessivas são sempre muito numerosas, porquanto o progresso é quase infinito.*

[J. P.] Progresso sem restrição nem reserva, crescimento ilimitado em todas as áreas, ó mito consolador, ó doce canção de ninar que encantou o século 19 e que o nosso sinistro século 20 encarregou-se de destruir. Quanto ao século 21, ele começa tão mal quanto possível.

A.K.: *Segundo os Espíritos com quem falei, a Terra é um dos planetas cujos habitantes são os menos adiantados, tanto física quanto moralmente.*

[J. P.] Pierre Monnier e Georges Morrannier dizem a mesma coisa. A história e os eventos atuais lhes deram repetidamente razão.

A.K.: *Os habitantes de Marte são ainda piores do que nós. Por outro lado, os de Vênus são mais avançados e os de Júpiter mais do que os de Saturno [sic]. Quanto ao Sol, não seria um mundo habitado por seres corpóreos, mas simplesmente um lugar de reunião dos Espíritos superiores [sic].*

[J. P.] É o que acreditavam os espíritos do seu século, que ignoravam, por exemplo, a existência de Plutão, descoberto em 1930. Mais bem informados do que eles, sabemos que [exceto a Terra] os planetas do Sistema Solar são desabitados e inabitáveis. As fotografias tiradas por sondas espaciais mostraram-nos globos onde qualquer vida é impossível. Devem ser repostas em outras galáxias suas expectativas de transmigração das almas.

A.K.: *Disse e repeti que os Espíritos não são oniscientes e que às vezes alguns homens sabem mais do que eles. Fui o primeiro a denunciar ignorantes, impostores e mentirosos do além.*

[J.P.] Também foi, ó Kardec, o primeiro a apresentar uma concepção inteligente da reencarnação. Além disso, é notável você nunca ter contado as suas vidas passadas que teriam ocorrido na Gália druídica.

Você não foi para a Bretanha em busca do seu passado. Ao contrário de tantas estrelas contemporâneas, você nunca alegou ter sido Petosiris ou Ramsés II. Nunca sucumbiu a essa doença tão comum hoje em dia, a faraonite.

Uma última coisa, eu gostaria de dizer isso a dom Pantaleão: é preciso falar de reencarnação quando se trata de volta à Terra na carne que nós conhecemos, e de transmigração das almas quando Deus decide nos enviar a um dos inúmeros orbes que povoam o universo. Pessoalmente, depois de ter percorrido todo o século 20, com exceção dos anos 1900-1914, a reencarnação me aterroriza. Eu vim, vi e consegui vencer. Mas o meu gosto pelas viagens ficaria bem acomodado com a transmigração das almas.[36]

D.P.: A transmigração das almas não é mais que reencarnação. Há apenas a ressurreição do corpo no fim dos tempos.

[J.P.] Em outras palavras, uma reencarnação geral e simultânea adiada ao dia de são Nunca ou, se formos literários, *"ad calendas græcas"*.

D.P.: O Cristo não falou em reencarnação.

[J.P.] Sim, monsenhor! Remeto-o a Mateus 17,12-13: "Mas eu vos digo que Elias já veio, eles não o reconheceram, e fizeram-lhe isso como eles queriam [...] Então entenderam os discípulos que lhes falara de João Batista."

---

[36] Jean Prieur, tendo completado cento e um anos de idade em 2015, utiliza o testemunho de sua longa existência para alertar sobre as grandes dificuldades e dores que ainda enfrentamos quando retornamos em nova encarnação na Terra em contraposição às facilidades que teríamos ao renascermos em orbes mais evoluídos.

Também em Mateus 11,14: E, se quereis compreender, é João que é o Elias que devia voltar. (*"Si vultis recipere, est Helias qui venturus est."*) Esse *"si vultis recipere"* deu-me a ideia da eventual reencarnação.

"Si vultis recipere" apela para a nossa liberdade. Podemos sempre responder: *"Non volo, non recipio"* (Não quero, não aceito), não quero fazer isso de novo.

Então, talvez, aquele que sonda os rins e os corações responderá: "Seja feito segundo a sua fé!"

No entanto, na predestinada igreja de Saint-Roch, que viria a ser a paróquia da sra. de Jouvenel, alguns padres, às escondidas, experimentavam o espiritismo. Por exemplo, o abade Langénieux, vigário, foi para a casa paroquial de Cideville, onde se produziram fatos espantosos. Foi em fevereiro de 1851, portanto, bem antes do surgimento do espiritismo.

Facas, escovas, breviários semeavam o terror na casa piedosa, voavam por uma janela e voltavam por outra. Pás e pinças saíam da casa para dançar a farândola. Martelos fendiam os ares como pássaros loucos.

Púlpitos enormes entrechocavam-se, enquanto uma nobre senhora se via levada por seu manto do portal ao altar.

Outro aristocrata, o sr. de Mirville, quis estabelecer um diálogo, à maneira das comunicações feitas pelas irmãs Fox: um golpe para 'sim', dois para 'não' e certo número de golpes para designar uma determinada letra do alfabeto.

O padre Langénieux pedia ao espírito invocado para lhe dizer todos os nomes de sua mãe e sua idade, e fatos da vida dela.

Ouvindo a resposta, ele notou que havia esquecido tudo. De volta a Paris, apressou-se em verificar os nomes e números anotados nos papéis da família. Constatou que as informações dadas pelo espírito eram corretas. Não se podia falar de leitura do pensamento (o que às vezes acontece durante o contato com o além), uma vez que teve um branco.

Algum tempo depois, outro padre, o vigário de Saint-Roch, fez girar as mesas e teve acesso a espíritos do astral inferior. Um se nomeava capelão Cherjean; aqui está o testemunho do vigário:

> Uma enorme mesa de pé-de-galo abalou-se... um espírito manifestou-se, deu o nome de Satanás, negou Deus, o céu e até o inferno. Mas o que me impressionou mais foi a experiência do banquinho. Até seis vezes coloquei num banquinho um rosário abençoado que não ficou parado de jeito nenhum.
>
> Dois dias depois, repetiram-se as mesmas coisas. Só que dessa vez, em vez de um rosário abençoado, tomei um pequeno crucifixo de prata; coloquei-o lá. Assim que tirei a mão, o crucifixo foi jogado ao chão. Pus novamente e, desta vez, o amigo e o médico que me acompanhavam seguraram o banquinho pelos pés e resistiram com força a seus choques convulsivos. No final, tivemos que nos render à potência oculta e ceder ao poder oculto, e o crucifixo foi rejeitado.

Uma entidade diabólica havia se arrojado. Kardec concorda nesse ponto com a Igreja e aponta sempre o perigo de invasão pelos espíritos malignos.

A Igreja romana do século 19 não se desarma, assim como a do século 20. Durante a Primeira Guerra Mundial, quando milhões de jovens, de todas as religiões e de todas as nacionalidades, foram lançados com violência num mundo desconhecido e assustador, suas famílias ansiosas tentavam por todos os meios alcançá-los, com ou sem médiuns. Foi então que surgiu o implacável, inflexível, desumano decreto do Santo Ofício:

> No dia 24 de abril de 1917, na sessão plenária, perguntou-se aos eminentíssimos e reverendíssimos senhores cardeais, inquisidores da fé e dos costumes, se era permitido com médiuns, como são chamados, ou sem médiuns, usando-se ou não o hipnotismo, assistir a qualquer evento espírita que seja, mesmo com um aspecto de honestidade e de devoção, mesmo com a afirmação, tácita ou explícita, de não querer nenhuma relação com espíritos malignos. Os eminentíssimos e reverendíssimos padres responderam que não sobre todos os pontos.

No dia 26 do mesmo mês, o papa Bento XV aprovou a resolução dos padres eminentes que lhe fora submetida.

Eminentíssimos e reverendíssimos senhores e santidade, realmente, com eles não se trata de ser modesto.

Um ano depois, com Pierre Monnier (1891-1915), surgiu uma nova forma de contato com os falecidos: a mensagem crística. Assim a chamei, porque vinha apenas das esferas evangélicas do mundo invisível. A mediunidade de efeitos espirituais substituía a mediunidade de efeitos físicos. Desta vez, nada de material, sem mesa, sem pêndulo, nem prancheta ou copo. Apenas uma mão, um lápis, papel, ou seja, o mínimo.

Sem grupo, nem médium. Somente duas pessoas estão presentes: a primeira é um espírito que toma a iniciativa ("Mãe, pega um lápis, escreve!"), a segunda, o escrevedor, também é um espírito, mas encarnado. Ambos estão unidos por um vínculo de amor e oração, é quase sempre o filho e a mãe, e foi o caso de Pedro e Cécile Monnier, de 1918 até 1937. Ambos eram protestantes, por isso, escaparam da jurisdição romana.

Mas o problema surgiu na geração seguinte, de 1946 até 1971, com Roland e Marcelle de Jouvenel, fiéis de Saint-Roch, igreja onde, durante sua vida, o adolescente apaixonado por Deus vinha orar em segredo; onde mais tarde seu espírito vinha juntar-se a sua mãe; onde seu corpo permaneceu por vinte e cinco anos.

Como ela era nora de Henri de Jouvenel, embaixador da França no Quirinal, perto do Vaticano, os fatos não podiam mais ser ignorados. Em 1950, *Em sintonia com o céu*, a primeira coleção de mensagens de Roland foi colocada na lista negra, mas logo um papa tolerante e místico, Paulo VI, suprimiu o dito anacronismo.

Ah! Dom Pantaleão, os tempos mudaram! Que feliz evolução! Como o Vaticano II está longe de você!

Infelizmente, o catecismo de 1992 ignora este aspecto da fé, a palavra 'corpo espiritual' não se encontra nele; ele ensina a ressurreição da carne no fim dos tempos. Isso deixa supor que a vida no além é vazia.

No entanto, João Paulo II, que o prefaciou, declarou no dia 28 de outubro de 1998, em audiência geral:

> Porém, não se deve pensar que a vida além da morte começa somente com a ressurreição final. Com efeito, ela é precedida pela condição especial em que se encontra, no momento da morte física, cada ser humano. Trata-se de uma fase intermediária em que, à decomposição do corpo, correspondem a sobrevivência e a subsistência de um elemento espiritual, que é dotado de consciência e vontade, de modo que o ego humano subsiste, embora faltando a esta etapa o complemento do seu corpo.

Esse elemento espiritual consciente é o ser sempre vivo em seu corpo sutil, indestrutível.

Em 2 de novembro de 1986, o mesmo João Paulo II disse à paróquia de Grotta Rossa em Roma:

> Temos a certeza de que há uma intensa participação de vida entre nós e os irmãos já chegados à glória celestial, ou que ainda estão sujeitos à purificação após a morte.

No seu pensamento, como no vocabulário, purificação é igual a purgatório.

Em 3 de julho de 1991, ele pronunciou estas palavras na frente de uma assembleia de fiéis:

> O itinerário terrestre tem um termo que, se alcançado na amizade de Deus, coincide com o primeiro momento da vida abençoada. Mesmo que a alma tenha de sujeitar-se, naquela passagem para o céu, à purificação das últimas escórias, mediante o purgatório, ela já está cheia de luz, de certeza, de alegria, porque ela sabe que pertence para sempre ao seu Deus.

É preciso lembrar-se desse termo *já* e desejar que palavras tão valiosas sejam pronunciadas não somente diante de algumas dezenas de pessoas, mas escritas numa encíclica universal.

21. Não creiam em qualquer espírito

"Para conseguir chamar a atenção da imperatriz, bastava falar de Allan Kardec diante dela", escreve Octave Aubry.[37]

O Jornal Espírita, revista do círculo Allan Kardec de Nancy, publicou na edição do mês de janeiro de 2001 uma mensagem recebida por um dos 'médiuns', que confirma a narrativa do historiador. Napoleão III recorda-se:

> Tivemos a oportunidade de viver na época extraordinária do nascimento do espiritismo na França. Eugénia e eu assistíamos com fervor às sessões espíritas, encontramos várias vezes o Mestre Allan Kardec. É difícil imaginar, no vosso século, a importância de um personagem que tinha então um milhão de seguidores no solo francês e cujas obras eram reeditadas anualmente. É difícil também entender o alcance, tanto filosófico quanto social, do movimento espírita no século 19.
>
> O druida Allan Kardec não concordava com a política praticada por mim e acusava-me de ter utilizado as urnas da República para restaurar o império, e ele estava certo. Eugénia sempre pensou que eu deveria abdicar, no que eu era também aconselhado pelos espíritos. Mas eu não quis seguir suas mensagens e, um ano após o falecimento de Allan Kardec, houve o drama de 1870 e o desastre de Sedan.

---
[37] Octave Aubry: *L'Impératrice Eugénie* (*A Imperatriz Eugénia*), Fayard, 1931.

Meu maior erro foi o exílio de Victor Hugo, que há muito tempo soube me dar seu perdão. Espero de todo coração que a França de hoje reencontre o impulso do seu século na renascença espírita e incentivo todos do meu jeito.

(9 de março de 1985, médium Michel Pantin.)

"Não creiam em qualquer espírito", como boa católica, Eugénia conhecia mal as Escrituras. A passagem da primeira epístola de João lhe teria poupado sérios reveses, trágicas imprudências. Aqui está em sua totalidade: "Caríssimos, não creiam em qualquer espírito! Mas examinem os espíritos para ver se eles procedem de Deus, porque muitos falsos profetas têm saído pelo mundo." (I João 4,1).

E esses falsos profetas vinham do astral.

Essa encíclica era dirigida às comunidades na província da Ásia, onde João, seu bispo que tinha passado de Patmos a Éfeso, tinha fixado a sua residência. Os cristãos do século 1 eram, como os contemporâneos de Kardec, muito atraídos pelas relações com o outro mundo, que abriga muitos falsos profetas como o nosso aqui na terra. Os apóstolos tinham que reagir contra os excessos, como a glossolalia.

Quando Paulo recomendou à geração anterior o discernimento dos espíritos (I Cor 12,10), não se tratava de psicologia prática, mas de cautela com as entidades do astral inferior, onde abundam sempre os mitomaníacos e os mentirosos.

Eugénia deveria saber disso. Mas será que tinha lido as obras oferecidas por Victorien Sardou? Será que tinha lido *O livro dos espíritos* e *O livro dos médiuns*, em que Kardec fez o esforço de colocar os leitores em guarda contra os impostores, fossem espíritos ou médiuns?

Será que Daniel Home deve ser classificado entre os falsos profetas? Ela não pensava assim; após o incidente de Biarritz, a imperatriz defendia Home apesar de tudo, e nunca deixou de lamentar seu afastamento, pois não lhe achava um sucessor e ficava muito chateada com isso. Mesmo assim, nunca teria ido incógnita para a *rue* Sainte-Anne com sua dama de companhia para levar às Tulherias qualquer médium. Supunha que o imperador havia ordenado a Kardec não recomendar ninguém. Por enquanto, tratava-se antes de tudo de se reconectar a sua irmã, já que se sentia muito afetada com seu desaparecimento.

Sua paixão pelo oculto irritava o meio-irmão do seu marido, o duque de Morny, filho natural de rainha Hortense e do conde de Flahaut, o próprio filho ilegítimo do bispo de Talleyrand. Ele disse com humor: "Eu sou filho da rainha, neto de um bispo, chamo meu irmão de *sire* e tudo isso é natural."

– Minha cara Eugénia, não entendo como você, uma boa católica, pode conciliar suas atividades espíritas com as exigências de sua fé.

– Os espíritos, senhor meu irmão, não são outros senão as almas dos homens que viveram neste mundo, e a religião não proíbe preocupar-se com eles, orar por eles, invocá-los ou deixá-los vir. Quantas vezes sua mãe manifestou-se a mim para dizer de sua preocupação com sua incredulidade! Tão logo, terá que lhe dar conta de seu mau comportamento. Você seria por acaso melhor católico que o bispo Bauer, meu diretor espiritual que nunca me reprendeu?

Morny expressou dúvidas sobre a ortodoxia do prelado, que teve uma carreira meteórica, passando destemidamente do judaísmo para a verdadeira fé, esperando a hora de se converter ao protestantismo e poder se casar.

Como acontece muito, os espíritos contatados por Eugénia eram todos da mesma opinião que ela, isto é, católicos, e até mesmo ultramontanos. Todos viam com despeito a ascensão das potências protestantes da Suécia e Noruega, da Prússia e do norte da Alemanha, dos Estados Unidos e da Inglaterra. Nações 'hereges' que ganhavam influência no mundo, enquanto o declínio atingia os países católicos latinos, inclusive a França, apesar dos dois suportes imperiais, o segundo dos quais terminaria ainda pior do que o primeiro.

De acordo com Eugénia e Luís Napoleão, incentivados por Morny, o grande pensamento do reinado era a expedição do México, destinada a colocar no trono vago Maximiliano de Habsburgo, cônjuge de Charlotte da Bélgica e irmão de François-Joseph, para fazer contrapeso à democracia puritana próspera do Novo Mundo.

Naquela época, de fato, os Estados Unidos eram 99% WASP, isto é, *white, anglo-saxon, protestant* (branco, anglo-saxão, protestante). A potência crescente não queria ver desembarcar na sua fronteira sul a velha Europa reacionária com seus imperadores de direito divino, seus sacerdotes e bispos.

Os mexicanos, finalmente liberados da colonização espanhola e da inquisição, tampouco se animavam com a ideia. Portanto, ficavam revoltados com a perspectiva de se submeter a um Habsburgo impulsionado por uma andaluza. Daí o sucesso de Juarez, que não teria conseguido a vitória final sobre os franco-austríacos se o presidente dos Estados Unidos não tivesse enviado a Napoleão III, um após outro, imperativos do tipo *dépêches*. 'Dépêche', até a guerra de 1914, significava 'telegrama', que eram (o fato é pouco conhecido) verdadeiros ultimatos: "Saiam do México, senão vamos interferir"!

Não era mais questão de diplomacia de cortesias excessivas, de reverências, de frases com duplo sentido e de sorrisos hipócritas. O último texto era dos mais claros: "Evacuem, reembarquem imediatamente, caso contrário, é a guerra." O imperador teve que se submeter. O século 20 com sua brutalidade entrava em cena: foi precursor da Guerra do Suez em 1956, da Guerra do Golfo de 1991, complementada pela Guerra do Iraque em 2003.

Lembremos que a imperatriz havia consultado as mesas antes de sugerir ao marido para se envolver na Guerra da Crimeia. Os senhores espíritos haviam prometido uma vitória rápida e fácil. Isso não aconteceu: a expedição, já vimos, foi um desastre. Isso não impediu Eugénia de recomeçar, a partir de 1862, e levar Luís Napoleão na aventura mexicana... antes de empurrá-lo na catástrofe da Prússia. Quem foi o médium? Home? Certamente não! O imperador não poderia perdoá-lo por ter anunciado que o príncipe imperial nunca subiria ao trono. De fato, não foi ele quem reinou sobre os franceses, mas uma criança da região do Pas-de-Calais, nascida como ele em 1856, um pequeno camponês chamado Philippe Pétain.

Uma noite nas Tulherias, depois de muitas entidades extravagantes, manifestou-se um espírito verdadeiro: o marquês de La Fayette, morto em 1834, que foi conciso e profético. "A América", disse ele, "não vai tolerar a invasão do México... A América vai dominar o mundo... Como vocês procuraram... Vocês ficarão ajoelhados diante dela...".

Aquilo foi muito bem visto e previsto.

Eugénia não quis escutar a advertência e respondeu ao general de guerra: "Nossas tropas vão sair de qualquer maneira. Nós colocaremos no trono do México a princesa Charlotte da Bélgica e o arquiduque Maximiliano, o que irá selar a nossa reconciliação com a Áustria. Maximiliano será nosso vassalo e não poderá nos recusar nada."

Então La Fayette repetiu a Eugénia o que havia dito a Maria Antonieta: "Eu vos adverti". Mas Luís Napoleão não tinha nada a negar a sua esposa, pois existia desde o nascimento do príncipe imperial, entre ela e ele, um acordo tácito, pois dormiam em quartos separados, e ela tolerava suas amantes, desde que discretas; por sua vez, ele a deixaria em compensação interessar-se e até mesmo participar dos assuntos do Estado.

O imperador tinha um *hobby*: a história. Em 1866, ele publicou um livro intitulado *Vida de César*, que não posso julgar, pois não o li. Suponho que se trata de uma obra honrosa, uma vez que, para sua documentação, recorreu a eruditos do outro lado do Reno. Quando jovem, ele fez brilhantes estudos no ginásio de Augsburg, apreciava os alemães e falava muito bem a língua deles.

Como estavam desde 1860 sob o império liberal, seus oponentes puderam ridicularizá-lo à vontade e evocaram com desdém uma compilação arqueológica da qual teria participado todo o instituto.

Kardec não mencionou o livro em sua *Revista Espírita*. Não se poderá acusá-lo de ter cortejado o poder em vigor. Em contrapartida, o acadêmico Didier, que outrora fez parte do grupo dos quatro com Sardou, espalhou-se em louvores hiperbólicos:

> *Sire*, o respeito me impede de expressar minha admiração por este grande monumento literário erguido pelo segundo Augusto ao primeiro César. *Sire*, o estilo da *Vida de César*, um estilo em que César

reconheceria sua nitidez e precisão, é próprio para nos trazer de volta ao bom gosto, mostrando que a bela linguagem vem de pensamentos fortes. *Sire*, vosso livro é uma obra de arte das mais notáveis; também é o trabalho de um profundo pensador. O autor de *Vida de César* era o único em estado e condição de prestar este serviço à ciência.

Mas é Saint-René Taillandier que tem a palma de ouro dos elogios:

Sire, a minha admiração não estava enganada. Que grande livro! Que elevada simplicidade! Quanta convicção!... Leio e releio essas páginas tão belas... as últimas são de rara beleza. Não tenho a arte de lisonjear (sic), mas estou feliz de admirar, o coração aberto, tudo que é grande. Vossa majestade falou de César no estilo de César; que Deus atribua sempre a vossa majestade a glória, a sabedoria e a prosperidade em todas as coisas!

Tudo isso foi uma ilusão: a expedição mexicana foi uma falência desastrosa: a França perdeu nela seu prestígio, suas finanças, seus soldados e legionários; a batalha de Camarone foi um combate dessa guerra. A prosperidade da qual falava Saint-René Taillandier não era para todos, pois era galopante a miséria nas grandes cidades, e em especial nas regiões de mineração, que estava do tamanho do *Germinal* de Zola.

Luís Napoleão não fechava os olhos para a dureza das condições de trabalho; não foi ele que em 1864 concedeu o direito de greve aos trabalhadores? Um direito atribuído às vezes às três revoluções, 1789, 1830, 1848, às vezes à III República. Boa pergunta para o jogo da TV chamado de *O jogo de Mil Euros*, onde se ouviu isso em 2001:

– Jovem, pode me dizer qual soberano sucedeu a Napoleão I?
– Bonaparte!

Aquele que escrevia no estilo de César não havia escrito um dia um livro sobre a *Extinção do pauperismo*? "Somente após nove horas da noite", acrescentavam os zombadores na época. Eles zombavam também das boas obras da imperatriz, do seu orçamento de caridade e das suas fundações religiosas, tão necessárias numa época em que não existia o menor seguro de saúde. Como ela era generosa e sincera, sofreu muito por isso.

Luís Napoleão compreendia o problema social, encarava a imensidade da tarefa, sentia a urgência, mas ele não estava mais em condições de assumi-lo. Diminuído pelos excessos carnais e a doença da bexiga, tratava-se provavelmente de um câncer causado pelo tabagismo. Ele envelheceu precocemente e já não era capaz de realizar um trabalho contínuo.

Se os espíritos consultados pela sua mulher não tinham previsto o desastre de 1870, aqueles dos círculos de Kardec eram mais lúcidos. Os correspondentes da província tinham enviado mensagens dramáticas ao Mestre. Algumas eram vagas e podiam aplicar-se tanto a ele quanto a qualquer circunstância. Outras, muito raras, anunciavam a guerra e a derrota, mas o diretor da *Revista Espírita* não podia comunicá-las.

No entanto, visto do lado de fora, o Segundo Império ia bem.

A Exposição Universal de 1867, para celebrar o progresso da ciência e da indústria, brilhou em toda a sua glória. Edificada no Champ-de-Mars e na ilha de Billancourt, atraiu dez milhões de visitantes.

Sessenta e dois soberanos da Europa acorreram a Paris; o casal imperial acolheu-os com magnificência no castelo de Saint-Cloud.

Entre eles, o czar Alexandre II, que quase foi vítima de um ataque (veja o filme *Katia*) ao lado de Napoleão III; o sultão da Turquia, cercado por suas esposas; o rei da Prússia, Guilherme I, acompanhado de seu primeiro-ministro Otto von Bismarck, e de seu neto, uma criança encantadora de oito anos, o futuro Guilherme II; Ismail Paxá, quediva do Egito que trabalhou na conclusão do Canal de Suez, o qual a imperatriz iria inaugurar dois anos depois; Francisco José, imperador da Áustria, cuja esposa Elizabeth recusou-se a participar das festividades de 1867, pois não podia perdoar o casal imperial por ter abandonado seu cunhado Maximiliano.

No ano da Exposição Universal, Abd el-Kader, quando estava viajando na França, visitou Luís Napoleão, que, em setembro de 1852, abriu-lhe as portas do castelo de Amboise, onde estava em prisão domiciliar, atribuindo-lhe uma pensão muito generosa e a possibilidade de instalar-se na Turquia.

Desde a sua viagem muito bem sucedida na Argélia, o imperador, que admirava o Islã, sonhava com um reino árabe para o emir, sob protetorado francês, estendendo-se de Argel até Bagdá. Mas ele havia renunciado a qualquer forma de poder pessoal. Sonhava, como o Profeta no início, em unificar os filhos de Abraão na mesma fé. A *Revista Espírita* fala em detalhes da visita que o imã Effendi, grande capelão do sultão, fez ao bispo Chigi, núncio apostólico, bem como ao arcebispo de Paris.

O Segundo Império estava no auge, parecia exceder em prestígio o primeiro e já o tinha superado em duração. Três anos depois, o desastre de 1870, seguido pela Comuna, as Tulherias estão em chamas e Paris come ratos.

A mesma situação em 1937 com a Exposição Internacional das Artes e Técnicas, um evento grandioso em que os países europeus ainda se apresentavam juntos, onde a França parecia sempre ao zênite.

Três anos mais tarde: o desastre, a derrota, e sobre o Palais-Bourbon uma enorme bandeira: *Paris ist in deutscher Hand* (Paris está nas mãos dos alemães).

Um astrólogo, Maurice Privat, em um livro publicado em 1939, previu: "1940 será para a França um ano de glória".

Em ambos os casos, o "país querido e velho" profundamente pacífico, mas sempre pronto a declarar guerra sem tê-la preparado, essa França imprudente foi puxar os bigodes do tigre alemão.

Em relação aos meses anteriores à guerra de 1870, a crédula Eugénia novamente deixou-se levar pelos faladores do astral. Mais uma vez, espíritos trapalhões e fúteis a mistificavam, assegurando-lhe que seria um jogo de criança acabar com Bismarck e a Prússia protestante, prometendo-lhe a aliança das potências católicas, sul da Alemanha,

Áustria e Itália. Foi exatamente o oposto que aconteceu: a primeira reuniu-se com o norte da Alemanha, a segunda não tinha motivos para se envolver em nosso favor, e a terceira alimentava rancores contra Napoleão III, por ter tomado o partido do papa e tê-la impedido de fazer de Roma a sua capital.

Aqui se impõe uma lembrança desses fatos incríveis: em 1859, os italianos aproveitaram a derrota da Áustria para ocupar os Estados pontifícios. Eles esmagaram, em Castelfidardo, o pequeno e folclórico exército papal comandado por um general francês.

Em 1864, Pio IX respondeu com o seu *Syllabus* o catálogo completo dos erros modernos: liberdade de consciência, protestantismo, socialismo, comunismo, espiritismo, evolução darwiniana. Para completar, proclama no dia 18 de julho de 1870 a infalibilidade papal, exatamente no momento em que estourava a guerra entre a França e a Alemanha.

Esvaziada pelas tropas de ocupação francesas, Roma foi imediatamente invadida pelo exército italiano, que tomou de assalto o Vaticano, temporariamente transformado em fortaleza.

Sua Santidade era defendida por um punhado de zuavos pontificais, corpo do exército criado à semelhança dos nossos zuavos. Eram voluntários recrutados nas grandes famílias francesas.

Comandado pelo barão de Charette, esses jovens piedosos das melhores famílias não usavam essas calças largas desaprovadas pela princesa Matilde (nunca se sabe o que eles pensam), nem chéchia ou turbante, mas o quepe. Após ter rezado o rosário, começaram corajosamente o combate durante quatro horas, sem resultado. Para evitar qualquer efusão de sangue, Pio IX ordenou a cessação das hostilidades, cedeu a força, renunciou ao poder mundano e permaneceu trancado em seu palácio. Em dezembro de 1870, o parlamento italiano, com sede em Florença, proclamou Roma como capital do reino da Itália. O corpo dos zuavos pontificais, exército de opereta criado em 1860 pelo general Lamoricière, devia naturalmente a sua existência a Eugénia.

Em vez de ouvir os espíritos, deveria ter ouvido as advertências de sua amiga Melanie Pourtalès, de volta de Berlim, onde pessoas importantes não faziam segredo de sua intenção de retomar sua Alsácia natal, afirmando: "Muito em breve, querida condessa, será nossa!"

Em 1870, Eugénia não estava sozinha em desejar uma guerra que levaria à abdicação (se não à morte) de Napoleão III e à chegada do príncipe imperial. Em Paris, animados, na certeza de não carregar as armas, desfilavam nas avenidas cantando "a Berlim, a Berlim!"

O próprio imperador, depressivo e com pedras no rim, não tinha vontade de lançar-se na aventura. Ele não tinha mais energia, mas Eugénia tinha por dois; no seu sonho tudo estava organizado, arrumado e previsto. Após a vitória prometida pelos espíritos, Luís Napoleão abdicaria por causa de problemas de saúde e, aposentado, ficaria em Pierrefonds, onde poderia continuar escrevendo biografias históricas.

Eugénia teria finalmente o campo livre, asseguraria a regência até que o príncipe imperial, como bom moço submetido, tomasse o poder sob a sua liderança.

Tal como o seu colega francês, o rei da Prússia, o homem benevolente e moderado, temia um conflito, mas ele tinha ao seu lado a sua Eugénia com grandes bigodes, Bismarck. Resultado: dois soberanos, inteligentes e pacíficos, foram arrastados nessa confusão absurda que resumimos, e tudo isso é conhecido apenas pelos especialistas.

Em 1870, o trono da Espanha estava vago. O príncipe Leopoldo de Hohenzollern-Sigmaringen, parente de Guilherme I, apresentou sem muita convicção sua candidatura. Houve na França reações muito vivas. O galo gaulês proferiu furiosos cocoricós, a imperatriz e os bonapartistas autoritários queriam a guerra ou, pelo menos, uma vitória diplomática. Vendo isso, o príncipe Antoine, pai de Leopoldo, retirou a candidatura do seu filho. Os três Hohenzollern daquela época, Guilherme I, Leopoldo e Antoine não queriam correr riscos.

O caso parecia terminado quando a direita do corpo legislativo exigiu garantias para o futuro. O embaixador da França, Benedetti, teve que ir até Guilherme I, que estava na estância termal de Bad Ems. Com educação, o rei recusou-se a se envolver. Um relatório dos fatos e de sua conversação foi enviado por despacho telegráfico a Bismarck com a permissão de publicá-lo se bem o entendesse. Foi o que ele fez, transformando a recusa cortês em recusa ríspida. Sem esperar o relatório de Benedetti, o governo francês, que na verdade havia obtido satisfação, apressou-se em declarar guerra à Prússia. No dia 15 de julho de 1870, em Saint-Cloud, Napoleão III assinava, com a morte na alma, o funesto documento.

No dia 28, ele deixou o castelo para, em Metz, tomar o comando do exército. Em 4 de agosto, Wissembourg foi tomado e a Alsácia perdida. Em 4 de setembro, a multidão parisiense invadiu o Palais-Bourbon; a república foi proclamada, as Tulherias invadidas, os emblemas do império arrancados. Os mesmos emblemas que os espíritos tinham visto cercados de glória.

Dois historiadores, Hippolyte Magen e Jules Claretie, visitaram as Tulherias logo após a imperatriz ter deixado a cena com pressa para ir pedir asilo ao seu dentista, que organizou sua fuga para Deauville, e depois para Trouville, de onde ela partiu para a Inglaterra... como Luís Felipe e sua Amélie em 1848.

Aqui está o relato de duas testemunhas oculares:

> Mestre do palácio, as pessoas não cometeram nenhum estrago; apenas quebraram as insígnias imperiais. Nas paredes do corredor foram escritas com giz três palavras 'Morte aos ladrões!' Os apartamentos não sofreram nenhum dano. Os da soberana caída revelaram o segredo das extravagâncias e das contradições de sua inteligência. Em torno dela, tudo era ultramontano e ultraclerical. Em sua biblioteca, achavam-se as obras do anarquista Proudhon, entre romances lúdicos e livros místicos; nas paredes, bustos de mulheres no gosto sensual de Boucher, relíquias e ossadas de santos.

Eugénia acreditava que bastava cercar-se de incenso e bugigangas religiosas para atrair espíritos verdadeiros.

> A pintura dos tetos [continua Magen] oferecia aos olhos apenas amantes alegres, que pairavam sobre um confessional branco com relevo dourado; o reduto piedoso compunha-se de peças móveis que

se dobravam e se desdobravam como molduras de uma tela. Essa estranha mistura de pó de arroz e de incenso caracterizava bastante a piedade à espanhola.

Entre os "livros místicos" estavam, ao lado de Teresa de Ávila, *O livro dos espíritos*, *O céu e o inferno*, *O livro dos médiuns*. Eugénia lia muito e de modo inteligente, ou seja, tomando notas.

> Para melhor lembrar sua leitura [escreve Octave Aubry], ela traçava num caderno de estudante um pequeno resumo que consultava frequentemente. Ela recebeu uma educação incompleta e, como reconhecia suas lacunas, toda a vida e mesmo quando idosa, ela tentou corrigi-las.

Ela mesma lia. Em outras palavras, ela não usava os serviços de um leitor ou de uma leitora, como os governantes do seu tempo; ela fazia um trabalho pessoal sério.

Quanto ao confessional branco ornado de fios de ouro, era nesse "piedoso reduto" que Eugénia recebia os espíritos impostores que a empurraram a declarar a guerra, que não viram nada da derrota, nem dos cinquenta anos que lhe restavam a viver.

Cinquenta anos durante os quais ela levou uma vida de longas viagens. Assim, em 1880, ela foi para a Zululândia, nos passos do seu filho morto pelos rebeldes. Ela contou como, após três semanas vagando pela mata, escapou do acampamento e resolveu descobrir por si mesma o local exato onde o príncipe havia morrido.

> Vaguei assim a esmo, sem saber para onde ia; uma vontade sobrenatural parecia dirigir meus passos. Eu me pergunto como, sozinha e sem guia, pude andar sem tropeçar nos barrancos da estrada, onde afundava até o tornozelo. Cheguei após várias horas de caminhada em uma encruzilhada onde as trilhas cruzavam-se. Parei, indecisa. O espetáculo era pesaroso; apenas alguns juncos em torno de mim. A fadiga tomou conta de mim de repente e, nesta semi-

consciência em que estava mergulhando, de repente senti o bafo de um odor invadir minhas narinas, um perfume de verbena que era o perfume favorito do meu pobre filho. Pensei então ouvir uma voz, em seguida, a voz amada sussurrou à minha orelha: "Minha mãe está aqui!" Entendi e me ajoelhei.

Exausta, ela voltou para o acampamento sem errar de rota e encontrou os cavaleiros enviados a sua procura pelo general inglês. Ela descansou um tempo, comeu um pouco e quis partir imediatamente. Caminhou à frente da coluna com o olhar distante, seus lábios se moviam, ela falava com seu filho, que a guiou até o lugar onde o cheiro tinha se espalhado.

Chegando na encruzilhada, ela perguntou ao general Madeira:
– É aqui, não é?
– Sim, majestade, é aqui.

Fez então plantar no solo grandes velas e passou o dia do 1º de junho e a noite seguinte em oração.

> Várias vezes [disse ela mais tarde a Augustin Filon, ex-tutor do príncipe], vi aparecer no topo da encosta cabeças pretas, que se arrastavam para me olhar nos interstícios de ervas altas. Eram olhos curiosos, mas não hostis; eu prefiro acreditar que eles expressavam simpatia e piedade. Provavelmente, eram os homens que mataram meu filho nesse mesmo lugar...
>
> Pela manhã, ocorreu uma coisa estranha. Embora não houvesse um sopro de vento, a chama das velas deitou-se, como se alguém quisesse apagá-las. Eu disse:
> – É você quem está aí?
> – Sim, mãe, sou eu!

Como ela estava entediada em Chislehurst,[38] onde a rainha Vitoria lhe oferecera hospitalidade, ela decidiu viajar.

---

[38] Chislehurst é uma localidade do condado de Kent, na Inglaterra, onde Napoleão III foi exilado e veio a falecer. (N. da T.)

Lembrando-se dos conselhos dados outrora por Mérimée: "Nada é mais bonito do que as costas da Provence", ela se instalou num hotel do Cap-Martin, onde se encontrou com outra imperatriz errante, Isabel da Áustria.[39] Elas tinham tudo para se simpatizar, essas mães dolorosas em luto de um filho único; duas mulheres com uma beleza em declínio e um charme que não conhecia crepúsculos.

Fizeram juntas longas caminhadas à beira-mar e no campo. Tão incansável uma quanto a outra, avançavam em ritmo acelerado, enquanto suas damas de companhia não conseguiam segui-las. Intencionalmente, deixavam-nas para trás; elas tinham muitas coisas para se dizer. Isabel falava de filosofia e poesia, Eugénia de história e política, e ambas encontraram-se de acordo sobre o aspecto misterioso da vida. Isabel falou da dama branca de Habsburg que anunciava regularmente futuras tragédias. Ela apareceu algum tempo antes da morte de Rudolph; um caçador teria visto a dama andar em volta de Mayerling. Napoleão III, em seu leito de morte, tinha percebido sua presença. Em minha opinião, a dama branca de Chislehurst era sua mãe, a rainha Hortense, vindo à sua procura.

Eugénia contou-lhe a história do homem vermelho das Tulherias que atormentava Catarina de Médici, aparecendo sempre quando um dos seus filhos estava para morrer.

Henrique IV sonhou com ele na noite anterior ao seu assassinato; Maria Antonieta encontrou-o num corredor do palácio. Napoleão viu-o surgir pouco antes de Waterloo. Será que Luís XVIII, Charles X, Luís Felipe viram-no também? Ainda assim, foram os homens vermelhos da Comuna que vingaram o homem vermelho, o sr. Jean, açougueiro de profissão, que Catarina de Médici mandou condenar à morte porque se recusava a vender-lhe uma parte do seu terreno bem localizado, onde havia outrora uma fábrica de telhas.

O encontro das duas imperatrizes ocorreu em 1888.

No ano seguinte, durante uma caminhada, Eugénia viu uma bela propriedade plantada de pinheiros marítimos. Apaixonou-se na hora, comprou o bem imobiliário e fez construir uma casa de campo cha-

---
[39] Mais conhecida como Sissi da Áustria e Hungria. (N. do E.)

mada *Cyrnos*, nome grego da Córsega. Outra compra foi o iate *Thistle*, o cardo, tão estreito, tão desconfortável que seus amigos temiam ser convidados para cruzeiros. Após o mar do Norte, ela cruzou o Mediterrâneo em todas as direções; voltou para a Argélia, onde Napoleão III quis fazer um reino árabe; voltou para o Egito, onde, em 1869, ela inaugurou o Canal de Suez. No Cairo, ela pretendeu subir até Cartum, mas, por causa do calor excessivo, sua comitiva se opôs à ideia. Ela teve que acatar.

Em outra ocasião, aventurou-se até o Ceilão.

Em Cyrnos, ela recebia muitas visitas, especialmente de escritores como Lucien Daudet, filho de Alphonse, Maurice Paleólogue e, na primeira década do novo século, o jovem Jean Cocteau, que lhe ofereceu sua *Lâmpada de Aladim*.

Um dia, em 1886, apresentaram-lhe uma linda alsaciana de quinze anos: "A sra. [senhora também é o feminino de monsenhor] Beatrice, neta de vossa amiga a condessa de Pourtalès."

Beatrice era prima de Pierre Monnier, que, como o príncipe imperial, foi morto em batalha com vinte e três anos de idade. Foi ela que, uma vez condessa Roger de Hauteville, contou-me na sua velhice como a sra. Monnier, em 1919, portanto exatamente quarenta anos depois de Eugénia, vagou nos campos de batalha de Argonne, na busca do lugar onde seu filho havia morrido e como ela também ouviu: "Mãe, este é o lugar."

Eugénia também estava interessada nas novas invenções: convidou a bordo do Thistle um jovem físico italiano, Guglielmo Marconi, que acabara de construir uma estação de transmissão por ondas hertzianas. Com isso, ele pôde fazer seu primeiro teste, entre Nice e a Córsega. Em 1901, ele fez a primeira ligação sem fios T.S.F. sobre o Atlântico.

A ex-imperatriz estava surpresa com sua longevidade: "Não é singular? Parece que Deus me deixou esperando. Ele prepara algo que quer que eu veja...".

Ela disse isso saindo do cemitério onde repousava Mérimée, que a conhecera na sua infância.

Durante a guerra de 1914-18, ela temia apenas uma coisa: morrer antes do final.

"Não quero ir embora agora. Haverá grandes eventos que eu quero ver. Sinto-os vindo. Deus me concederá provavelmente um pouco de tempo!"

Ela ainda tinha um papel histórico a desempenhar. No final da guerra, os franceses de 1918 pensavam que a volta de Estrasburgo e de Metz à mãe pátria se faria automaticamente.

Foi então que os anglo-saxões criaram dificuldades e, em virtude do direito dos povos à autodeterminação, exigiram um plebiscito, como houve um para a incorporação de Eupen e Malmedy à Bélgica.

Na França, em todas as classes sociais, em todos os partidos, levantou-se uma onda de protestos.

Ainda posso ouvir meu pai maldizer a pérfida Albion e gritar contra "essa canalha de Lloyd George" (Oh, bradava ele, eles não mudam!). Como éramos, do lado materno, de origem alsaciana, o problema de Estado era também um problema de família: a tribo Trautmann, em 1871, foi dividida em duas.

Foi então que Clémenceau invocou um documento sensacional, uma carta datada do dia 26 de outubro de 1870, em que o rei Guilherme da Prússia respondia à Eugénia. Ela pediu-lhe para fazer as pazes sem exigir territórios. Ele não contestava o caráter francês das duas províncias, mas disse que precisava desse anteparo para se proteger contra uma eventual represália.

> Tendo feito grandes sacrifícios para a sua defesa, a Alemanha quis ter a certeza de que a próxima guerra vai encontrá-la mais bem preparada para repelir a agressão com a qual podemos contar, assim que a França repuser suas forças ou ganhar aliados. É apenas essa triste consideração, e não o desejo de ampliar o meu país, que me obriga a insistir em concessões territoriais que não têm outro propósito senão o de recuar o ponto de partida dos exércitos franceses no futuro.

Lloyd George e o presidente Wilson, que tomavam todas as decisões, tiveram afinal que inclinar-se; a humilhação de um plebiscito foi-nos poupada. O público ignorou por muito tempo, e talvez o ignore ainda, que foi através da ação conjugada do antigo comuneiro Clémenceau com a última soberana da França que a Alsácia-Lorena foi-nos devolvida.

Eugénia morreu apenas em 1920. Quatro anos depois, ela reviveu em um filme: *Violetas imperiais*.

Com ela desaparecia a Europa dos imperadores e dos impérios: francês, alemão, russo, turco, austro-húngaros. Sobrevivera a todas as figuras dessa crônica do século 19; era a última pessoa a ter conhecido Allan Kardec.

22. Um dia de Allan Kardec

Imaginem um dia no final da década de 1850. Após levantar-se às quatro horas da manhã, Léon toma uma xícara de café preparada com carinho por Amélie e põe-se imediatamente a trabalhar. Trata de aproveitar as horas de calma e silêncio. Acumulam-se as tarefas em sua imensa mesa de trabalho. Começando pelas que exigem mais concentração, embora seja metódico, não tem nenhum plano preconcebido e vai eliminando as mais urgentes. Naquele dia, ele começa por ler a imprensa estrangeira e descobre o que hoje chamamos de uma NDE (*near death experience*); em francês, uma experiência de morte iminente. O fenômeno ainda não foi nomeado, ele se limita a registrá-lo. O jornal que conta essa história incrível é *O Correio dos Estados Unidos*; imediatamente, Kardec traduz o fato em francês para a *Revista Espírita*:

> Uma família alemã de Baltimore ficou profundamente comovida com um caso singular de morte aparente. Frau Schwabenhaus, doente desde muito tempo, parecia ter dado seu último suspiro; seu corpo estava frio, seus membros rígidos. Quando tudo estava pronto no necrotério para o enterro, os assistentes foram descansar um pouco. Exausto, *Herr* Schwabenhaus logo os seguiu. Pelas seis horas da manhã, a voz de sua esposa atingiu seus ouvidos. Ele correu para seu

quarto. Aquela que havia sido deixada como morta estava sentada na cama e parecia desfrutar de todas as suas faculdades:

— Eu sei que você pensava que eu estivesse morta, disse ela, mas estava apenas dormindo. Durante esse tempo minha alma voou para as regiões celestes; um anjo veio me buscar, e atravessamos o espaço em alguns instantes. O anjo que me levou foi a menina que perdemos o ano passado... Oh! Em breve, irei me juntar a ela... Agora que eu já provei as alegrias do céu, não quero viver aqui embaixo. Por isso pedi a permissão ao anjo para abraçar mais uma vez meu marido e meus filhos; e logo o anjo virá me buscar.

Frau Schwabenhaus quase morreu enterrada viva, antes de morrer de fato; uma perspectiva temível ainda na atualidade.

Victor Hugo, em 1852, teve conhecimento de um caso semelhante na Zelândia. Vindo da Bélgica, onde se exilou com seus dois filhos, antes de embarcar para Jersey, ele viajou para a Holanda, quando lhe foi relatado um fato, então recente, que havia surpreendido o povo de Ziricksee. Está narrado em um livro intitulado *Victor Hugo na Zelândia*, publicado em 1868, sem indicação de autor. Supõe-se que foi um dos seus dois filhos quem o escreveu. Contei essa história no livro *La prémonition et notre destin* (*A premonição e nosso destino*). Nesse caso também, o ressuscitado teria gostado de ficar do outro lado. Censurou até violentamente seus salvadores.

A leitura da imprensa parisiense era muitas vezes irritante, ele tinha que sofrer os escárnios dos ignorantes e os sarcasmos dos tolos. Mas, de vez em quando, certos jornalistas reconheciam o valor do seu trabalho e de sua personalidade.

Sempre tinha em memória o artigo do *Correio de Paris* do dia 11 de julho de 1857, intitulado "A doutrina espírita":

O editor Dentu acaba de publicar, há pouco tempo, uma obra extremamente notável; diríamos muito curiosa, pois há certas coisas que declinam qualquer qualificação banal. *O livro dos espíritos* do senhor

Allan Kardec é uma página nova no grande livro do infinito, e estamos convencidos de que essa página ficará marcada. Sentiríamos muito se acreditassem que viemos aqui fazer uma propaganda bibliográfica; se pudéssemos supor que fosse assim, quebraríamos nossa caneta imediatamente. Não conhecemos o autor, mas admitimos abertamente que ficaríamos felizes em conhecê-lo. Quem escreveu a introdução de *O livro dos espíritos* deve ter a alma aberta a todos os sentimentos nobres.

"Uma página nova no grande livro do infinito..." Em uma frase, o jornalista fascinado tinha resumido a obra de Kardec.

Sempre para alimentar a *Revista Espírita* que redige inteiramente, Kardec apressa-se em anotar, antes de esquecer, o que ele chama de um sonho instrutivo:

> Durante a última doença que tivemos no decorrer de abril de 1866, estávamos sob a influência de uma sonolência quase contínua. Nesses momentos, estávamos constantemente sonhando com coisas triviais, na quais não prestávamos atenção. Mas, na noite do dia 24 de abril, a visão ofereceu um caráter tão especial que ficamos profundamente impressionados.

Lembremos que este *nós* não é um nós coletivo, nem um nós de majestade, pelo contrário, é um nós de modéstia que ele usa regularmente.

> Num lugar que parecia uma rua, havia um grupo de indivíduos conversando. Entre eles, apenas alguns eram conhecidos por nós, mas sem que pudéssemos designá-los pelo nome. Vendo a multidão, resolvemos tentar entender qual era o assunto da conversa, quando de repente apareceu no canto de uma parede uma inscrição em letras pequenas, brilhando como fogo, que procuramos decifrar. Era o seguinte: "Descobrimos que a borracha rolando em torno da roda percorre uma légua em dez minutos, desde que a estrada..." Enquanto estávamos procurando o final da frase, a inscrição desapareceu gradualmente, e acordamos.

Qual era o significado dessa visão, que nada em nossos pensamentos havia causado? Não lidando com invenções ou investigação industrial, não podia ser um reflexo das nossas ideias. Além disso, o que significava essa *borracha* que rolava em torno uma roda e percorria uma légua em dez minutos? Será a revelação de uma nova propriedade dessa substância? Será que ia ser chamada a desempenhar um papel na locomoção? Será que queriam nos colocar no caminho de uma descoberta?

A esse respeito, Charles Richet, o famoso autor do *Tratado de metapsíquica*, observou na década de 1930 que jamais os espíritos nos disseram como obter uma grande descoberta científica ou médica. Ele estava certo. Acho que há duas razões para isso. A primeira: ao contrário do que geralmente se acredita, os espíritos não são oniscientes. Às vezes são ainda mais ignorantes do que alguns encarnados. A segunda: supondo que eles saibam a solução de qualquer problema relativo ao bem-estar ou à salvação da humanidade, eles não são autorizados a comunicá-la, porque isto iria impedir o esforço do homem, seus estudos, seu trabalho e especialmente seu livre-arbítrio. Estamos aqui para lutar, agir e buscar. A invenção do pneumático, vista em sonho por Allan Kardec, é uma notável exceção, uma vez que a ideia não estava no ar na época.

Em 1866, André Michelin tem apenas treze anos de idade; seu irmão Édouard tem sete; como ele manipula lápis e pincéis habilmente, ele sonha em ser pintor. O jovem entrou na escola de Belas Artes e não está pensando em retomar à fábrica de maquinaria agrícola, fundada por seu pai, Jules Michelin (1817-1870).

Demorou até 1887, quando o engenheiro escocês John Boyd Dunlop inventou o primeiro pneumático.

As revisões de livros tomavam muito tempo de Kardec, pois não lia na diagonal e fornecia um relato detalhado das obras atraentes. Foi assim que ele agradeceu a um autor por ter-lhe feito uma "graciosa homenagem no seu romance, chamado a popularizar a nova ideia". Até publicou alguns trechos:

> Na época em que o senhor de Boursonne tinha perdido sua esposa, uma doutrina mística espalhava-se maliciosamente e lentamente na sombra. Ainda tinha poucos simpatizantes. Mas ela aspirava a nada menos do que se substituir aos diversos cultos cristãos. Faltava-lhe apenas a perseguição para se tornar uma religião poderosa.
>
> Essa religião é a do espiritismo, tão eloquentemente exposta pelo senhor Allan Kardec em seu livro notável: *O livro dos espíritos*. Um dos seus seguidores mais convencidos foi o conde de Boursonne. Gostaria de acrescentar algumas palavras sobre essa doutrina, para os incrédulos entenderem que o poder misterioso do conde era bastante natural.
>
> Os espíritas reconhecem Deus e a imortalidade da alma. Acreditam que a terra é um lugar de prova e de transição. Segundo eles, primeiro a alma é colocada por Deus em um planeta de uma ordem inferior. Permanece trancada em um corpo, até o dia em que é bastante apurada para emigrar para um mundo superior. É assim que, após longas migrações e muitas provas, as almas chegam finalmente à perfeição e em seguida são admitidas no seio de Deus.

Kardec foi, de fato, muito mais seduzido pela transmigração das almas, nova vida em novos planetas do que pela reencarnação, voltar à carne triste como nós a conhecemos. Ele rejeitou a metempsicose, a passagem para o mundo animal.[40]

Em 1867, chegou à mesa do mestre uma novidade, *Das Kapital*, de Karl Marx, do qual conhece a existência e o pensamento por Maurice Lachâtre. Aliás, foi este último que lhe trouxe a obra. Como o sr. Rivail procura estar ciente de tudo, ele mergulhou na leitura do livro. Mas, se ele é republicano, ele não é revolucionário. Em 1848, não teria subido nas barricadas; tampouco *Herr* Marx, que estava em Paris naquele momento. Se os dois homens tivessem se encontrado, não teriam falado da emancipação da classe trabalhadora e dos males do capitalismo, mas da sobrevivência da alma e do colapso de um pai dilacerado. Marx teria lhe confiado verbalmente o que ele tinha escrito, em 28 de julho de 1855, ao seu amigo Lassalle.

---

[40] Ver nota de rodapé nº 35.

> Bacon afirma que os homens realmente eminentes têm tantas relações com a natureza e o mundo, são tão interessados em tantas coisas que se consolam facilmente de uma perda. Não faço parte desses homens eminentes. A morte do meu filho abalou profundamente meu coração e meu cérebro, e ainda sinto essa perda tão fortemente quanto no primeiro dia.

De fato, Marx nunca superou o desaparecimento do filho Edgar, de oito anos. Profundamente ferido, recusou-se a assistir aos funerais sucessivos do seu irmão, sua mãe e sua esposa.

Não tinha interesse na morte, dizia ele, nem mesmo na sua. Mas, com a perda do seu filho, ele recolocou tudo em questão. Tudo, incluindo sua obra, na qual ele não conseguia mais se concentrar; seus próximos tiveram que policiá-lo para que aceitasse concluí-la.

Durante as primeiras horas da manhã, o laborioso Kardec acertava os questionamentos que teria que submeter aos espíritos durante a reunião semanal da sexta-feira. Ele queria a todo custo evitar as fofocas (sobre o amor e as casas), as questões materiais e os problemas pessoais que interessavam e sempre interessam muito mais o público do que os assuntos espirituais e filosóficos.

Exemplo desses diálogos da sexta-feira à noite:

> Allan Kardec: Como provar que o poder oculto que atua nas manifestações espíritas está fora do homem? Não poderíamos pensar que reside em si, ou seja, que age sob o impulso da sua própria mente?
>
> Uma entidade: Quando uma coisa ocorre contra a sua vontade e seu desejo, é certo que não é você quem a produziu. Mas muitas vezes, você é a alavanca que o Espírito usa para agir e sua vontade vem em auxílio; você pode ser um instrumento mais ou menos conveniente para ele.
>
> Kardec: Todos os Espíritos são capazes de manifestações inteligentes?
>
> Entidade: Sim, desde que todos são inteligências; mas como há de todos os graus, como entre vós, alguns dizem coisas insignificantes ou estúpidas, outros dizem coisas sensatas.

Kardec: Será que todos são capazes de entender nossas perguntas?

Entidade: Não, os Espíritos inferiores são incapazes de entender certas perguntas, o que não lhes impede de responder bem ou mal. Ocorre o mesmo entre vós.

"Eu chegava a cada sessão", disse ele, "com uma série de perguntas preparadas e metodicamente organizadas. As respostas eram precisas e lógicas."

Se era respondido com inteligência, é que as perguntas eram inteligentes e altruístas. Assim, eram eliminadas as fofocas e a prolixidade.

– O que pensar [perguntou ele uma noite] dos Espíritos que se revelam por efeitos físicos de uma ordem inferior?

– Efeitos físicos têm sua utilidade. Eles revelam as forças desconhecidas que fazem parte da natureza.

Em seguida, ele tinha que enfrentar a leitura de grandes cadernos de mensagens que chegavam de todos os lugares. Ansiosos para que fossem impressos, entidades e escritores estavam convencidos de que eles traziam revelações transcendentais. Era urgente comunicá-las ao mundo que, sem elas, corria o risco de se perder.

Como responder que aqueles textos prolixos eram mera verborragia? Seria acusado de ciúme.

Eram principalmente paráfrases de textos sagrados ou produções copiosas, com excesso de maiúsculas, ricas em banalidades, platitudes e erros gramaticais.

"Eu te abençoo" (sic), "Ama-me!" (sic de novo), "as forças do mal serão esmagadas sob o jugo da minha mãe Santíssima", ditava o Cristo católico que muitas vezes se perdia em citações bíblicas, enquanto o Cristo protestante, ele, nunca se enganava. No século 20, tivemos o Cristo esquerdista que brigava com a burguesia e chamava à revolução proletária seu rebanho beato e escandalizado. O pobre Kardec era moralmente obrigado a dizer o que pensava desses devaneios moles e flutuantes, dessas platitudes atribuídas aos nomes mais sagrados.

Com a geração seguinte, Papus observou que as assinaturas ilustres fizeram tanto mal às mensagens do além quanto as reencarnações de figuras históricas para a doutrina das vidas sucessivas.

Seu filho, o dr. Philippe Encausse, afilhado do deputado Philippe, contou-me esta cena hilária: durante um encontro social, um falador, um infeliz, como teria dito Molière, contava com força de detalhes suas lembranças da época em que era Henrique IV. Então, o barrigudo e careca Papus avançou na direção dele, pronto para lhe dar um beijo pegajoso: – Vamos, Henriquinho, me dá um beijo! Eu sou a bela Gabriela.

> O nome [disse Kardec sobre os espíritos] nunca é uma garantia. A única, a verdadeira garantia de superioridade, é o pensamento e a maneira como é expresso. Os Espíritos enganadores podem imitar tudo; tudo, exceto conhecimento e sentimento verdadeiros. Às vezes, acontece que, para fazer adotar certas utopias, Espíritos exibem um falso conhecimento, pensando impor-se usando um arsenal de palavras técnicas, o que pode fascinar aqueles que acreditam muito facilmente. Eles ainda têm um jeito mais acertado que é de se atribuir virtude, a favor das grandes palavras de caridade, fraternidade, humildade, e esperam fazer passar os absurdos mais grosseiros, e é isso que muitas vezes acontece quando não estamos atentos. Tudo deve ser examinado friamente, pesar tudo cuidadosamente, controlar tudo.

Nenhum espiritualista foi mais crítico e desconfiado a respeito dos espíritos e dos médiuns. Nenhum advertiu mais os ingênuos contra possíveis fraudes.

Após essa tarefa, vinha outra: a correspondência. Quantos leitores lhe faziam perguntas que já tinha respondido desde muito tempo, seja nos seus livros, seja na sua revista! Na maioria das vezes, eles estavam conscientes disso, mas queriam um autógrafo.

Também, ele tinha que suportar o ego das pessoas que, cheias de si, confundiam espiritualidade com contar sua vida, derramando sobre ele uma enxurrada de confidências remontando à infância. Tornava-se psicanalista antes do tempo.

Kardec fazia o possível para exercer esse trabalho de reconforto que, mais tarde, receberia o nome de psicoterapia. Mas, por enquanto, consumia suas energias e retardava tarefas úteis.

Como tarefas úteis, entendia-se o intercâmbio com os líderes de grupos que estavam fazendo um trabalho voluntário considerável: organização de palestras e reuniões, socorro espiritual e financeiro, turnês de evangelização, banquetes chamados hoje de *dîners-débats* (jantares-debates).

Ele tinha também que arbitrar conflitos que às vezes ocorriam entre presidentes, administradores e secretários. É sabido que os franceses, independentemente da época ou da região a que pertençam, criticam-se, caluniam-se e insultam-se. Toda a sua história o atesta. E também sua literatura; exemplo: *O misantropo*, que poderia ser chamado de *Os parisienses*. O mestre estava trabalhando para restaurar a harmonia e a paz em vários grupos. Era quase sempre bem-sucedido, exceto em Paris, onde a SPES continuava sendo um foco de intrigas e de calúnias contra ele.

Eram os correspondentes estrangeiros que lhe davam mais satisfação: em especial os da Espanha, da Bélgica, da Argélia, Roma, Milão, Bolonha, Esmirna, Constantinopla ou da América do Sul. Quanto a este continente, é uma lei que as novas religiões prosperam fora do seu país de origem e progridem para o oeste. Eis por que o espiritismo teve no Brasil a recepção mais calorosa e a divulgação mais ampla. No dia 17 de setembro de 1865, na casa do sr. Luís Olímpio Teles de Menezes, na cidade de Salvador, estado da Bahia, foi realizada a primeira reunião espírita brasileira, inspirada pela codificação redigida pelo próprio mestre. Na mesma noite foi criado o Grupo Familiar do Espiritismo, que se tornou o primeiro centro espírita do país.

Por volta das dez horas, Amélie trazia-lhe as revisões da revista ou aquelas da obra em andamento que ela havia corrigido, para uma revisão final dele. Desta vez, tratava-se do seu livro mais recente, *O céu e o inferno*. Eis aqui, por exemplo, uma comunicação espontânea, recebida pela Sociedade de Paris; o inspirador é Jean Reynaud, seu precursor em espiritologia:

> Meus amigos, esta nova vida é tão bela! Semelhante a uma torrente de luz, ela leva na sua grande corrida as almas bêbadas do infinito! Após a ruptura dos laços carnais, meus olhos abraçaram novos horizontes e desfrutaram de maravilhas esplêndidas. Passei das sombras da matéria ao amanhecer radiante que anuncia o todo-poderoso. Estou salvo, não pelo mérito dos meus atos, mas pelo conhecimento do princípio eterno que me fez evitar as sujeiras impressas pela ignorância. Minha morte foi abençoada; meus biógrafos julgaram-na prematura; pobres cegos! Lastimarão alguns escritos nascidos da poeira, e não entenderão quanto o pouco barulho feito em torno do meu túmulo meio fechado é útil à causa sagrada do espiritismo. Minha obra estava terminada; meus antecessores corriam na pedreira; atingi esse ponto culminante onde o homem deu o que tinha de melhor.

Outra mensagem de um espírito que responde a uma reflexão feita sobre sua morte repentina em uma idade pouco avançada, e que surpreendeu a todos:

> Quem disse que minha morte não é um benefício para o espiritismo, para seu futuro, para suas consequências? Será que notaram o andamento que segue o progresso, a estrada que leva a nossa fé? Em primeiro lugar, Deus deu provas materiais: a dança das mesas, os *raps* e todos os tipos de fenômenos; era para chamar a atenção; era um prefácio divertido. Os homens querem provas palpáveis. Agora, é outra coisa! Após os fatos materiais, Deus fala ao bom senso, à razão fria; não são mais feitos de força, mas coisas racionais que devem convencer até mesmo os incrédulos mais teimosos. E é só o começo. Uma série de fatos inteligentes, irrefutáveis, vão se suceder, e o número de seguidores vai aumentar ainda mais. Deus vai cuidar das elites.

Pouco antes do meio-dia, Amélie reaparecia e servia o lanche preparado pela jovem empregada. Era hora de relaxar e de conversas informais. Esse almoço amoroso seria logo seguido por um cochilo restaurador que nenhum telefone perturbaria. Esse flagelo indispensável e maravilhoso só apareceu em Paris em 1879.

A partir das duas horas da tarde, começava o concerto de sinos e a invasão de visitantes. Entre eles, muitos estrangeiros e outros da província vinham para contemplar o autor de *O livro dos espíritos*. Eles chegavam inesperadamente entre uma visita ao Museu do Louvre e uma subida no Arco do Triunfo. Amélie ficava atenta ao que acontecia; era preciso evitar que os admiradores, e especialmente as admiradoras, consumissem muito tempo do seu grande homem. Em seu trabalho de filtragem, ela distinguia muito bem os faladores e aqueles que tinham algo a dizer.

Eis um médico da Bretanha que foi relatar ao mestre uma experiência de quase morte vivida por um dos seus colegas, o dr. Cardin, que passou parte de sua vida na marinha mercante como médico a bordo de um navio baleeiro. Ele se retirou em uma aldeia onde exercia a sua profissão de médico. Desde algum tempo, tinha certeza de que estava sofrendo de uma hipertrofia do coração e, sabendo que é uma doença incurável, o pensamento da morte fazia-o mergulhar em uma constante melancolia. Dois meses antes, ele previra o dia exato do seu fim; quando estava para morrer, ele reuniu a família para se despedir da esposa, da mãe, dos três filhos e de outros familiares reunidos em torno de sua cama. Quando sua esposa estava tentando levantá-lo, ele se curvou, ficou lívido, com os olhos fechados; acreditaram que estava morto. Ela ficou de pé diante dele para escondê-lo da vista das crianças.

Depois de alguns minutos, ele reabriu os olhos, seu rosto tomou uma expressão de beatitude e ele chorou:

– Oh! meus filhos, como é lindo! como é sublime! Ah! a morte! Que graça! Que coisa mais doce! Estava morto, e senti minha alma subir alto, bem alto. Mas Deus me permitiu voltar para dizer-lhes: não temam a morte, pois é uma libertação. Como retratar a magnificência que vi e as impressões que senti penetrarem-me! Mas vocês não poderiam entender... Ah! meus filhos, procurem sempre merecer essa satisfação inefável, reservada aos homens de bem; vivam de acordo com a caridade! Se você tem algo, dê uma parte para aqueles que não têm o necessário. Minha querida esposa, vou deixá-la em uma posição que não é feliz. Alguns nos devem dinheiro, mas eu lhe imploro, não atormente aqueles que nos devem! Se eles estão em dificuldade, espere que possam pagar sua dívida; quanto àqueles que não puderem pagá-la, faça esse sacrifício: Deus saberá te recompensar.

Após o médico, colega do dr. Cardin, um leitor de Bruxelas cita a Kardec o caso de um jovem de dezoito anos que adquiriu uma doença cardíaca declarada incurável. Disse um especialista: ele pode morrer em oito dias, como em dois anos, mas não irá mais longe. Quando soube disso, o rapaz deixou imediatamente os estudos e se entregou a todo tipo de excessos. Quando lhe diziam o quão perigosa era uma vida de desordem na sua condição, ele respondia:

– O que me importa, tenho apenas dois anos de vida! Para que cansar minha mente? Quero gozar do tempo que me resta e me divertir até o fim.

Kardec respondeu:

– Conheço muitas pessoas que a medicina havia condenado e que tiveram a surpresa de viver muito tempo. Se esse jovem fosse espírita, ele teria dito: a morte só vai destruir meu corpo, que deixarei como um terno desgastado, mas meu espírito viverá para sempre. Serei, na minha vida futura, o que terei feito de mim mesmo nesta. Nada que eu possa adquirir em qualidades morais e intelectuais será perdido, porque sempre será de algum ganho para o meu avanço. Toda imperfeição de que me despojo é um passo a mais para a felicidade. Minha felicidade ou infelicidade futura depende da utilidade ou inutilidade de minha existência atual. É, portanto, de meu interesse usar com proveito o pouco tempo que me resta e evitar tudo que possa reduzir as minhas forças.

O chefe do grupo do porto de Le Havre foi falar-lhe das comunicações que tinham recebido de Auguste Michel. Ele também era um jovem rico e debochado, com a diferença que gozava de excelente saúde. Embora fosse inteligente, a despreocupação com as questões sérias era a essência de seu caráter. Sem maldade, antes bom do que mau, ele era amado por seus companheiros de diversão e procurado na alta sociedade de Le Havre. Sem ter feito algo de errado, também não tinha feito nada de bom. Ele morreu em uma queda durante um passeio de carruagem. Poucos dias depois de sua morte foi mencionado por um médium que o conhecia indiretamente.

Em 8 de março de 1863, ele declarou:

> Mal estou desprendido, por isso mal consigo falar. A queda terrível que fez morrer o meu corpo deixou minha mente numa grande confusão. Estou preocupado com o que vai ser de mim, e essa incerteza é cruel. O terrível sofrimento que meu corpo tem experimentado é nada comparado com a desordem em que me encontro. Rezo para que Deus me perdoe. Ah! Que dor! Ah! Perdão, meu Deus! Que dor!

As primeiras zonas do astral são menos agradáveis do que os sensitivos e os médiuns contemporâneos o dizem; essa fronteira não é a Disneylândia.

> 18 de março: Já vim aqui, mas só pude falar com muita dificuldade. Ainda agora está difícil. Você é o único médium ao qual posso solicitar orações para que a bondade de Deus me tire da confusão em que estou. Por que ainda sofrer quando meu corpo não sofre mais? Por que essa dor horrível, essa angústia terrível? Ore! Oh! ore para que Deus me conceda o descanso... Estou agarrado ao meu corpo. Venha rezar em cima dele para me aliviar desse abraço cruel. Tomara que Deus aceite me perdoar. Vejo os Espíritos que estão perto de você e, por eles, posso falar com você. Ore por mim!
>
> 6 de abril: Ainda sou eu que vem para lhe pedir que reze por mim. Eu tinha que vir ao lugar onde se encontra o meu corpo pedir ao todo-poderoso para acalmar meu sofrimento. Eu sofro! Oh! Eu sofro! Vá a esse lugar, por favor, fazer uma oração ao Senhor para me dar a absolvição. Constantemente volto ao lugar onde foi deixado o que era meu.

O responsável pelo centro espírita de Le Havre explica que, por negligência, o médium não fora rezar no túmulo de Auguste Michel. Todavia, foi até lá mais tarde e recebeu, no dia 11 de maio, a comunicação seguinte:

> Estava esperando. Esperava o momento em que você viria para rogar a Deus em meu favor no lugar onde minha alma parece pregada em seu envoltório. Você pode fazer-me bem com suas orações, não pare, por favor, imploro. Vejo agora o quanto minha vida foi oposta ao que ela deveria ter sido, vejo os erros que cometi. Eu era inútil no mundo. Reze, reze por mim!

O responsável pela instituição foi seguido por uma pessoa volúvel que lhe veio contar seu infortúnio e seus estados de alma.[41] Vestida em seus véus de luto e envolvida nos seus desastres, ela retraçou em detalhes a biografia de seu pobre marido, acompanhada, como nas *Vidas paralelas* de Plutarco, daquelas de sua filha, sua sogra e suas tias. Os sinos de mão não existiam na época, mas a providencial Amélie surgiu na hora certa para liberar o infeliz, que sussurrou baixinho: "Acho que já sofri muito".

Kardec apreciava conversar com um adversário inteligente, como o capitão D. da cidade de Bordeaux:

> – Tenho a impressão [disse o último] de que no outro mundo os Espíritos conservam seus erros.
> – Num primeiro tempo, sim [respondeu o druida], e naturalmente eles são atraídos para os círculos que compartilham os seus pensamentos... às vezes, deixam-se influenciar por eles: os Espíritos não ousam contrariar seus seguidores.
> – E deixam-se influenciar? Isso é o cúmulo! Seu progresso em direção à luz, portanto, é bem lento e bem questionável.

---

[41] Aqui o autor fez um trocadilho um tanto chauvinista, utilizando a expressão "états dame" (estados da mulher), ao invés de "états d'âme" (estados de alma). (N. da T.)

– Os maus e os medíocres ficam à procura de grupos para introduzir-se neles. Em vez disso, as almas evoluídas, como são Luís, Arago ou Pascal raramente se aproximam de nós.

– Mas quando santo Agostinho, Arago ou Pascal conseguem dar-nos uma mensagem, como explicar suas opiniões conflitantes e a falta de estilo?

– Fiz-me essa pergunta, meu querido capitão. Já no prefácio do meu primeiro livro, eu perguntei: como Espíritos considerados superiores não estão sempre de acordo?

– Foi então que você desenvolveu o sistema que cobriria caridosamente seus erros, faltas e contradições. Você retratou o outro mundo não como ele é, mas como deveria ser.

– Não quis aterrorizar as pessoas.

A pedido da sra. Amélie, por volta das sete horas da noite, Adeline anunciou a Kardec que a refeição estava pronta. O capitão, que pensava ter sido convidado, cumprimentou e desapareceu.

Se o almoço tinha sido frugal, o jantar não o era. O sr. e a sra. Kardec apreciavam a boa comida e comiam bem. Amélie não era dessas criaturas seráficas que apreciam caldos insípidos e chás de ervas, e ela alimentava muito bem o seu marido. Talvez demais, infelizmente; ela não conhecia os efeitos nocivos do colesterol, pois nem a palavra nem a coisa existiam na época. E Kardec, que, como os profetas autênticos, nunca tinha defendido o ascetismo e as macerações, não deixava de honrar os deliciosos pratos requintados cozidos com amor.

As noites que vinham coroar o dia bem ocupado eram breves. Alexandre Delanne, sua esposa e o pequeno Gabriel, Pierre-Gaëtan Leymarie, o sr. Desliens, o sr. Müller e às vezes Camille Flammarion faziam uma breve aparição e retiravam-se logo para não cansar o mestre.

Kardec não achava que o sono fosse tempo perdido e disse a respeito coisas muito justas:

[...] há somente o descanso do corpo, pois o Espírito não precisa de descanso. No sono a alma se desprende parcialmente da matéria.

Em outras palavras, nossa mente se encontra no mundo astral. No que ele vê, no que ouve e nos conselhos que lhe são dados, ele tira as ideias que reencontra ao acordar sob a forma de intuição.

Eis o que significa o famoso ditado "a noite traz seus conselhos". Durante o sono, a alma sai da prisão do corpo e contempla outros espíritos. Antes de dormir, faz sentido dizer: "Aqueles que são benéficos venham me ajudar com seus conselhos! Meu anjo da guarda, faça com que eu acorde guardando uma impressão durável e benéfica!"

23. O céu e o inferno e A gênese

As sextas-feiras eram reservadas às sessões mediúnicas. O mestre dava sempre muitas dicas e instruções, pois os participantes nem sempre eram os mesmos. Além disso, as pessoas idosas tinham tendência a esquecer dos avisos. Por isso, ele começava falando da 'evocação', que não devia ser confundida com a 'invocação'.

Toda oração é uma 'invocação'. A 'evocação' se aplica somente aos seres que são supostamente bastante elevados para nos ajudar. Devemos ter cuidado para não chamar os espíritos inferiores, sempre ansiosos de se comunicar para preencher o seu eterno ócio.

A mais essencial de todas as disposições para as evocações é o recolhimento quando desejamos tratar com espíritos sérios.

> Não podereis obrigar nunca a presença de um Espírito vosso igual ou superior em moralidade. Quando inferior, e sendo para seu benefício, consegui-lo-eis, visto que outros Espíritos vos secundam. O Espírito superior não deixa de vir sempre que é evocado para um fim útil, só se recusando a responder quando em reunião de pessoas pouco sérias que levem a coisa em ar de gracejo. Sobretudo é o coração que atrai os Espíritos verdadeiros.

Querendo fazer-se de esperto, um jovem perguntou um dia:

– Será possível evocar um rochedo?

– Evoca um rochedo e ele te responderá, disse o druida, imperturbável. Há sempre uma multidão de Espíritos prontos a tomar a palavra, sob qualquer pretexto. Pela mesma razão, se se evocar um mito, ou uma personagem alegórica, ela responderá, isto é, responderão por ela, e o Espírito que, como sendo ela, se apresentar, lhe tomará o caráter e as maneiras. Já contei em *O livro dos médiuns* que alguém teve um dia a ideia de evocar Tartufo... e Tartufo veio logo.[42]

Pesquisadores canadenses anos atrás inventaram uma entidade, deram-lhe um nome e criaram sua biografia; a entidade artificial apareceu e começou a contar sua vida.

Algumas outras recomendações:

> Quando um Espírito fala, não o interrompa. As perguntas idiotas receberão respostas bobas. Perguntas fúteis de pura curiosidade são aquelas que desagradam os Espíritos razoáveis, fazem com que se afastem; e os Espíritos leviano se divertem.
>
> A maneira de fazer perguntas e coordená-las é uma coisa essencial. É importante que sejam classificadas com ordem e com sequência. Eis por que é sempre útil prepará-las, o que, além disso, é uma espécie de evocação anterior.
>
> Surpreende, não raro, a prontidão com que um Espírito evocado se apresenta, mesmo da primeira vez. Dir-se-ia que estava prevenido.
>
> Lembro que as almas evoluídas, atraídas por Deus e pelos mundos purificados, raramente aproximam-se de nós. Ao contrário, os medíocres e os ruins, desinteressados pelas coisas do alto, procuram introduzir-se entre nós.

---

[42] Personagem fictício da célebre comédia de mesmo nome de autoria de Molière.

Acima de tudo, o que é preciso entre os assistentes é uma comunhão de pensamento, se ela for para o bem, os espíritos verdadeiros vêm facilmente.

> A influência do meio faz com que, quanto menos numerosa a reunião melhor será, por ser mais fácil conseguir a homogeneidade. Antes de tudo, deve-se preservar daqueles que têm sistemas preconcebidos... os orgulhos que pretendem estar plenos apenas de luz. Para os Espíritos superiores, que não gostam de palavras desnecessárias, o pensamento é tudo, a forma nada. É através de bons pensamentos que se atrai, não por fórmulas vãs.

Basta dizer:
"Rezamos a Deus todo-poderoso para nos enviar Espíritos benfeitores para nos ajudarem e afastarem aqueles que poderiam enganar-nos."

"Bons Espíritos que estão presidindo o nosso trabalho, tenham a bondade de nos ensinar e fazer-nos dóceis aos seus conselhos. Façam com que qualquer sentimento pessoal desapareça diante do pensamento do bem geral."

"Oramos para que nosso protetor nos dê seu apoio hoje."

Depois a médium, que na época era com frequência a sra. Delanne, calmamente começava a escrever...

Tudo isso acontecia na sala onde dois atrevidos, chegados da Rússia especialmente para caçoar do bom Kardec, deixaram-nos essa descrição:

> Estávamos seguros de não encontrar por lá a bugiganga maçônica, nem corujas de bruxas. Era exatamente uma sala de conselho de administração com sua grande mesa com papel, blocos e lápis, seu tapete verde, em torno do qual os principais membros estavam sentados. A única nota original: nas paredes, quadros espíritas.

O retrato do mestre também é eloquente:

Um cavalheiro corpulento, de expressão afável, com olhos singulares que penetravam, por assim dizer, o indivíduo; sua fisionomia regular tinha olhos particularmente notáveis.

Em 8 de abril de 1858, gritavam os vendedores de jornais nas avenidas uma pergunta sensacional: Quem é o suicida da Samaritana? Em 7 de abril, Kardec escreveu que:

> [...] por volta das sete horas da noite, um homem de uns cinquenta anos, decentemente trajado, apresentou-se no estabelecimento da Samaritana, de Paris, e mandou que lhe preparassem um banho. Decorridas cerca de duas horas, o criado de serviço, admirado pelo silêncio do freguês, resolveu entrar no seu gabinete a fim de verificar o que ocorria. Deparou-se-lhe então com um quadro horroroso: o infeliz degolara-se com uma navalha e todo o seu sangue misturava-se à água da banheira. E como a identidade do suicida não pôde ser averiguada, foi o cadáver removido para o necrotério.

O Espírito daquele homem foi mencionado seis dias após sua morte.

Kardec: – Onde vos achais agora?

O Espírito: – Não sei... Diga-me se vivo... Sufoco neste caixão.

[Nota de Kardec] Sua alma, posto que separada do corpo, está ainda completamente imersa no que poderia chamar-se o turbilhão da matéria corporal; vivazes lhe são as ideias terrenas, a ponto de se acreditar encarnado.

Kardec: – Quem vos impeliu a vir aqui?

O Espírito: – Sinto-me aliviado.

Kardec: – Qual o motivo que vos arrastou ao suicídio?

O Espírito: – Morto? Não... habito o meu corpo... Não sabeis como sofro!... Sufoco-me... Oxalá que mão compassiva me aniquilasse de vez!

Kardec: – Por que não deixastes indícios que pudessem tornar-vos reconhecível?

O Espírito: – Estou abandonado; fugi ao sofrimento para entregar-me à tortura.

Kardec: – Tendes ainda os mesmos motivos para ficar incógnito?

O Espírito: – Sim! Não revolvais com ferro candente a ferida que sangra.

Kardec: – Podereis dar-nos o vosso nome, idade, profissão e domicílio?

O Espírito: – Não! Absolutamente não!

Kardec: – O senhor tinha família, mulher, filhos?

O Espírito: – Era um desprezado, ninguém me amava.

Kardec: – E que fizestes para ser assim repudiado?

O Espírito: – Quantos o são como eu! ... Um homem pode viver abandonado no seio da família, quando ninguém o preza.

Kardec: – No momento de vos suicidardes não experimentastes qualquer hesitação?

O Espírito: – Ansiava pela morte... Esperava repousar.

Kardec: – Como é que a ideia do futuro não vos fez renunciar a tal projeto?

O Espírito: – Não acreditava nele, absolutamente. Era um desiludido. O futuro é a esperança.

O céu e o inferno apresenta quantidades de experiências, umas mais dramáticas e mais instrutivas que outras.

O espírito que dizia ser são Luís (faço todas as reservas) está ausente da evocação do marquês de Saint-Paul, que ocorreu em Paris, em 16 de maio de 1861.

Kardec: – A senhora vossa irmã pediu-nos para vos evocar. Ela deseja saber se sois feliz.

O Espírito: – Estou errante e este estado transitório nunca traz felicidade nem castigo absolutos. Fiquei muito tempo em perturbação, e dela não saí senão para bendizer a piedade dos que não me esqueciam e oravam por mim.

Kardec: – Podeis avaliar o tempo dessa perturbação?

O Espírito: – Não.

Kardec: – Qual de vossos parentes logo pôde reconhecer?

O Espírito: – Reconheci minha mãe e meu pai; ambos me receberam ao despertar. Eles me iniciaram na vida nova.

Kardec: – Como explicar que no fim de vossa doença parecíeis conversar com os que havíeis amado na Terra?

O Espírito: – Porque tive, antes de morrer, a revelação do mundo que iria habitar. Eu era vidente antes de morrer e meus olhos se velaram na passagem da separação definitiva do corpo, porque muito vigorosos ainda eram os laços carnais.

Kardec: – Como é que as lembranças da infância parecem vir de preferência a outras?

O Espírito: – Porque o começo é mais aproximado do fim que do meio da vida.

Kardec: – Como o compreendeis?

O Espírito: – Porque os moribundos se lembram e veem, como uma miragem consoladora, os anos jovens e inocentes.

Kardec: – Por que, referindo-se ao vosso corpo, faláveis sempre na terceira pessoa?

O Espírito: – Porque, como disse, eu era vidente e sentia claramente as diferenças que existem entre o físico e o moral; tais diferenças, ligadas entre si pelo fluido da vida, tornam-se bem distintas aos olhos dos agonizantes clarividentes.

[Nota de Kardec] Eis aí uma particularidade singular, apresentada pela morte do senhor Saint-Paul. Nos seus últimos momentos dizia sempre: Ele tem sede; é preciso dar-lhe de beber; ele tem frio; é preciso aquecê-lo; ele sofre em tal região etc. E quando lhe diziam: Mas sois vós que tendes sede, ele respondia: Não, é ele. Aqui se desenham perfeitamente as duas existências; o eu pensante está no Espírito e não no corpo; já em parte desprendido, o Espírito considerava seu corpo como se fosse outra individualidade.

Kardec: – O que dissestes do vosso estado errante e da duração da vossa perturbação leva a crer que não sois muito feliz e, no entanto, vossas qualidades deveriam fazer supor o contrário.

O Espírito: – Estou num estado transitório. As virtudes humanas aqui adquirem seu verdadeiro valor. Sem dúvida meu estado é cem mil vezes preferível ao da encarnação terrena, mas sempre carreguei comigo as aspirações do verdadeiro bem e do verdadeiro belo, e minha alma não será saciada senão quando se alçar aos pés do seu Criador.

Eis alguns pensamentos recolhidos de *O céu e o inferno*:

> O progresso dos Espíritos ocorre gradualmente: é o fruto do próprio trabalho. Não são perfeitos, porque são as almas dos homens. O mundo corporal e o mundo espiritual identificam-se em perpétuas relações; pela morte do corpo, o mundo físico fornece seu contingente ao mundo espiritual; pelo nascimento, o mundo espiritual alimenta o mundo corporal. Chegam os Espíritos à perfeição somente após ter passado pelas provas da vida corporal. É, portanto, em encarnações sucessivas que a alma se desfaz pouco a pouco de suas imperfeições, até que seja pura o bastante para merecer deixar os mundos de expiação por mundos mais felizes. O purgatório é uma realidade, encontra-se nos mundos de expiação e a terra é um desses mundos...

> Portanto, o homem tem três alternativas: 1 – o nada; 2 – a absorção no todo universal; 3 – a individualidade da alma antes e depois da morte. Que o homem seja mergulhado no nada ou no todo universal, tanto faz para ele. Se, no primeiro caso, ele é aniquilado, no segundo, ele perde a individualidade, o que é o mesmo para ele.

Kardec distingue três tipos de almas: a alma vital, comum a todos os seres orgânicos (plantas, animais e homens); a alma intelectual, que é própria dos animais e dos homens; e a alma espiritual, que pertence apenas ao homem. É a última que é o princípio do nosso ego, após a morte.

Em 1859, um fato espantou toda Paris: no início da guerra da Itália, o filho de um comerciante foi sorteado para participar da campanha. Impossibilitado financeiramente de eximi-lo do serviço militar, que na época durava sete anos, o comerciante se suicidou a fim de isentá-lo, como filho único de mulher viúva... e poupá-lo da morte no campo de honra.

Um ano depois, foi evocado na Sociedade de Paris a pedido de pessoa que o conhecera, desejosa de certificar-se da sua situação no mundo espiritual.

Kardec a são Luís: – Podereis dizer-nos se é possível evocar o Espírito desse homem?

São Luís: – Sim, e ele ganhará com isso, porque ficará mais aliviado.

O Espírito do comerciante: – Oh! Obrigado! Sofro muito, mas... é justo. Contudo, ele me perdoará.

[Nota de Kardec] O Espírito escreve com grande dificuldade; os caracteres são irregulares e malformados; depois da palavra "mas", ele para e, procurando em vão escrever, apenas consegue fazer alguns traços indecifráveis e pontos. É evidente que foi a palavra "Deus" que ele não conseguiu escrever.

Kardec: – Tende a bondade de preencher a lacuna com a palavra que deixastes de escrever.

O Espírito: – Sou indigno de escrevê-la.

Kardec: – Dissestes que sofreis; compreendeis que fizestes muito mal em vos suicidar; mas o motivo que vos acarretou esse ato não provocou qualquer indulgência?

O Espírito: – A punição será menos longa, mas nem por isso a ação deixa de ser má.

Kardec: – Podereis descrever-nos essa punição?

O Espírito: – Sofro duplamente, na alma e no corpo; e sofro neste último, conquanto o não possua, como sofre o operado a falta de um membro amputado.

Kardec: – A realização do vosso suicídio teve por causa unicamente a isenção do vosso filho ou concorreram para ele outras razões?

O Espírito: – Fui completamente inspirado pelo amor paterno, porém, mal inspirado. Em atenção a isso, a minha pena será abreviada.

> Kardec: – Podeis precisar a duração dos vossos padecimentos?
> O Espírito: – Não lhes entrevejo o termo, mas tenho certeza de que ele existe, o que é um alívio para mim.
> Kardec: – Há pouco não vos foi possível escrever a palavra "Deus", no entanto, temos visto Espíritos muito sofredores fazê-lo: será isso uma consequência da vossa punição?
> O Espírito: – Poderei fazê-lo com grandes esforços de arrependimento.
> Kardec: – Pois então fazei esses esforços para escrevê-lo, porque estamos certos de que sereis aliviado.

O Espírito acabou por traçar esta frase com caracteres grossos, irregulares e trêmulos: *"Deus é muito bom."*

> Kardec: Estamos satisfeitos pela boa vontade com que correspondestes à nossa evocação, e vamos pedir a Deus para que estenda sobre vós a sua misericórdia.

Depois, falando com são Luís:

> Podereis ministrar-nos a vossa apreciação sobre esse suicídio?
> São Luís: – Este Espírito sofre justamente, pois lhe faltou a confiança em Deus. A punição seria maior e mais duradoura, se não houvera como atenuante o motivo louvável de evitar que o filho se expusesse à morte na guerra. Deus, que é justo e vê o fundo dos corações, não o pune senão de acordo com suas obras.

Se a sexta-feira era dedicada às entrevistas com os espíritos, a noite de domingo era reservada ao concerto ou ao teatro. O casal, que tinha trabalhado tanto durante toda a semana, queria relaxar e se divertir. Sempre era reservado um camarote para eles pelo seu amigo Victorien Sardou, para a estreia de suas peças. Sucediam-se uma após outra em um ritmo acelerado, nunca houve uma tão grande fertilidade: tinha simultaneamente uma representação em um teatro, uma segunda em ensaio em outro teatro e uma terceira em andamento. Era encenado em todos os lugares: no Dejazet, no Ginásio, nas Variedades, no Palais-Royal, no Vaudeville, que se tornará o Teatro Paramount. Mas, em Paris, os intelectuais não gostam muito de sucesso. Como suas peças eram bem construídas, ele era tratado de arranjador habilidoso, de engenhoso usuário de todos os artifícios dramáticos. Como sabia usar da surpresa, o que hoje é chamado de suspense, os senhores críticos eram exigentes e diziam que suas peças eram fabricadas por pedaços juntados, por situações arbitrariamente costuradas umas com as outras. Não conseguiam perdoá-lo por ser comovente.

Sua fortuna e sua reputação iam crescendo, mas diz-se que a felicidade não é deste mundo: em 1867, no auge de sua glória, ele perdeu sua jovem esposa, a sra. de Brécourt, que o tinha salvado da febre tifoide e da miséria. Foi ela quem lhe colocou o pé no estribo apresentando-o para uma amiga, srta. Déjazet, que estava à procura de novos escritores para o teatro.

Dominando sua tristeza, Victorien deu à França sua primeira obra-prima: *Patrie!* (1869). E produziu sucessivamente três outras com seu talento: *La Tosca* (1887), que é objeto de um novo filme atualmente; *Termidor* (1894) e a imortal *Madame Sans-Gêne* (1893), que, em 2001-2002, continua proferindo impertinências no teatro e na televisão. Foi na *rue* Sainte-Anne que a truculenta duquesa de Danzig tinha exercido a função útil de lavadeira e encontrou-se com o tenente Bonaparte. Esperou o império para apresentar-lhe as notas que não tinha pagado durante a revolução.

Como é de regra, hoje em dia, quando o nome do dramaturgo é ofuscado pelos de seus intérpretes, é hora de pagar o tributo e situá-lo na história: Victorien Sardou (1831-1908) representa mais de quarenta anos de sucesso ininterrupto, de 1860 a 1906. Ininterrupta também sua lealdade ao espiritismo, pois presidiu o Congresso Internacional de 1900. Não seria ele o iniciador de tudo? Não foi ele o jovem médium do grupo dos quatro que veio trazer ao futuro Kardec os cinquenta cadernos de mensagens que recebia desde 1850. Desconfiado, o prof. Rivail, como vimos, começou por recusar. Mas estimulado pelo além, finalmente concordou em organizar essa bagunça que se tornou *O livro dos espíritos*. Se Sardou foi o iniciador do espiritismo francês, Kardec foi o codificador.

Outro amigo, o sr. Jacques Offenbach, mandava-lhe bilhetes de cortesia. O sr. Rivail cuidava de sua contabilidade na época em que aquele que Wagner chamava com desdém "o Mozart dos Champs-Elysées" dirigia o teatro das Folies Marigny. Convidado pelo compositor espiritual franco-alemão, o casal Kardec assistiu sucessivamente a *La Belle Hélène* (1864), *La Grande-Duchesse de Gérolstein* (1867), *La Périchole* (1868).

Resmungaram novamente os críticos: "sucesso extravagante de peças que não passam de piadas, palhaçadas musicais em voga sem sentido que serão esquecidas na próxima temporada." Só que ainda falamos delas cento e cinquenta anos depois!

Léon e Amélie, entusiastas da música clássica, apreciavam, no entanto, essas harmonias vivas e inebriantes como champanha. Não pareciam estar deslocados no Teatro das Variedades: *ele* sempre bem trajado, *ela* sempre viva e graciosa na sua elegância; ambos imersos em êxtase.

E na carruagem que os levava de volta para *rue* Sainte-Anne, ele perguntava ritualmente: "Sra. Boudet está satisfeita com sua noite?"

Eles teriam gostado muito da barcarola dos *Contos de Hoffmann*, mas somente foram representados após a morte do compositor. Offenbach e Kardec, bons conhecedores da literatura romântica alemã, sempre aos limites do mistério, devem ter falado de Hoffmann, que dizia: "Vejo coisas que são invisíveis aos olhos terrestres."

O ano de *La Périchole* foi para Kardec o ano da sua obra intitulada *A gênese*, o último grande livro seu, que é a síntese dos quatro anteriores.

> Esta nova obra é mais um passo dado ao terreno das consequências e das aplicações do espiritismo. Conforme seu título o indica, tem ela por objeto o estudo dos três pontos até agora diversamente interpretados e comentados: a gênese, os milagres e as predições, em suas relações com as novas leis que decorrem da observação dos fenômenos espíritas.

Na origem, o único conhecimento dos povos era religioso. Assim, os primeiros livros sagrados foram, ao mesmo tempo, os primeiros livros de ciência. Mas, posteriormente, foi a humanidade adquirindo novos conhecimentos, assim, em vez de uma gênese imaginária, houve uma gênese positiva, experimental de certa forma.

A teoria física, a ciência geológica vieram substituir ou corrigir as fábulas do Antigo Testamento sobre o nascimento do mundo. Desse modo, a ciência é chamada para estabelecer a verdadeira gênese das leis da natureza.

Ele pinta assim um magnífico afresco dos seis primeiros dias da criação:

> O primeiro dia, evocando o céu, a Terra e a luz, corresponde à criação astronômica: aglomeração de matéria cósmica, num ponto do espaço, em nebulosa que deu origem, pela condensação da matéria em diversos pontos, às estrelas, ao sol, à Terra, à lua e a todos os planetas. A Terra está em um estado fluido e brilhante. A atmosfera está carregada com vapor de água.
>
> Segundo dia, separação das águas que estão acima das que estão debaixo, corresponde ao período primário: endurecimento da superfície da Terra, pelo resfriamento; formação das camadas graníticas; atmosfera espessa e ardente; ausência completa de vida orgânica.
>
> Terceiro dia, as águas que estão debaixo do firmamento se reúnem; formam-se os mares e a camada sedimentar, o sol começa a atravessar a atmosfera brumosa, as primeiras plantas aparecem: líquenes, musgos, samambaias, gramíneas, bem como os primeiros zoófitos de animais marinhos, pólipos, crustáceos...
>
> O quarto dia, aquele do sol já mencionado, da lua e das estrelas, corresponde ao período secundário. A temperatura menos ardente. Deus suscita a criação de novas espécies de vegetais; as primeiras árvores ao mesmo tempo em que os animais de concha e grandes répteis aquáticos e anfíbios.

Note-se que, de acordo com o Antigo Testamento, a criação do sol é posterior à criação da luz. Desta vez, Kardec dá razão para o antigo livro contra a ciência.

> O Sol [explica ele] não é o princípio da luz universal; mas uma concentração do elemento luminoso em um ponto, ou, por outra, do fluido que, em dadas circunstâncias, adquire as propriedades luminosas. Esse fluido, que é a causa, havia necessariamente de preceder ao Sol, que é apenas um efeito. O sol é *causa*, relativamente à luz que dele se irradia; mas é *efeito*, com relação à que recebeu.
>
> O quinto dia, aquele dos peixes e dos pássaros, corresponde ao período terciário: grandes intumescimentos da crosta sólida, formação dos continentes, dos mares, aparição dos animais pré-históricos gigantescos, assim como dos mamíferos da atualidade.
>
> No sexto dia, aquele da criação do homem, sucede o dilúvio universal que ocorreu após o período terceiro. É o período quaternário (pós-diluviano) que prossegue até nossos dias.

Em seis ocasiões, depois de cada criação, *A gênese* diz: "E Deus viu que era bom." Após a criação do homem, não diz nada, como se compreendesse que tinha imprudentemente introduzido em sua obra essencialmente boa a desordem da liberdade maligna e inteligente, criando este novo ser capaz de sabotá-la e destruí-la! Ele previu nosso século 20, do qual Kardec e seus contemporâneos estavam esperando mundos e fundos.

A segunda parte de *A gênese*, de acordo com o autor, se refere aos milagres e às predições do Cristo:

> Os fatos relatados no *Evangelho*, e que até agora foram considerados como milagrosos, pertencem na maior parte à ordem dos fenômenos psíquicos, ou seja, aqueles que têm por causa principal as faculdades e os atributos da alma. O que parecia sobrenatural no tempo de Jesus tornou-se comum em nosso tempo.

De fato, quando se conhecem os princípios do fluido perispiritual, pode-se experimentar as manifestações miraculosas e sobrenaturais, mencionadas no *Evangelho*. Sem nada prejulgar quanto à natureza do Cristo, natureza cujo exame não entra no quadro dessa obra, partindo do princípio que é um Espírito superior, não podemos deixar de reconhecer que, pelas suas virtudes, foi dos mais elevados e muitíssimo acima da humanidade terrestre. Como Espírito superior, sua alma, provavelmente, não se achava presa ao corpo, senão pelos laços estritamente indispensáveis. Constantemente desprendida, decerto lhe dava *dupla vista*... uma excepcional penetração. No mais, a qualidade de seus fluidos (perispirituais ou psíquicos) lhe conferia imensa força magnética, secundada pelo incessante desejo de fazer o bem.

Quando se perguntava a Kardec: "O Cristo agia como médium nas curas que operava? Poder-se-á considerá-lo poderoso médium curador?" Ele respondia:

Não, porquanto o médium é um intermediário, um instrumento de que se servem os Espíritos desencarnados, e o Cristo não precisava de assistência, pois que era ele quem assistia os outros. Agia por si mesmo, em virtude do seu poder pessoal. Se algum influxo estranho recebia, esse só de Deus lhe poderia vir: o Cristo era médium de Deus.

Quando curava os cegos ou os paralíticos, ele costumava dizer: "Os teus pecados te são perdoados." E Kardec traduzia: "Você pagou suas dívidas; a causa da sua doença está apagada pela presença de sua fé. Como resultado, você merece ser aliviado da doença."

Mas o essencial de sua última obra não reside nisso, mas na afirmação da realidade da evolução, ainda muito contestada na época.

Por pouco que se observe a escala dos seres vivos, do ponto de vista do organismo, é-se forçado a reconhecer que, desde o líquen até a árvore e desde o zoófito até o homem, há uma cadeia que se eleva gradativamente, sem solução de continuidade e cujos anéis todos têm um ponto de contato com o anel precedente. Ainda que isso lhe fira o orgulho, tem o homem que se resignar a não ver no seu corpo material mais do que o último anel da animalidade na Terra. Aí está o inexorável argumento dos fatos, contra o qual seria inútil protestar.

Apenas três anos [explica André Dumas] após a publicação *Da Origem das espécies por meio da seleção natural*, de Charles Darwin; dois anos antes de *O lugar do homem na natureza*, livro em que Thomas Huxley proclamou o parentesco do macaco com o homem, Allan Kardec já ensinava a origem animal do corpo humano, ao passo que o próprio Darwin abordou abertamente esse problema muito mais tarde, em 1871, em *Da descendência do homem*.

E André Dumas recorda a hostilidade encontrada pelas teorias de Darwin por parte de muitos cientistas, como Claude Bernard e, em 1873, a recusa do Instituto da França para eleger o cientista inglês como correspondente estrangeiro. Além disso, o sucessor de Gabriel Delanne e de Hubert Forestier nota que Kardec parece ter tido conhecimento antecipado da radioatividade trinta anos antes de sua descoberta por Becquerel.

O espiritismo é uma ciência de observação e uma doutrina filosófica [escreveu Allan Kardec]. Como uma ciência prática, consiste nas relações que podem ser estabelecidas com as almas; como filosofia, diz respeito a todas as consequências morais decorrentes dessas relações.

As manifestações espíritas, qualquer que seja sua natureza, nada têm de sobrenatural ou de maravilhoso. São fenômenos que ocorrem sob a lei que rege as relações do mundo visível e do mundo invisível; lei tão natural quanto às da eletricidade, da gravidade.

Caminhando de par com o progresso, o espiritismo jamais será ultrapassado, porque, se novas descobertas lhe demonstrassem estar em erro acerca de um ponto qualquer, ele se modificaria nesse ponto. Se uma verdade nova se revelar, ele a aceitará. As manifestações dos espíritos são de dois tipos: efeitos físicos e comunicações inteligentes. A doutrina espírita não tem sua origem entre os homens; é a obra das almas que não podem ser queimadas nem colocadas na cadeia. Em resumo, o espiritismo hoje é um fato estabelecido.

No final de sua vida, Léon Denis, Gabriel Delanne e Camille Flammarion também afirmaram: "A prova da sobrevivência está dada!" No final da minha, em 2004, percebo com tristeza que não é o caso!

Segundo a filosofia de Kardec, a evolução dos mundos encarnados está associada a uma evolução dos mundos espirituais, também incontáveis. É pela pluralidade dos mundos que ele explica e justifica a gênese bíblica, texto confuso e contraditório, em que se cruzam a versão eloísta e a versão jeovista, onde só podia ver, após tantos outros, o grande livro de maldições.

A passagem seguinte projeta sobre símbolos, até então obscuros e fontes de descrença, uma luz na qual diversas formas de cristianismo deveriam se inspirar:

> O paraíso terrestre, cujos vestígios têm sido inutilmente procurados na Terra, era, por conseguinte, a figura do mundo ditoso, onde vivera Adão, ou, antes, a raça dos Espíritos que ele personifica. A expulsão do paraíso marca o momento em que esses Espíritos vieram encarnar entre os habitantes do mundo terráqueo e a mudança de situação foi a consequência da expulsão. O anjo que, empunhando uma espada flamejante, veda a entrada do paraíso simboliza a impossibilidade em que se acham os Espíritos dos mundos inferiores de penetrar nos mundos superiores, antes que o mereçam pela sua depuração.

Criado como um pequeno protestante, o jovem Rivail, como o jovem Jean-Jacques, foi alimentado com o Antigo Testamento, que tinha que ser seguido ao pé da letra. Embora tenha se distanciado dele muito cedo, ele poderia ter assinado as seguintes linhas, que são de Kardec:

Não rejeitemos, pois, a gênese bíblica; ao contrário, estudemo-la, como se estuda a história da infância dos povos. Trata-se de uma época rica de alegorias, cujo sentido oculto se deve pesquisar; que devem ser comentadas e explicadas com o auxílio das luzes da razão e da ciência.

Dezenove séculos antes dele, Paulo explicava aos gálatas, nossos compatriotas instáveis, que a gênese devia ser considerada no sentido alegórico.

Ao organizar os papéis do mestre após a sua morte, Leymarie encontrou esta nota profética escrita em dezembro de 1860:

> Tenho publicado quatro volumes substanciosos, sem falar de coisas acessórias. Os Espíritos instam para que eu publique *A gênese* em 1867, antes das perturbações. Durante o período da grande perturbação terei de trabalhar nos livros complementares da doutrina, que não poderão aparecer senão depois da forte tormenta e para os quais me são precisos de três a quatro anos. Isso nos leva, o mais cedo, a 1870.

24. Allan Kardec coloca seus afazeres em dia

As reuniões das sextas-feiras à noite eram tão sérias quanto seu dirigente. Nunca ocorreram incidentes eróticos, como aqueles relatados pelo jornalista católico Gougenot des Mousseaux:

> Durante as sessões do famoso Daniel Home, de vez em quando, um sopro secreto e misterioso penetrava sob as saias das mulheres curiosas. Um dia, entre duas senhoras que conheço bem, uma terceira, amiga delas, soltou um grito de angústia e recuou apavorada:
> – Oh! Você não pode imaginar a audácia! – gritou ela truncando sua frase pronunciada com uma viva indignação...
> No mesmo instante, escapou uma risadinha estridente do peito de todas as pessoas do sexo feminino.

Os espíritos convocados por Kardec eram pessoas bem educadas. Nunca penetrou um sopro impuro sob as crinolinas da *rue* Sainte-Anne, pois ele não o teria tolerado.

Ele tinha também que reagir contra as fofoqueiras que iam às reuniões, não para instruir-se nem se aperfeiçoar, mas para falar com os espíritos e perguntar-lhes sobre o futuro. Suas predições pareciam-lhes menos onerosas e mais seguras do que as da cartomancia, da borra de café, da astrologia e das linhas da mão. Nota-se a respeito que essa divinação, a única com uma base corporal e com um código específico, é completamente abandonada hoje em dia.

O bom mestre devia desconfiar especialmente daqueles que tentavam levá-lo a aderir a qualquer oposição ao império. "Os Espíritos não fazem política!", respondia ele num tom seco. Ele suspeitava que houvesse na assistência auditores designados pela prefeitura de polícia, como tinha acontecido na sala Psyché.[43]

Kardec era profundamente republicano, embora reconhecesse em Napoleão III um homem de boa vontade que tinha passado do império autoritário para o império liberal e que, em 1864, tinha concedido aos trabalhadores o direito de greve, algo que todo mundo ignora.

Não foi pelos seus biógrafos franceses, ansiosos para não prejudicarem Kardec, que sabemos que o imperador gostava de sua conversa e recebia o professor em particular, mas pela sra. Blackwell. Esse homem, tão caluniado também, sofria de solidão espiritual. A quem ele poderia ter contado a experiência psíquica vivida por Josefina, sua avó? Durante sua primeira noite nas Tulherias, eis que Maria Antonieta lhe aparece e grita muito irritada: "Mas, afinal, senhora, o que está fazendo na minha cama?"

Ou ainda o calvário de sua mãe, a rainha Hortense, que tinha perdido um menino de cinco anos e encontrou o reconforto numa brilhante demonstração sonora. Ou ainda a solicitação feita ao seu tio, o príncipe Eugène de Beauharnais, por um monge que tinha voltado das profundezas da eternidade. Foi durante a campanha da Rússia que o príncipe estava escrevendo em sua tenda, à luz de uma vela, quando, de repente, levantou-se a cortina e apareceu um monge ortodoxo.

– Proteja meu convento de Zwenigorod contra a pilhagem, disse ele. Você vai ser um dos poucos que vão voltar sãos e salvos para sua pátria e seus descendentes servirão à Rússia.

Após essas palavras, ele sumiu. Imediatamente, Eugène perguntou às sentinelas que estavam de guarda:

– Deixaram um monge entrar?

---

[43] Sala Psyché, em Paris, onde médiuns organizavam conferências e sessões públicas de contatos com os espíritos. (N. da T.)

– Não, Alteza, absolutamente ninguém!

– Devo ter sonhado então! – pensou o príncipe.

No dia seguinte, ele chegou ao convento de Zwenigorod com seus soldados. Entrando na igreja, parou petrificado diante de um grande ícone onde reconheceu os traços do seu visitante noturno.

– Quem é esse personagem? – perguntou o príncipe a um monge.

– É nosso fundador abençoado, Alteza. Ele fundou nossa comunidade no século 12.

O mosteiro foi poupado e a previsão foi realizada: Eugène voltou para casa são e salvo. Maximiliano, seu filho, casou-se com Maria Nikolaïevna, filha de Nicolau I; seus descendentes se estabeleceram na Rússia, onde serviram a sua nova pátria, até a revolução de 1917.

Sabemos o quanto Victor Hugo foi duro e até mesmo feroz contra Napoleão III. Por isso, sob seu reinado, era preferível não falar do ilustre exilado. No entanto, a *Revista Espírita* o fez, quando comentou a morte de Emilie de Putron, em Jersey, e outra vez na ocasião do enterro da sra. Victor Hugo. Podemos, portanto, simultaneamente admirar tanto o liberalismo do imperador quanto o modo franco de escrever de Allan Kardec:

> A sra. Victor Hugo, que faleceu em Bruxelas, foi trazida de volta para França para ser sepultada em Villequier, junto com sua filha e seu genro. Victor Hugo acompanhou sua esposa até a fronteira. No túmulo de Villequier, o sr. Paul Meurice pronunciou as seguintes palavras: "Eu gostaria apenas de dizer adeus por todos nós. Sabeis bem, vocês que a rodeiam pela última vez, quem foi, quem é essa alma tão bela e tão doce, esse espírito adorável, esse grande coração. Ah! Esse grande coração particularmente! Como ela amava amar! Como ela gostava de ser amada! Como ela sabia sofrer com aqueles que amava! Ela, a esposa do maior dos homens, foi pelo coração que ela conseguia se erguer à altura desse gênio. Quase o igualava por compreendê-lo tão bem. Mas já tem que nos deixar! E temos que deixá-la! Sabemos, no entanto, que já encontrou a quem amar, pois agora está com seus dois filhos, aqui (apontando para o túmulo de sua filha) e lá (apon-

tando para o céu). Ontem à noite, na fronteira, Victor Hugo me fez um pedido: 'Diga à minha filha que por enquanto lhe mando sua mãe' (sic). E agora, adeus, então! Adeus para o presente! Adeus para o ausente! Adeus, nossa amiga! Adeus, nossa irmã! Adeus, não, até logo!"

O sr. Paul Foucher, irmão da sra. Hugo, no artigo que escreveu para o jornal *La France*, termina com essas palavras: "Afastamo-nos todos afetados, embora mais calmos e convencidos, mais do que nunca, que o desaparecimento de um ser é um encontro marcado por ele no tempo, numa hora indeterminada."

Naquela ocasião, o editor da *Revista Espírita* fez questão de lembrar a carta de Victor Hugo para Lamartine na hora da morte da esposa deste, datada em 23 de maio de 1863:

> *Caro Lamartine,*
> *Atingido por um grande infortúnio, preciso colocar meu coração junto do seu. Eu adorava aquela que você amava. Seu espírito elevado vê além do horizonte; ele pode enxergar claramente a vida futura. Não é preciso dizer: guarda a esperança! Você é um daqueles que sabem, e que estão à espera. Ainda é sua companheira, invisível, mas presente. Perdeu a esposa, mas não a alma.*
> *Caro amigo, acredite, vivemos com os mortos!*
> *Teu, Victor Hugo*

E Kardec completa:

> As palavras pronunciadas pelo sr. Victor Hugo e o que escreveu em muitas circunstâncias provam que não só acredita nessa vaga imortalidade em que acredita toda a humanidade, com poucas exceções, mas também nessa imortalidade claramente definida que tem um propósito que satisfaz a razão e dissipa a incerteza sobre o destino que espera cada um de nos.

Em seguida, faz um paralelo entre os sentimentos que animaram Victor Hugo em tal circunstância e a definição de imortalidade publicada no jornal *Le Figaro*, em 3 de abril de 1868, sob o título: "*Dicionário do Figaro*: Imortalidade: conto de enfermeiros para tranquilizar seus pacientes."

No início de 1869, Allan Kardec estava determinado a deixar a sede da Sociedade, cujo contrato estava terminando, para instalar-se definitivamente na Villa Ségur. Era neste lugar que se sentia em casa, aí ele podia levar uma vida tranquila, essencial para sua saúde. Acontecimentos trágicos tinham sido anunciados de maneira tão confusa, sem que ele pudesse entender se se tratava de sua vida ou da França: faltavam apenas dois anos para a Comuna. Eram apocalípticas as previsões, mas sempre o foram desde são João. Desde a longa mensagem de Jesus ao apóstolo, a humanidade vive o Apocalipse que culminou no século 20, tempos terríveis dos quais não saímos ainda.

Fazia alguns anos que sua existência era organizada em torno da Villa Ségur. Aos domingos, ele recebia para o almoço seus melhores amigos: Alexandre Delanne, com sua esposa e seu filho Gabriel, Pierre-Gaëtan Leymarie, Émile Müller, Camille Flammarion, sr. e sra. Desliens, srs. Tailleur e Morin, sempre discretos e dedicados.

> Seria um erro acreditar que, por causa do seu trabalho, Allan Kardec tinha que ser um personagem sempre frio; nada disso [escreve Henri Sausse, seu primeiro biógrafo]. Depois de tratar dos pontos mais difíceis da psicologia ou da metafísica transcendental, mostrava-se expansivo, sabendo deixar todo mundo à vontade, mesmo os mais humildes. Ele tinha um talento especial para distrair os convidados que frequentemente recebia em sua mesa e com quem sabia compartilhar sua alegria comunicativa.

Leymarie disse algo semelhante:

> Muitas vezes, ele aparecia nos momentos de cansaço e, sentado à minha mesa, ria com anedotas encantadoras e expressões gaulesas para

nos distrair e, estimulados, compartilhávamos esse momento juntos. Depois, retornava alegremente a sua cadeira. Aos domingos, especialmente nos últimos dias de sua vida, chamava os amigos para jantar na sua Villa Ségur. Então o grave filósofo, depois de conversar com médicos sobre os pontos mais ousados e mais controvertidos da doutrina, fazia de tudo para distrair todo mundo. Como uma criança, com simplicidade procurava proporcionar uma doce alegria para seus hóspedes, e tinha um gênio especial para fazê-lo com dignidade, sobriamente, gentilmente, misturando uma nota particular de bonomia amigável.

Na Villa Ségur, o clima era descontraído e alegre. E a comida era boa. Boa demais talvez para Kardec, que, como cardíaco, deveria evitar os alimentos muito pesados. Mas Amélie, como as mulheres do seu tempo, era orgulhosa da excelência de sua mesa. Essa fada do lar não tinha nenhuma noção de dietética.

Alguns me dizem: deve ser difícil para um escritor retratar uma existência tão rotineira, tão banal. Além de algumas preocupações momentâneas, onde será que se escondem os segredos abafados? Onde estão as aventuras escabrosas? Onde estão os esqueletos do fundo do armário?

Em um capítulo de suas *Histórias mágicas da história da França*,[44] Louis Pauwels supõe ter descoberto um que é considerável.

> Para alguns [escreveu Pauwels], Kardec morreu de uma ruptura de aneurisma no seu escritório da passagem Sainte-Anne, na véspera de sua mudança para a Villa Ségur, por ter carregado o dia todo móveis e dossiês pesados cheios de confidências etéreas.
>
> Para outros, não superou a revelação de um jovem de dezenove anos que se passava por seu neto. Já em 1856, Aline C., a médium preferida do mestre, recebeu este aviso do Espírito de Verdade: "[...] Traição, mesmo daqueles que te parecerão os mais dedicados". Ora, no dia de sua morte, o jovem lhe disse: "Aline C. foi a primeira a te

---

[44] Em colaboração com Guy Breton, t. 2, Albin Michel, 1977.

enganar. Faz dezenove anos que, com alguns cúmplices, produziu manifestações do além perfeitamente falsas, pois me descreveu em detalhes como fazia para te ludibriar."

Deixemos de lado a questão da impostura de Aline e tentemos reconstruir a história da criança pretensamente escondida. Não era uma Mazarine,[45] mas um Mazarin.

Conhecendo Kardec, podemos ter certeza de que jamais enganaria sua Amélie e que o pai do jovem em questão só poderia ter nascido por volta de 1830, fruto de um relacionamento da juventude que antecede em dois anos o casamento do prof. Rivail com a srta. Boudet, que, continuando no terreno da suposição, o teria compreendido. Para simplificar as coisas, chamemo-lo de Mazarin I.[46] Em 1850, tem vinte anos e gera, por sua vez, Mazarin II, que vem em 1869 fazer a revelação sobre a jovem Aline.

Nunca se ouviu falar desse neto de Léon Rivail, uma existência ignorada de todo mundo. Por volta de 1875, Mazarin II torna-se pai de Mazarin III, permanecendo tão discreto quanto seu pai. Amélie, que deixará este mundo somente em 1883, certamente teria de saber de tudo.

Por volta de 1900, Mazarin III gera Mazarin IV, que vai provocar um escândalo em 1932. Alegando ser o neto de Allan Kardec, enquanto seria no máximo apenas o neto do seu neto,[47] ele conta, de conferência em conferência, o seguinte romance negro: ao saber que foi enganado durante anos por sua médium favorita, Kardec renegou toda sua obra e cometeu o suicídio.[48]

---

[45] Alusão feita a Mazarine Pingeot, filha de François Mitterrand. Ela nasceu em 1974, mas a paternidade só se tornou pública vinte anos depois. (N. da T.)

[46] Por absoluta ausência de dados que possam sustentar essa suposição, o nome Mazarin, como se pode depreender da nota anterior, é completamente fictício.

[47] Wantuil e Thiesen (in: Allan Kardec, FEB), a esse respeito dão notícias de um certo Marcel Kardec, cujo nome verdadeiro era Louis Henri Ferdinand Dulier, que nos anos 30 se dizia neto de Kardec. Em pesquisa realizada por Jorge Damas, os Arquivos de Paris declaram que não há registro de nenhuma descendência do sr. Rivail.

[48] Nenhuma das duas afirmações se sustenta em bases documentais: se a srta. Alice Carlotti realmente trabalhou como médium junto a Allan Kardec, nada leva a crer qualquer tipo de favoritismo ou precedência sobre outros médiuns que se projetaram

Esses fatos me foram contados por um leitor amigo, sr. Marceau Sicaud, que, com doze anos de idade, foi levado por seu pai a uma dessas palestras caluniadoras organizadas pelo pároco de Pontoise. O sr. Sicaud me disse também que tinha falado com André Dumas, que declarara ter conhecimento desses rumores escandalosos.

Quanto a mim, revoltado com a atitude do pretenso descendente de Kardec, resolvo fechar este parêntese constrangedor e prossigo a minha crônica de seus últimos dias.

Estava Kardec mais interessado por enquanto no destino da Villa Ségur. Tinha avisado a comissão da Sociedade Parisiense dos Estudos Espíritas:

> Preciso pensar no futuro e preparar uma fundação que, depois de mim, possa auxiliar aquele que me substituir na grande tarefa que terá de desempenhar. Essa fundação, sobre a qual ainda devo guardar silêncio, se prende à propriedade que possuo, e é em vista disso que aplico uma parte do que ganho para melhorá-la. Como estou longe dos milhões com que me gratificaram, duvido que meus recursos pessoais me permitam um dia dar a essa fundação o complemento que em vida lhe queria destinar. Uma vez, porém, que a sua realização está nos desígnios dos meus guias espirituais, se eu mesmo não o fizer, é provável que, um dia ou outro, isso se fará. Enquanto aguardo, vou elaborando os projetos no papel.

Os planos foram deixados no estado de notas. Após sua morte repentina, Pierre-Gaëtan Leymarie os encontrou em meio a uma inacreditável bagunça[49] de textos inéditos: projetos de artigos e reflexões filosóficas do mestre, esboços de livros, como o *Livro das previsões*

---

muito mais, como a srta. Ruth Japhet, as srtas. Julie e Caroline Baudin e a srta. Ermance Dufaux. Do mesmo modo, o atestado de óbito de Kardec é conclusivo e não permite qualquer suposição de suicídio. (Ver Wantuil, Z. e Thiesen, F.. *Allan Kardec*, FEB, Rio de Janeiro e Martins, Jorge D. *Allan Kardec, análise de documentos biográficos*. Lachatre, Niterói.)

[49] Como se sabe, no momento de sua desencarnação, móveis, utensílios e documentos estavam sendo organizados para a mudança de endereço que ocorreria no dia a seguir.

concernentes ao espiritismo. Esse manuscrito continha comunicações inéditas recebidas entre 1856 e 1868. Será que ele as publicaria? É pouco provável, porque eram acompanhadas de certas reservas. Leymarie reuniu todos esses fragmentos e os publicou sob o título *Obras póstumas.* O livro teve um grande sucesso. Em 1978, André Dumas decidiu retomá-lo sem remover os itens reunidos por seu antecessor. Juntou todos e foram apresentados numa ordem diferente, com novos títulos e cabeçalhos.

Aqui estão os planos tais como Kardec os redigiu:

> No século em que vivemos e tendo-se em vista o estado dos nossos costumes, os recursos financeiros são o grande motor de todas as coisas, quando são empregados com discernimento. Na hipótese de que esses recursos, de um ou outro modo, cheguem a mim, eis o plano que me proponho a seguir: o mais urgente seria conseguir um local convenientemente localizado e organizado para as reuniões e recepções. Sem luxo, o que seria inapropriado, seria preciso que nada acusasse penúria, mas que apresentasse um aspecto tal para que as pessoas de distinção pudessem vir sem se rebaixar. Além do meu alojamento particular, deveria incluir:
>
> 1. uma grande sala para as sessões da Sociedade e para as grandes reuniões;
> 2. um salão de recepção;
> 3. um tipo de santuário destinado às evocações íntimas;
> 4. um escritório para a *Revista*, os arquivos e os negócios da Sociedade;
> 5. uma biblioteca com todos os livros e periódicos franceses e estrangeiros, antigos e modernos, relacionados ao espiritismo.
>
> O salão de recepção estaria aberto todos os dias, durante certas horas, aos membros da Sociedade, que aí poderiam conversar livremente, ler os jornais e consultar os arquivos e os livros. Os adeptos estrangeiros de passagem por Paris, apresentados por um membro, seriam admitidos.

Seria estabelecida uma correspondência regular com os diferentes centros da França e no estrangeiro. Um assistente do secretário e um entregador seriam empregados pelo estabelecimento. Um curso regular de espiritismo com o objetivo de desenvolver os princípios da ciência e difundir o gosto pelos estudos teria a vantagem de estabelecer a unidade de princípio, tornar os seguidores informados, capazes de difundir nossas ideias e desenvolver grande número de médiuns. Considero que esse tipo de curso pode exercer uma influência fundamental no futuro do espiritismo.

Dar-se-ia um maior desenvolvimento à *Revista Espírita*, quer pelo aumento da tiragem, quer por uma maior frequência. Seria contratado um redator remunerado. Um anúncio em jornais populares levaria ao conhecimento do mundo inteiro nossas ideias espíritas, incentivando as pessoas a aprofundá-las, impondo silêncio aos nossos detratores. Dois ou três meses do ano seriam consagrados às viagens para visitar os vários centros e ajudá-los no seu bom direcionamento. Se os recursos o permitissem, um fundo seria estabelecido para custear certo número de missionários, esclarecidos e de talento. Uma organização completa e a assistência de ajudas remuneradas me liberariam de uma série de preocupações materiais para deixar-me o tempo necessário para realizar o restante do trabalho a ser feito. Se um dia me fosse dado de realizar esse projeto, bastariam com certeza alguns anos para fazer avançar a doutrina em alguns séculos.

Para alcançar esse belo programa, precisava-se de dinheiro. Os livros didáticos do sr. Rivail eram uma boa fonte de renda. Vinham também se juntar os direitos de seus livros espíritas, cujas edições multiplicavam-se, bem como os investimentos criteriosos detectados por Amélie, que mantinha sempre relações úteis no ambiente notarial. Um colega do sr. Boudet sugeriu-lhe que se estabelecesse no subúrbio próximo. Com esse conselho e com suas economias, o casal adquiriu atrás dos Invalides, indo para a Escola Militar, um belo terreno de 2600 m², onde construíram a Villa Ségur. Em seguida, ele emprestou cinquenta mil francos para erguer umas dez casas destinadas à moradia dos membros da Sociedade Espírita na sua velhice, pois ele pensava em viver com eles uma longa aposentadoria tão tranquila quanto estudiosa.

A intenção de Kardec era converter sua propriedade em estabelecimento destinado a assegurar uma existência independente àquele que fosse sucedê-lo; a este e àqueles que fossem ajudá-lo na sua missão.

> Isso é o que pretendo; mas se tal satisfação não me for dada, eu sei que de uma forma ou outra os Espíritos que dirigem o movimento cuidarão de todas as necessidades em tempo hábil. Por isso não me preocupo e cuido do que é para mim o essencial: a conclusão do meu trabalho. Feito isso, irei embora quando agradar a Deus chamar-me de volta.

O dia de sua partida estava chegando e ele de alguma maneira intuía isso. Foi quando resolveu escrever suas últimas vontades, fazendo de Amélie sua legatária universal e sua executora testamentária. Nesse mesmo período, decidiu mudar-se o mais rápido possível para a Villa Ségur e empacotar tudo: cartas, documentos, textos inéditos, recortes de jornais, antigos números da *Revista Espírita*, seus próprios livros, sem mencionar sua biblioteca, um verdadeiro monumento clássico que havia sido formado desde sua juventude. Uma mudança é sempre uma prova física e mental, ainda mais quando se trata de um escritor no final da carreira, que além disso é diretor de revista! Pode-se imaginar o número de dossiês, caixas e baús para serem enchidos e remexidos. Apesar disso, ele encontrou tempo para escrever, na *Revista* de abril de 1869, uma síntese de sua doutrina, que por minha vez resumo:

1. O homem tem uma alma ou Espírito, princípio inteligente, no qual residem o pensamento, a vontade e o senso moral. É o ser principal, preexistente e sobrevivente ao corpo. Seja durante a vida carnal ou depois, ele é revestido do perispírito. Esse corpo fluídico é o molde da forma do corpo material.

"Fluido" é um termo de que Kardec gostava; hoje em dia, prefere-se o termo "vibrações".

2. O Espírito é imortal; apenas o corpo é perecível.

3. Os Espíritos, liberados do corpo carnal, constituem o mundo invisível ou espiritual, que nos circunda e no qual vivemos. As alterações vibratórias produzem imagens e objetos tão reais para os Espíritos (que também são vibrações) quanto são as imagens e os objetos físicos na Terra para os homens.

4. A morte do corpo não altera a natureza da alma, que mantém as habilidades intelectuais e morais adquiridas durante a vida na Terra. É um erro pensar que os falecidos são onipotentes e oniscientes.

5. Em função do grau de sua purificação moral, o Espírito é feliz ou infeliz; ele sofre de suas próprias imperfeições por consequências naturais, sem que a punição resulte de uma condenação especial e individual. A infelicidade do homem na Terra provém da não observância das leis divinas. Quando conformar seus atos e suas instituições sociais a essas leis, será tão feliz quanto o permite sua natureza corporal.

6. Aquilo tudo que o homem adquiriu durante a vida terrena em conhecimento e perfeição moral jamais é perdido, pois ele é, na vida após a morte, o que ele fez dele próprio na vida presente.

7. O progresso é a lei universal; em virtude dessa lei, eleva-se a alma indefinidamente.

8. Os Espíritos estão entre nós; cercam-nos, veem-nos, ouvem-nos e, em certa medida, misturam-se às nossas ações.

9. Encontram-se entre eles todos os graus de conhecimento e de ignorância, de bondade e de perversidade que existem na Terra (quanto a nós da Terra, atraímos as entidades que se parecem conosco).

10. O céu e o inferno, segundo a crença vulgar, são locais definidos de recompensas ou punições. Os Espíritos têm, em si, os elementos de sua felicidade ou do seu sofrimento; eles carregam em si seu inferno ou seu céu. "Céu" e "inferno" são apenas palavras figurativas.

"O reino dos céus está em vós", disse o Cristo. Poderia ter acrescentado: "O inferno também".

Há tantos graus entre as almas quantas as nuances nas aptidões intelectuais e morais. À medida que o espírito avança na perfeição, habita mundos cada vez mais elevados, física e moralmente. É sem dúvida o que entendia Jesus com essas palavras: "Há muitas moradas na casa do meu pai".

11. As almas podem manifestar-se aos homens de várias maneiras, pela inspiração, a fala, a vista ou a escrita. Seu conhecimento no espaço, como na Terra, é subordinado ao seu grau de avanço. Há aqueles que, em certas coisas, sabem menos do que os homens. Suas comunicações estão em consonância com seu conhecimento, portanto, não podem ser infalíveis. Seu pensamento também pode ser alterado pelo meio através do qual ele passa para se manifestar.

É o que chamo de fenômeno de coloração: coloração protestante em Pedro, Swedenborg, Pauchard e os mensageiros anglo-saxões; coloração católica em Roland, Paqui, Simone e na maioria dos mensageiros franceses; coloração científica em Georges Morrannier.[50]

Há aqueles que perguntam para que servem as comunicações dos Espíritos, já que eles não sabem mais do que os homens. Respondemos que servem para afirmar a imortalidade da alma. Suas mensagens nos ensinam onde estão, o que são, o que fazem. Destroem os preconceitos sobre a natureza e a condição das almas após a morte.

Se há uma área em que abundam os preconceitos, é bem essa. A maioria das pessoas tem em mente apenas clichês quando se trata de mundo paralelo.

12 – As comunicações dos Espíritos são opiniões pessoais que não devem ser aceitas cegamente.

Seria uma prova de ignorância e de leviandade aceitar como verdades absolutas tudo aquilo que vem dos Espíritos. Dizem o que sabem e não são donos da verdade. Cabe a nós submeter seus ensinamentos ao controle da lógica e da razão.

Lógica e razão são termos usados frequentemente nos escritos do filósofo.

13 – Sendo as manifestações a consequência do contato constante entre as almas e os homens, houve fenômenos dessa natureza em todas as épocas.

Joana d'Arc, por exemplo, recebeu vários dons psíquicos e espirituais.

---

[50] Os nomes citados são na maioria de pessoas que atuaram como médiuns. (N. da T.)

As manifestações estão na ordem das leis da natureza, relacionam o mundo material com o mundo espiritual, tendem a elevar o homem comprovando que a Terra para ele não é o começo nem o fim de todas as coisas. O homem tem outros destinos. O homem é um infinito.

14 – Os seres chamados de anjos ou demônios não são criações especiais, distintos da humanidade. Os anjos foram também encarnados e chegaram à perfeição; os demônios são Espíritos ainda imperfeitos, mas que vão se melhorar.

Swedenborg diz a mesma coisa. Seria contrário à justiça e à bondade de Deus ter criado seres condenados ao mal para sempre, incapazes de voltarem ao bem, e outros privilegiados, livres de qualquer trabalho para alcançar a perfeição e a felicidade.

Deus não concede favores, nem privilégios a nenhuma de suas criaturas. Todos têm um ponto de partida comum e o mesmo caminho a percorrer para alcançarem a felicidade.

15 – Não aceitamos os milagres no sentido teológico da palavra: nada se realiza fora das leis da natureza. Alguns fatos foram considerados milagrosos simplesmente porque suas causas físicas não são conhecidas.

16 – Todas as faculdades intelectuais e morais têm sua origem no princípio espiritual e não no princípio material.

17 – Purificando-se, a alma tende a se aproximar da divindade, princípio e fim de todas as coisas.

18 – A emanação divina carrega em si o germe, o princípio do bem que é seu objetivo final. Com perseverança, deve superar as imperfeições.

19 – Tudo que tende a elevar o homem, a livrá-lo das pressões da matéria, seja de forma filosófica ou religiosa, é um elemento de progresso que aproxima o ser do bem.

Todas as religiões levam a esse objetivo, por meios mais ou menos eficientes e racionais, de acordo com o grau de avanço dos homens que as fizeram.

Seu testamento espiritual, ó Kardec, termina *ex abrupto* no artigo 19. Como 19 é um número incompleto, acho que, de repente, dominado pelo cansaço, não teve tempo de compor o artigo 20, dedicado à reencarnação. Mas esse processo não mais lhe dizia respeito; você chegou aqui na Terra com o máximo de conhecimento espiritual.

Suponho até que o artigo 21 teria exposto a esperança da vida eterna, a bela esperança já falada por Cícero.

Um programa espiritual em 21 pontos (3 x 7) parece-me em sintonia com seu pensamento pitagórico.

Creio então ser fiel ao seu espírito, no duplo sentido da palavra, adicionando esses dois itens devidos a sua caneta clássica. Um retirado da *Revista Espírita* de 1866 e outro da *Revista Espírita* de 1865.

> [20] – Inscrevendo no frontispício do espiritismo a suprema lei do Cristo, nós abrimos o caminho do *espiritismo cristão*; temos, pois, motivos para desenvolver os seus princípios. Que outros possam fazer melhor que nós; não iremos contra, porque jamais dissemos: 'Fora de nós não há verdade'. Nossas instruções, pois, são para os que as acham boas; são aceitas livremente e sem constrangimento; traçamos uma rota e a segue quem quer; damos conselhos aos que no-los pedem, e não aos que julgam deles não precisar. Quanto à supremacia, ela é toda moral e na adesão dos que partilham nossa maneira de ver. Não estamos investidos de nenhum poder oficial; não nos conferimos nenhum título, e o único que tomaríamos com os partidários de nossas ideias é o de irmão em crença. Se nos consideram como seu chefe, é devido à posição que nos dão nossos trabalhos. Nossa posição é a que qualquer um de nós poderia tomar antes de nós; nosso direito, o que tem todo mundo de trabalhar como entende e de correr o risco do julgamento do público.

Temos motivos, não estamos investidos de nenhum poder. Lembremos novamente que o 'nós' encontrado tantas vezes não é de majestade, mas de modéstia. Por outro lado, o 'nós' da passagem seguinte é de comunidade humana.

> [21] – A doutrina espírita muda inteiramente a maneira de encarar o futuro. A vida futura não é mais uma hipótese, mas uma realidade.

> O estado das almas depois da morte não é mais um sistema, mas resultado da observação. O véu está levantado; o mundo invisível nos aparece em toda a sua realidade prática. Não foram os homens que o descobriram pelo esforço de uma concepção engenhosa, são os próprios habitantes desse mundo que nos vêm descrever sua situação. Nós aí os vemos em todos os graus da escala espiritual, em todas as fases da felicidade e da desgraça. Assistimos a todas as peripécias da vida de além-túmulo. Aí está para os espíritas a razão da calma com que encaram a morte, a serenidade de seus últimos instantes na Terra. O que os sustenta não é só a esperança, é a certeza. Sabem que a vida futura é apenas a continuação da vida presente em melhores condições, e a esperam com a mesma confiança com que aguardam o nascer do sol, após uma noite de tempestade. Os motivos desta confiança estão nos fatos de que são testemunhas, e no acordo desses fatos com a lógica, a justiça e a bondade de Deus, e as aspirações íntimas do homem.

Pouco antes da morte do velho druida, Alexandre Delanne levou-lhe um jovem sonâmbulo, de uma inteligência muito vulgar, mas que fazia diagnósticos notáveis.

– Está vendo em mim um órgão particularmente frágil? – perguntou Kardec.

– Sim, senhor. O coração!

– Trata-se então de me indicar o tratamento.

– Não posso, senhor. Meu médico-anjo não está aqui agora. É ele quem receita os remédios.

25. Imortalidade, luz da vida

Na noite de 31 de março de 1869, os espíritas de Lyon receberam um telegrama (dizia-se 'remessa' na época) que os mergulhou no espanto e na consternação: "O sr. Allan Kardec faleceu, ele será enterrado sexta-feira. E. Müller"
Seguiu logo uma carta com esclarecimentos:

> *Amigos, Allan Kardec morreu esta manhã de 31 de março entre 11h e meio-dia, subitamente, ao entregar um número da* Revista Espírita *a um caixeiro de livraria que acabava de comprá-lo; curvou-se sobre si mesmo, sem proferir uma única palavra. Estava sozinho em sua casa, colocando em ordem livros e papéis para a mudança que havia iniciado e que deveria terminar amanhã. O porteiro, alertado pelos gritos da criada e do caixeiro, correu ao local, ergueu-o... nada, nada mais. Delanne acudiu com toda a presteza, friccionou-o, magnetizou-o, mas em vão. Tudo estava acabado...*
> *Acabo de vê-lo. Ao entrar na casa, com móveis e utensílios diversos atravancando a entrada, pude ver, pela porta aberta da grande sala de sessões, a desordem que acompanha os preparativos para uma mudança de domicílio. Introduzido numa pequena sala de visitas, que conheceis bem, com seu tapete ver-*

> *melho e seus móveis antigos, encontrei a sra. Kardec sentada no canapé, de frente para a lareira; ao seu lado, o sr. Delanne.*

Amélie está como uma estátua derrubada. Seus olhos, que miram para longe, não têm mais lágrimas. Está desesperada por ter estado ausente, por não ter podido segurar sua mão no momento supremo. Tinha ido de manhã cedo à *rue* de Lille, nova sede da Sociedade, para reorganizá-la nas bases indicadas pelo marido.

Quando, ao meio-dia, voltou à *rue* Sainte-Anne, que choque! Deixou-se cair no sofá e não saiu mais dali.

Sempre pequena e delicada, agora tem setenta e quatro anos. Pensativa, ela medita nos trinta e sete anos de felicidade tranquila que acabam de terminar. Trinta e sete anos de paz harmoniosa! Será que percebe o quanto é raro?

Por enquanto, ela imagina que, em breve, vai seguir o homem que ama, o que a ajuda a suportar a dor. Na realidade, ainda tem quatorze anos para viver sem ele.

Émile Müller continua:

> *Diante deles, sobre dois colchões colocados no chão, junto à porta da pequena sala de jantar, jazia o corpo, restos inanimados daquele que todos amamos. Sua cabeça, envolta em parte por um lenço branco atado sob o queixo, deixava ver toda a face, que parecia repousar docemente e experimentar a suave e serena satisfação do dever cumprido. Nada de tétrico marcara a passagem de sua morte; se não fosse a parada de respiração, dir-se-ia que ele estava dormindo. Cobria-lhe o corpo uma coberta de lã branca, que, junto aos ombros dele, deixava perceber a gola do robe de chambre, a roupa que ele vestia quando fora fulminado; a seus pés, como que abandonadas, suas chinelas e meias pareciam possuir ainda o calor do corpo dele. Tudo isto era triste e, entretanto, um sentimento de doce quietude penetrava-nos a alma; tudo na casa era desor-*

dem, caos, morte, mas tudo aí parecia calmo, risonho e doce. Diante daqueles restos, forçosamente meditamos no futuro.

Eu vos disse que na sexta-feira é que o enterraríamos, mas ainda não sabemos a que horas. Esta noite seu corpo está sendo velado por Desliens e Tailleur; amanhã será por Delanne e Morin.

Procuram-se entre os seus papéis suas últimas vontades, se é que ele as escreveu; de qualquer forma, o enterro será puramente civil. Escrever-vos-ei, dando-vos os pormenores da cerimônia.

Eis o que ele fez no dia 4 de abril:

Amigos,
Uma grande folha de papel! Enchê-la-ei esta noite?
Curvado, abatido, começo apenas a despertar de uma emoção muito natural. Parece-me ter estado a sonhar, entretanto tal não ocorreu e não posso ter o consolo de uma ilusão. Tudo é realidade, verdade brutal, sancionada por um fato. Mas sou feito de molde a que meu pensamento não pode se acostumar à ideia de que ele já não existe!

Que já não existe! Compreendei bem o que minha pena deseja dizer? Pois o que penso, o meu coração desmente o que ela exprime. Entretanto é bem verdade! Sexta-feira, dirigimo-nos ao campo de repouso, conduzindo seus despojos mortais; e o lúgubre ruído da terra, cobrindo seu caixão, repercutiu em ecos em meu coração. Que vos direi?... que sofri, e que não chorei? Minha intenção – a triste cerimônia fúnebre realizada! – era a de vos escrever logo em seguida, porém o meu pensamento paralisado e o meu organismo abatido não permitiram que meu coração tivesse esse doce consolo; eu não pude fazê-lo!

Sucumbindo à emoção, ele interrompeu sua carta, mas depois continuou, dando detalhes sobre a cerimônia que ocorreu no cemitério de Montmartre, onde o enterro era para ser provisório. A inumação ocorreu na parte do cemitério que não tinha ilustres sepulturas, e o lugar foi recuperado depois pela cidade de Paris. Hoje em dia, este local é coberto pelas ruas Oslo, Coysevox, Joseph de Maistre e o n° 237 da *rue* Marcadet, onde morei por vinte e dois anos.

O primeiro discurso foi proferido pelo sr. Levent, em nome da Sociedade Espírita de Paris. Inicialmente, ele elogiou em termos convencionais e sinceros o mestre, falou do seu tato, da sua benevolência, sua lógica superior e inspirada, sua incrível capacidade de trabalho, seus preciosos livros que se tornaram clássicos, destinados a ter um impacto global.

No entanto, de repente, sua voz embargou:

> Ah! se, como a nós vos fosse dado ver essa massa de materiais acumulados no gabinete de trabalho desse infatigável pensador; se, conosco, tivésseis penetrado no santuário de suas meditações, veríeis esses manuscritos, uns quase terminados, outros em curso de execução, ainda outros apenas esboçados, esparsos aqui e ali, como a dizer: Onde está, pois, nosso mestre, sempre tão matinal à obra?

O sr. Levent está passando por um momento de grande emoção, quase revoltado.

> Ah! mais do que nunca, vos exclamaríeis também, com expressões de lamentações tão amargas, quase ímpias: Por que Deus precisou chamar de volta o homem que poderia ainda fazer tanto bem? Essa inteligência cheia de seiva? O farol que nos tirou das trevas, e nos fez entrever esse novo mundo muito mais vasto, muito mais admirável, que aquele que imortalizou o gênio de Cristóvão Colombo? Esse mundo cuja descrição tinha apenas começado, e do qual já pressentíamos as leis fluídicas e espirituais.

Por que Deus precisou chamá-lo de volta? O momento de fraqueza do sr. Levent é compreensível, a certeza da vida após a vida não impede a dor da ruptura. Sinto-me chocado por aqueles que resolvem o problema dizendo: a morte não existe.

Seus discípulos sentiram-se de repente órfãos, Kardec tinha sessenta e quatro anos, mas sua morte parecia prematura, ele tinha tantos projetos, tanto para fazer. Tinham verdadeiros motivos de aflições. Qualquer desaparição de um homem de bem, de um homem de Deus é prematura.

Impaciente para tomar a palavra depois do sr. Levent, Camille Flammarion pulou sobre um monte; tinha vinte e sete anos de idade na época. Após ter retraçado a existência daquele que era o bom senso encarnado, que tinha enxugado tantas lágrimas e aberto tantas consciências para a beleza do espírito, ele queria expandir a questão e levá-la para o plano cósmico. Animado pelo seu ardor lírico, ele gritou:

> A ciência rege o mundo doravante; e, senhores, não será estranho a este discurso fúnebre observar sua obra atual e as induções novas que ela nos descobre, precisamente do ponto de vista de nossas pesquisas.
>
> Em nenhuma época da história, a ciência desenvolveu, diante do olhar admirado do homem, horizontes tão grandiosos. Sabemos agora que a Terra é um astro, e que nossa vida atual se cumpre no céu. Pela análise da luz, conhecemos os elementos que queimam no Sol e nas estrelas, a milhões, a trilhões de léguas de nosso observatório terrestre. Pelo cálculo, possuímos a história do céu e da Terra em seu passado distante, como em seu futuro, que não existem pelas leis imutáveis. Pela observação, pesamos as terras celestes que gravitam na amplidão. O globo onde estamos se tornou um átomo estelar voando no espaço, em meio das profundezas infinitas, e a nossa própria existência sobre este globo tornou-se uma fração infinitesimal de nossa vida eterna. Mas o que pode, a justo título, nos ferir mais vivamente ainda é esse espantoso resultado dos trabalhos físicos operados nestes últimos anos: que vivemos em meio de um mundo invisível, agindo sem cessar ao nosso redor. Sim, senhores, aí está para nós uma revelação imensa.
>
> Tudo não é senão metamorfose. Transportados em seu curso eterno, os átomos constitutivos da matéria passam, sem cessar, de um corpo a outro, do animal à planta, da planta à atmosfera, da atmosfera

ao homem, e nosso próprio corpo, durante a duração inteira de nossa vida, muda incessantemente de substância constitutiva, como a chama não brilha senão pelos elementos renovados sem cessar...

No momento em que ele fala, é ainda apenas uma hipótese o atomismo universal. Muitos estudiosos rejeitam-na. Como a igreja, rejeitam também a pluralidade dos mundos, que será descoberta no século 20.

Em seguida, Flammarion se revê quando jovem talentoso indo apresentar seu primeiro livro para o autor de *O livro dos espíritos*.

> Tu foste o primeiro, ó mestre e amigo, tu foste o primeiro que, desde o início da minha carreira astronômica, testemunhou uma viva simpatia. Muito frequentemente nos entretemos juntos dessa vida celeste tão misteriosa; agora, ó alma, sabes por uma visão direta em que consiste essa vida espiritual, à qual retornaremos todos e que nos esquecemos durante esta existência.
>
> Agora retornastes a esse mundo de onde viemos e recolhes os frutos dos teus estudos terrestres. O teu envoltório dorme aos nossos pés, teu cérebro está aniquilado, os teus olhos estão fechados para não mais se abrirem, a tua palavra não se fará mais ouvir... Sabemos que todos nós chegaremos a esse mesmo último sonho, à mesma inércia, ao mesmo pó. Mas não é nesse envoltório que colocamos a nossa glória e a nossa esperança. O corpo cai, a alma permanece e retorna ao espaço.
>
> Encontrar-nos-emos, nesse mundo melhor, e no céu imenso onde se exercerão as nossas faculdades, as mais poderosas, continuaremos os estudos que não tinham sobre a Terra senão um teatro muito estreito para contê-los.
>
> Gostamos mais de saber esta verdade do que crer que tudo jaz inteiramente nesse cadáver, e que a tua alma haja sido destruída pela cessação do funcionamento de um órgão. A imortalidade é a luz da vida, como esse brilhante sol é a luz da natureza.
>
> Até breve, meu caro Allan Kardec, até breve.

Essa hora de revê-lo chegou cinquenta e seis anos depois, em 5 de junho de 1925. Era um lindo dia, o sol brilhava como naquele dia 2 de abril de 1869. Camille abriu sua janela, com vista para o jardim de Juvisy. Inalando o ar fresco que subia de vasta área verde, ele estendeu os braços num gesto de invocação ao esplendor do mundo, virou-se para sua segunda esposa e disse: "Que belo dia, ah! Gabrielle, que dia lindo!..." E caiu, derrubado por um ataque cardíaco, exatamente como Allan Kardec.

Devo à sra. Odette Boyer, sua sobrinha-neta, essa evocação de seus últimos momentos, após ter lembrado sua brilhante juventude.

Depois de Camille Flammarion, Alexandre Delanne falou em nome dos centros provinciais e principalmente em nome do grupo de Lyon, o primeiro a ter sido avisado.

As testemunhas do funeral não mencionam a presença de Amélie. Tudo indica que, física e moralmente afetada, ela tenha permanecido na *rue* Sainte-Anne, voluntariamente, sozinha naquele dia e dias seguintes.

Uma vez recuperados as suas forças e o seu espírito de luta, divulgou o testamento que a nomeava legatária universal. A cláusula que lhe diz respeito e que ela pretendia cumprir é a seguinte:

> A sra. Allan Kardec, única proprietária da *Revista Espírita* e dos livros, aceita por devoção à doutrina doar, anualmente, ao fundo do espiritismo, o excedente dos lucros provenientes seja da venda das obras espíritas ou das assinaturas, seja das operações da livraria espírita, mas com a condição expressa:
>
> Primeiro, que ninguém, sendo membro do comitê central ou de outro, terá o direito de interferir nesse assunto e que os pagamentos, quaisquer que sejam, serão recebidos sem observação, considerando que ela pretende gerenciar tudo pessoalmente, cuidar das reimpressões e pagar os empregados etc.
>
> Segundo, a *Revista Espírita* é aberta à publicação de artigos que o comitê considerar úteis, mas na condição expressa de que sejam primeiro sancionados pela proprietária.
>
> Terceiro, o caixa central do espiritismo será entregue nas mãos de um tesoureiro. Os fundos serão investidos em aquisições de terrenos.

Ó digna filha do sr. Julien Boudet, notário de profissão, como você está certa! Neste mundo, nada vale mais do que terrenos e bens imobiliários. Sob sua liderança, a Sociedade Parisiense de Estudos Espíritas foi reconstituída em sociedade anônima com um capital de quarenta mil francos divididos em quarenta unidades de mil francos cada qual para o bom funcionamento da livraria, da *Revista Espírita* e das obras de Allan Kardec. A SPES estabeleceu-se no número 7 da *rue* de Lille, e você na Villa Ségur, que de repente lhe pareceu muito grande.

É outra sociedade. A SPEP continuou existindo, mas sem força histórica

As seis casas com jardim não foram construídas e o empréstimo de cinquenta mil francos que o casal tinha contraído com o Crédit Foncier foi devolvido.

O corpo de Allan Kardec permaneceu apenas um ano na parte inferior do cemitério de Montmartre, destinada a ser retomada pela municipalidade em busca de terrenos para construir. A viúva de Kardec organizou-se com a Sociedade para comprar um lugar no Père-Lachaise e construir um monumento em forma de dólmen maciço, lembrando sua vida de druida. Os procedimentos administrativos e o trabalho do escultor levaram vários meses, e, em 31 de março de 1870, a nova sepultura pôde acolher os discípulos, cujo número só ia aumentando.

Renovados de geração em geração, vêm-se reunindo desde então, todos os anos, em volta do túmulo mais visitado e mais florido da capital...

E isso há cento e trinta e quatro anos.

No entanto, no último terço do século 20, idade de ouro do vandalismo, dos crimes de covardia, de profanação dos lugares de culto e de cemitérios, o dólmen sofreu um atentado. Até agora, nos piores períodos da nossa história (e Satã sabe quão numerosos foram), os cemitérios tinham sido respeitados. Foi em julho de 1989. Um grupo de "combatentes pela supremacia da razão" reivindicou o ataque. Mais um!

26. Os precursores de Allan Kardec

Em 2004 celebra-se o bicentenário do nascimento de Allan Kardec. Ora, em 1804, o ano da coroação de Napoleão na Notre-Dame, foi publicado na Saxônia um livro que teve certa repercussão. Seu título era *Aparições de minha esposa após sua morte*. O autor, dr. Karl Wötzel de Chemnitz, conta, admirado, seu *Erlebnis*:[51]

> Eu estava em nosso quarto [escreveu ele], quando senti de repente um vento forte girar em torno de mim, embora estivessem fechadas as portas e janelas. A lâmpada apagou-se sozinha e a porta da alcova se abriu. Foi quando vi minha esposa sorrindo murmurar-me: "Karl, eu sou imortal... e vamos nos encontrar novamente..." Depois disso a forma desapareceu.
>
> Eu não podia acreditar, era muita felicidade! Minha bem amada estava viva e podia dizê-lo. Ficava repetindo essa frase que me trazia de volta à vida: "Karl, eu sou imortal... e vamos nos ver de novo".
>
> Mas logo a dúvida tomou conta de mim: Não, isso não é possível, nunca se viu, é bom demais para ser verdade. Tomo meus desejos por realidade. Fui vítima de uma alucinação. Ah! Como ter certeza que isso é real?
>
> A aparição voltou acompanhada dos mesmos fenômenos. Só que dessa vez, Baldour, o cachorro da casa, estava presente. Ele foi ao en-

---
[51] Experiência particular.

contro do fantasma e começou a girar e pular em torno dele, freneticamente, abanando o rabo, com pequenos gritos de alegria e surpresa.

Graças a Baldour, o bom doutor teve certeza então de que a visita era objetiva e que lhe trouxera a prova definitiva e incontestável da sobrevivência.

No entanto, a doutrina espírita na Europa não nasceu na Alemanha, mas na França, na cidade de Alès, em circunstâncias que Kardec parece ter ignorado.

Em 1475 apareceu em Burgdorf, na Suíça de língua alemã, um *Tractatus de apparitionibus post exitum*, atribuído a Jacques Junterbuck, teólogo polonês que lecionou em Erfurt.

Nesse livro encontra-se a história de Guy du Corbeau:

> Em 27 de dezembro de 1323, sua viúva, ainda aterrorizada, foi ver o abade João Gobi dos frades pregadores da cidade de Alès para lhe dizer que todas as noites o fantasma de seu marido a visitava. Embora não se mostrasse, falava em voz alta e de modo inteligível.
>
> Em vez de virar para a senhora e dizer-lhe "Minha cara, a senhora está louca", o padre João a ouviu de modo receptivo e deu a explicação certa: "Deus é maravilhoso em todas as suas obras; ele quer mostrar a seus servos algo novo para fortalecer a nossa fé.

Houve, portanto, o que deve ser chamado de uma sessão.

> O prior leu o início do *Evangelho do Senhor segundo são João*, cujo dia estava sendo comemorado, e em seguida citou o ofício dos mortos. Mas na hora que acabava de pronunciar *Agnus Dei qui tollis peccata mundi*, uma voz vinda da cama do falecido respondeu: "Amém! Eu sou Guy!"

Uma espécie de furacão, que não quebrou nada, atravessou a sala. Todos os presentes, inclusive o teólogo Pierre de Bourgogne e representantes nomeados pelo governador de Alès, queriam fugir. O espírito tranquilizou todo mundo. Começou um diálogo que relatei com mais detalhes no meu livro *A premonição e nosso destino*.[52]

Gostaria apenas de lembrar essa réplica, quando perguntaram: "Guy, por que você não foi ver os religiosos em vez de vir assombrar sua esposa?" Ele respondeu: "Amava mais minha esposa do que todos os religiosos, por isso escolhi me aproximar dela."

No final da entrevista, o espírito de Guy começou a gemer e o padre lhe devolveu sua liberdade nesses termos: "Criatura de Deus, te devolvo a Deus."

Essa história exemplar marca o início da espiritologia francesa e cristã. O padre João Gobi deveria ser seu santo padroeiro, mas ninguém aderiu a essa ideia.

Em Pamiers, o povo era menos tolerante e aberto do que em Alès. Em 23 de fevereiro de 1320, compareceu perante o bispo encarregado da inquisição no Ariège certo Arnauld Gélis, cercado por cinco dos seus seguidores. Eram suspeitos de catarismo. A fogueira de Montségur (em 16 de março de 1249) não tinha acabado com todos os perfeitos,[53] e em todo o Sul, apesar da repressão da Igreja e do poder real, subsistiam ainda focos de 'heresia'.

Arnaud Gélis, do Mas-Saint-Antonin, pôde provar que não era cátaro. No entanto, submetido à tortura (autorizada por Inocêncio III, em 1216, sob essa bendita prática), ele confessou, experimentando sofrimentos intoleráveis, que costumava entrar em comunicação com os falecidos e que foi iniciado nesse intercâmbio por seu antigo mestre Hugues de Durfort, cônego da catedral, já falecido, felizmente para ele.

– Sim – reconheceu Arnaud Gélis, quando pôde recuperar a fala –, tenho o privilégio de falar com os espíritos, independentemente do tempo ou do lugar e das minhas ocupações. São eles que me chamam;

---

[52] Prieur, Jean. *La Prémonition et notre destin*. Robert Laffont, 1989.
[53] Perfeitos ou bons homens eram os títulos como eram conhecidos os que aderiam ao catarismo. A palavra 'cátaro', em occitano, significa 'puro'. Para conhecer melhor esse movimento, tão próximo das ideias trazidas pelo espiritismo, recomendamos a obra *Os cátaros e a heresia católica*, de Hermínio Miranda, Lachâtre.

quando um deles vai se manifestar, sinto em mim alguma agitação e, em seguida, posso ouvir uma voz interior.

– E o que diz essa voz? – perguntou o bispo.

– Ensina-me que, logo após a morte, os homens tornam-se espíritos e devem expiar seus pecados. É quando eles pedem nossas orações para aliviar seu sofrimento. Eles não são abandonados; os anjos que já viveram na terra vêm ajudá-los a se tornarem melhores e adverti-los para estarem prontos para o dia em que serão admitidos em um *locus requiei...*[54] que não é o céu, mas um lugar de descanso e espera.

– E onde está esse lugar de espera?

– Não se sabe, é como o céu, está localizado no espaço infinito. Mas o que se sabe é que uma vida virtuosa é necessária para alcançá-lo.

O que aconteceu com Arnaud Gélis e seus seguidores? Não parece que tenham sofrido o terrível ritual da fogueira, que poderia chamar a atenção para seu grupo de crentes. É mais do que provável que todos tenham sido condenados à prisão perpétua e jogados numa dessas masmorras subterrâneas imundas chamadas de calabouço.

Em 1586, Pierre Le Loyer, autor de livros sobre o demônio, publicou em Angers uma obra extensa de mil páginas intitulada *Discursos e histórias dos espectros, visões e aparições de espíritos, anjos, demônios e almas, que se tornam visíveis aos homens; uma obra dividida em oito livros, nos quais visões maravilhosas e prodigiosas aparições ocorreram em todos os séculos, entregues e recolhidas dos mais famosos autores tão sagrados quanto profanos em que é manifestada a certeza dos espectros e visões dos espíritos, e são apresentadas as causas de seus vários tipos de aparições, seus efeitos, suas diferenças e os meios de reconhecer os bons e os maus, e de expulsar os demônios*, por Pierre Le Loyer. Na época, estavam na moda títulos longos e explícitos.

Antes de atirar-se de cabeça nas feitiçarias, aparições, íncubos e súcubos, Pierre Le Loyer (1550-1634) havia publicado *Travessuras e brincadeiras da juventude* e ganhou um prêmio nos jogos florais de Toulouse. Tornou-se conselheiro do rei na cadeira do tribunal de Angers,

---

[54] Literalmente "lugar para descansar".

instruiu o julgamento de magia e provou ser tão cruel quanto seus colegas, os benditos juízes. (Empresto esse eufemismo delicado do julgamento de Joana d'Arc.) Estávamos longe da atitude aberta e compreensiva de João Gobi, que via nas comunicações uma graça de Deus.

Dois anos depois, Noël Taillepied (1540-1589), que tinha recebido em Paris o capelo de doutor em teologia, obteve, em Rouen, igual sucesso com sua *Psicologia ou tratado da aparência dos espíritos, ou seja, das almas separadas, fantasmas, prodígios, acidentes maravilhosos*.
Na época (e até mesmo na época de Kardec),[55] 'psicologia' significava ciência das almas (separadas), e 'acidente' designava qualquer evento.
Eis algumas linhas desse tratado:

> Muitas vezes, quando parentes que residem em países distantes estão seriamente doentes, ouvimos cair em casa coisas que parecem pesadas e fazem um barulho estranho. Depois, descobrimos que isso aconteceu bem na hora em que esses parentes faleceram. É uma coisa comum para alguns que, quando uma pessoa morre, ouve-se portas e janelas se abrirem ou fecharem, alguém subir as escadas e outros casos semelhantes... Às vezes, um espírito se mostra em casa, vendo isso, os cães refugiam-se entre as pernas de seu dono e não querem sair porque temem muito os espíritos.

Ei, Noël Taillepied, com certeza os animais têm muito medo de fantasmas: rugem, rosnam, eriçam os pelos, se escondem debaixo dos móveis, aterrorizados, eles correm entre as pernas de seu dono. Mas também há casos em que eles ficam loucos de felicidade, quando conhecem a pessoa e essa visão os alegra.[56] Já vimos que foi justamente o que ocorreu no início de 1800, na casa do dr. Karl

---

[55] Kardec deu o título a sua *Revista Espírita: Jornal de estudos psicológicos*. Hoje utilizaríamos 'psíquicos' ou 'parapsicológicos'.
[56] Sobre essa questão da percepção de animais em relação à presenças espirituais, recomendamos outro livro de Jean Prieur: A alma dos animais. Lachâtre.

Wôtzel, da cidade de Chemnitz, que, de 1949 a 1990, foi chamada de Karl-Marx Stadt.[57]

A prova da realidade da sobrevivência da alma e do espiritualismo substancial foi, portanto, ó zombaria, ó paradoxo, levada em locais consagrados ao fundador do duplo materialismo, econômico e histórico.

Há mais de um século se repete que o *modern spiritualism*, herdeiro da antiga necromancia, nasceu em 1848 em uma fazenda assombrada em Hydesville (Nova Iorque) das relações simpáticas que se estabeleceram entre o espírito de fogo Charles Ryan e Margaret e Katie Fox, com quinze e doze anos de idade.

Na realidade, ele nasceu um século antes, em 1743, em Paris, como demonstrado por Allan Kardec, que gostava de pesquisar na história tudo o que anunciava o advento do espiritismo, que abriu o caminho para as crenças das quais ele se tornou o porta-voz. Em sua *Revista* de 1863, ele evoca o trágico romance *ante* e *post-mortem* de um jovem aristocrata com uma bela atriz de vinte anos, srta. Clairon (1723-1802). Tudo começou na Chaussée d'Antin, lugar onde o Espírito e os espíritos ainda não se manifestavam.

Claire Legris de Latude, chamada Clairon, despertava uma paixão arrasadora em um nobre bretão, sr. de S. (em suas memórias, ela dá apenas as iniciais dele; nunca se soube seu nome verdadeiro). Ela, no entanto, respondia aos seus sentimentos apenas com uma amizade distante. Essa frieza intensificou a paixão do jovem amante. Incomodada, furiosa, Claire resolveu de repente pôr um fim à relação. Ele ficou tão afetado que adoeceu, definhou e acabou morrendo em 1743. Eis o que diz a srta. Clairon:

> Dois anos e meio se passaram entre nosso primeiro encontro e sua morte. Ele me pediu para dar aos seus últimos momentos a doçura de me ver novamente. Meus próximos me impediram de fazê-lo. Morreu ao lado de seus criados e de uma velha dama amiga. Ele morava perto da Chaussée d'Antin, e eu na *rue* de Bussy, perto da abadia Saint-

---

[57] Cidade de Karl Marx.

Germain. Naquela noite, minha mãe e vários amigos estavam jantando na minha casa. Eu acabara de cantar belas canções pastorais e meus amigos estavam em êxtase quando, de repente, por volta das 23 horas, ouvimos um grito extremamente estridente. Sua modulação sombria e sua duração surpreenderam a todos. Senti uma profunda fraqueza invadir-me e fiquei quase quinze minutos desacordada.

Todos da minha família, os amigos, os vizinhos e até a polícia ouviam esse grito, sempre à mesma hora, partindo de sob minhas janelas e parecendo sair do nada. Eu não tinha por hábito jantar na cidade, mas nesses dias nada se ouvia, e várias vezes quando pedia notícias a minha mãe, aos domésticos, quando eu voltava para o meu quarto, ele partia no meio de nós.

Outra vez, eu pedi ao meu amigo Rosely para me acompanhar à *rue* Saint-Honoré para escolher algumas peças de tecidos. O único tema da nossa conversa foi o dito fantasma. O jovem espirituoso não acreditava em nada, mas ficou chocado com minha aventura; por isso me pediu para evocar o fantasma, prometendo-me acreditar em mim se ele me respondesse. Por fraqueza ou audácia, fiz o que ele pediu: o grito saiu três vezes, terrível por sua força e velocidade. Quando voltamos, foi preciso a ajuda de todos para nos tirar da carruagem, onde estávamos desacordados, tanto um como outro.

Mas, depois de algum tempo, eis que o som repetitivo mudou de natureza: aos gritos de dor sucederam-se tiros:

> Sete ou oito dias depois, o sino das 11 horas foi seguido de repente por um tiro disparado em uma das minhas janelas. Todos ouvimos o tiro, mas a janela não sofreu nenhum dano. Concluímos que alguém procurava atentar contra minha vida, que erraram o alvo e, por isso, era preciso tomar cuidado. O intendente correu até a casa do sr. de Marville, então tenente da polícia e seu amigo. Fizeram visitas nas casas próximas à minha. Nos dias seguintes, foram examinadas com minúcia. A minha também. A rua estava cheia de polícia. Apesar de todo cuidado tomado, durante três meses inteiros os tiros foram ouvidos sempre à

mesma hora, na mesma vidraça, sem que ninguém pudesse ver de onde saíam. Esse fato se encontra anotado nos registros da polícia.

Mas as manifestações hostis e perturbadoras deixaram lugar a outras mais leves como batidas de palmas atrás da porta de Claire; após os aplausos, vinham sons de ópera...

E, de repente, tudo ficou calmo. A srta. Clairon ignorava a origem desses fenômenos, que pararam bruscamente após dois anos e meio. Disposta a mudar-se para morar no bairro Marais, não para fugir do espírito que agora a deixava em paz e que, de qualquer forma, a encontraria em qualquer lugar, colocou uma placa na janela: "Apartamento para alugar". Foi então que a velha senhora que assistira até o fim o sr. de S. tomou esse pretexto para apresentar-se a srta. Clairon e dar-lhe um relato dos últimos momentos do jovem infeliz:

> Ele contava cada minuto [disse ela], quando, por volta das dez e meia, seu criado disse que você realmente não viria. Após um momento de silêncio, ele pegou minha mão com um ar de desespero redobrado que me assustou:
> – A bárbara! disse ele, não vai ganhar nada com isso. Vou assediá-la tanto depois da minha morte quanto durante minha vida!
> Tentei acalmá-lo, mas já era tarde.

Envelhecida por sua vez, a srta. Clairon escreveu em suas memórias essa trágica história que nós vamos analisar.

Note-se que, ao contrário das irmãs Fox, ela nunca se desmentiu.

O jovem de S. havia dito antes de morrer: "Vou assediá-la tanto depois da minha morte quanto durante minha vida!" Ele manteve a sua palavra: o relacionamento durou dois anos e meio, a assombração também durou dois anos e meio.

Esses acontecimentos objetivos, jamais visuais, sempre sonoros, ocorrem pelo vínculo do amor, mais exatamente por esse sentimento complexo, amplo e muito poderoso chamado em alemão *Hassliebe* e para o qual deveria ser criado o termo 'odioamor'.

Ocorrem na mesma hora para dar a prova da identidade, para que não sejam atribuídos ao acaso. O grito prolongado soava regularmente às 23 horas, horário da morte do jovem. Todos ouvem, até a polícia; não se trata de uma alucinação auditiva. Da mesma forma, a polícia ouve os tiros que substituíram os gritos. Seria interessante encontrar os relatórios com esses registros.

O grito prolongado ocorre apenas com a presença de Claire, alertando todos os vizinhos. A manifestação concreta está ligada a sua pessoa e não a sua casa. Se ela se muda, o espírito a segue, e a acompanha quando ela está na carruagem.

É o tipo mesmo de fenômeno espontâneo: o espírito toma a iniciativa, mas sem resultar num diálogo. Claire não teve a ideia de pegar um lápis nem de recorrer às batidas relacionadas ao alfabeto.

Finalmente, houve uma mudança gradual: as manifestações terríveis, os gemidos de agonia e os tiros foram seguidos por ocorrências amigáveis, aplausos, sons de ópera. Correspondem à evolução do jovem no mundo paralelo: renunciando gradualmente aos seus sentimentos de ressentimento e vingança, ele perdoa e sobe para as esferas felizes.

André Breton tinha em vida conhecimentos e dons psíquicos que lhe permitiram produzir todos esses fenômenos, provando que as desilusões amorosas duram a vida inteira e até mesmo no além.

27. Seus sucessores

Apesar de tantas manifestações decisivas, apesar de tantas pesquisas conduzidas na França, Inglaterra, Itália, Alemanha, Estados Unidos e Brasil, ainda estamos na aurora do século 21, a se perguntar: existe vida após a morte?

"As evidências estão aí, a imortalidade agora é um fato estabelecido", disse Kardec no final de sua vida, e todos os seus sucessores acreditaram nisso tão firmemente quanto ele. Após ter resolvido de forma afirmativa a pergunta "Existe vida após a morte?", seus discípulos fizeram uma segunda: "O espiritismo é uma ciência ou uma religião?" Flammarion optou pela primeira, embora reconhecendo que a contribuição dos espíritos para a sua especialidade era muito questionável. Jovem, ele havia recebido mensagens de Galileu, na presença de Victorien Sardou e Kardec, que foram publicadas no livro *A gênese*. Posteriormente, ele expressou dúvidas quanto a sua origem: "Não aprendi nada com aquelas páginas sobre astronomia", admitiu ele com honestidade e bom senso. "Não demorei a concluir que era apenas o eco do que eu sabia e que Galileu não tinha nada a ver com isso. Era como uma espécie de sonho acordado". Foi ele, e não Allan Kardec, como se pensa, que formulou este aforismo: "o espiritismo será científico ou não subsistirá".

No cemitério de Montmartre, diante da sepultura temporária do seu amigo, ele afirmou sua crença de maneira bem clara:

> O espiritismo não é uma religião, mas uma ciência, uma ciência da qual mal conhecemos o abecê. A natureza abarca o universo, e o próprio Deus não pode ser considerado senão como um Espírito na natureza. O sobrenatural não existe mais. As manifestações obtidas por intermédio dos médiuns, como as do magnetismo e do sonambulismo, são de ordem natural e devem ser severamente submetidas ao controle da experiência. Não há mais milagres. Assistimos à aurora de uma ciência desconhecida. Doravante, a ciência rege o mundo.

O próprio Allan Kardec hesitava entre as duas direções.

Nos primeiros dias, ele acreditava realmente que estava investido de uma missão sagrada. Em 30 de abril de 1856, recebeu uma mensagem segundo a qual ele era responsável pela fundação de uma grande religião, bela e digna do criador. Grande, no sentido de ampla, universal, destinada a todos os homens de todos os tempos. Bela, pois livre de qualquer ritualismo ridículo ou bárbaro, de todo fanatismo do tipo Torquemada ou Khomeini,[58] sem qualquer mesquinharia, sem intolerância nem crueldade; digna do criador, ou seja, a caminho do amor, da sua perfeição. E o Espírito de Verdade continuou:

> Os primeiros fundamentos já estão lançados. Quando a ti, Rivail, esta é a tua missão [...]. A cesta virou-se vivamente para meu lado, disse Kardec, como uma pessoa que me apontasse com o dedo. Essa foi a primeira revelação positiva da minha missão, e confesso que, quando vi a cesta virar-se para mim, não pude deixar de sentir certa emoção.

Desde então, ele é convencido de que sua doutrina é uma religião que tem muito em comum com a ciência, começando pelo método. Ele confere ordem aos fenômenos que estuda, e que serão, depois dele, abordados pela metapsíquica e pela parapsicologia, das quais é precursor. Ele já ensinava a unidade da natureza e sua constituição energética.

---

[58] Um leitor iraniano me confessou um dia: "Não acredito mais em Deus. Tenho visto pessoas enforcadas demais na minha vida."

Ele mostrou que a evolução, ainda contestada em seu tempo por estudiosos e pelas igrejas, valia não só para os animais, mas também para o espírito humano, que tem tendência a se libertar gradualmente das contingências da matéria para se abrir às formas superiores do pensamento. Ele classificou os espíritos e médiuns com rigor que nunca foi igualado. Fundador de uma nova ciência, a espiritologia, racionalista no melhor sentido do termo, dizia algo muito forte a esse respeito: "Fé inabalável só o é aquela que pode encarar a razão face a face, em todas as épocas da humanidade." "O espiritismo destrói o império da fé cega, que aniquila a razão, e a ascendência da obediência passiva, que embrutece. Ele emancipa a inteligência do homem e levanta sua moral."

Ele escreveu no preâmbulo de seu opúsculo intitulado *O que é o espiritismo?*:

> É uma ciência que trata da natureza, da origem e do destino dos Espíritos e de suas relações com o mundo corporal... Não é nem um conceito pessoal, nem o resultado do trabalho de um homem. O espiritismo é, ao mesmo tempo, uma ciência de observação e uma doutrina filosófica. Como ciência prática, ele consiste nas relações que se estabelecem com os Espíritos.

Em resumo, o campo da espiritologia é tão natural quanto o da biologia e da fisiologia.

Kardec guarda certa distância da religião clássica, que diz: comece por acreditar e entenderá depois se o pode. Por sua vez, ele declara: comece por entender e acreditará depois se quiser. A primeira disse: *Credo quia absurdum*. Cala-te, razão estúpida! O segundo responde: acredito porque é lógico. Verdades são feitas para serem verificadas.

Se Flammarion recusou-se a assumir a sucessão de Kardec à presidência da Sociedade Espírita de Paris, foi justamente devido à tendência religiosa desta, mas não se tratava para ele de eliminar o nome de Deus.

O assunto surgiu no Congresso Espírita de 1889. Foi quando Léon Denis, autor de vários livros – *Após a morte*, *No invisível*, *O problema do ser e do destino*, *O grande enigma* –, interveio com o ardor da sua alma de profeta:

> Vocês não podem separar o homem de seu Deus. E digo mais: fora de Deus, não há humanidade. A noção de humanidade consiste em estarmos vinculados uns aos outros por uma identidade de natureza, de origem e de fim. E isso tudo vem de Deus. É por isso que estamos unidos, para sempre, uns aos outros!

Se, no último terço do século 20, os espíritas da França e de outros lugares são tão divididos, é porque em sua maioria rejeitaram essa dependência. Em 1887, Léon Denis escreveu: "Sejamos cristãos, mas acima das várias crenças até a fonte pura de onde veio o Evangelho. O Cristo não pode ser jesuíta, jansenista ou huguenote; seus braços são abertos a toda a humanidade."

Eis o que pensava Gabriel Delanne (1857-1926): "O Cristo é um ser excepcional, um Espírito eminentemente superior, é o modelo que devemos seguir. Mas, entre Deus e ele, a distância é ainda maior do que de nós a ele." Nada mais claro, recoloca tudo em questão, derruba o diteísmo de Nicéia e o triteísmo de Calcedônia.

Pouco focalizado na teologia, apesar do seu pensamento muito esclarecedor sobre as duas distâncias, Gabriel Delanne queria antes de tudo ser o sucessor científico de Allan Kardec, colocando em prática, graças aos seus estudos de engenharia, a recomendação fundamental do mestre:

> O espiritismo é evolutivo, caminhando com o progresso, nunca será ultrapassado. Se novas descobertas lhe mostrarem que está errado em um ponto, ele se modificará neste ponto; se uma nova verdade for revelada, ele a aceitará. Nunca deve se deixar ultrapassar pela ciência. Deve integrar todas as novas formas de pensamento.

Foi assim que Delanne trouxe regularmente à doutrina as adições e correções necessárias, tanto em sua *Revista Científica e Moral do Espiritismo* quanto em seus estudos bem documentados: *O espiritismo perante a ciência*, *A alma é imortal*, *Pesquisas sobre a mediunidade*, *Aparições materializadas de vivos e mortos*, *Documentos para o estudo da reencarnação*, obras em que o rigor do raciocínio é igualado apenas pela autenticidade das experiências e a profundidade do pensamento.

Encontramos as mesmas preocupações apenas científicas em Gustave Geley (1868-1924). Filósofo, pioneiro da pesquisa psíquica, teórico do evolucionismo palingenésico (ou seja, reencarnacionista), esse médico publicou *Evidências do transformismo*, *O ser subsconsciente*, *Ensaios de revisão geral e de interpretação sintética do espiritismo* e *Do inconsciente para o consciente*.

Escolhido por recomendação de Gabriel Delanne e Charles Richet como o primeiro diretor do Instituto Metapsíquico Internacional, fundado por Jean Meyer em 1919, Geley deu à investigação do paranormal um impulso exemplar, através de experimentos conduzidos em condições de controle inatacáveis, com médiuns de um poder desconhecido hoje em dia. Os resultados (tais como moldes em parafina de mãos de aparições materializadas) foram registrados na *Revista Metapsíquica* e em seu livro *Ectoplasmia e clarividência*, publicado pouco antes de sua morte trágica em 14 de julho de 1924.

Jean Meyer (1855-1931), patrocinador iluminado, destinou toda sua fortuna ao espiritismo e à metapsíquica, chamada hoje de parapsicologia. Fundador do Instituto Metapsíquico Internacional, criou ao mesmo tempo com Gabriel Delanne a União Espírita Francesa (USF), a Casa dos Espíritas, na *rue* Copernic, que foi, até a Segunda Guerra Mundial, a sede da Federação Espírita Internacional, hoje estabelecida na Inglaterra. Deve-se ainda à sua generosidade a reedição dos autores citados anteriormente e as primeiras edições de Ernesto Bozzano.

De todas essas realizações, a Ocupação e a dureza dos tempos permitiram a sobrevivência (difícil) somente do Instituto Metapsíquico Internacional, da União Espírita Francesa e da *Revista Espírita*, reiniciada por ele.

Após a morte de Jean Meyer, a revista criada em 1858 foi retomada em 1931 por seu braço direito, Hubert Forestier; os nomes desses dois homens providenciais não podem ser separados. Durante quarenta anos, o sr. Forestier soube manter e desenvolver o patrimônio kardecista. Em seus últimos anos, era sensível ao misticismo de minha amiga Marcelle de Jouvenel e às mensagens crísticas de seu filho, Roland. Naquela época, a *Revista Espírita* falou muito favoravelmente de seu primeiro livro, *Em sintonia com o céu*, prefaciado por Gabriel Marcel, e de meu opúsculo *Quem é Pierre Monnier?*

Foi então que conheci (fugazmente) o sr. Forestier, um homem de bem, cansado do incessante conflito que deve ser travado geração após geração contra as ideias do nada que prevalecem na filosofia e até mesmo, de forma atenuada, na religião: "Não se sabe nada, não se pode saber nada, ninguém voltou de lá para nos dizer o que é": comentários de um príncipe da igreja.

Hubert Forestier faleceu no dia 18 de setembro de 1971. Pouco tempo antes, ele fez questão de que André Dumas, seu colaborador desde 1935, prometesse retomar a publicação da *Revista Espírita*, a qual, sem as doações de Jean Meyer, sobrevivia com muita dificuldade.

Mas o principal problema foi menos material do que espiritual: André Dumas, encantado pela palavra 'científico', não gostava da palavra 'espírita', e ainda menos da palavra Deus que Léon Denis tinha defendido com tanto vigor.

Em 1972, declarou-me sobre meu livro *As testemunhas do invisível*:

– Sim, é um bom trabalho, estruturado e convincente, mas você fala demais de Deus.

– Talvez, mas Kardec fala muito mais do que eu.

– Oh! Mas não concordo sempre com Kardec. Ele é equivocado às vezes.

– Se o Espírito com letra maiúscula não existe, os espíritos tampouco têm realidade. Mas onde e quando ele se equivocou?

– Por exemplo, em *O evangelho segundo o espiritismo*, ou em suas coleções de orações. Ele fundou a parapsicologia moderna, ele não fundou uma nova dispensação.

– Como Kardec estava certo e como fez bem!

Isso aconteceu em 1977 e a discussão parou por aí. Foi então que *A Revista Espírita* tornou-se *Renaître 2000* (*Renascer 2000*). Esse número estava na moda na época; a publicidade, que nos influencia tanto, tinha tomado conta dos produtos de consumo, do sabão em pó até o macarrão, todos tinham esse número mágico. No ano 2000 tornou-se brega, e a mídia encontrou outro: o terceiro milênio, que, por sua vez, desde o 11 de setembro de 2001, tem chumbo na asa.

A Federação Espírita Brasileira, que segue rigorosamente o pensamento kardecista, manifestou seu justo desacordo e se propôs a retomar integral e definitivamente o título de *Revista Espírita*, que queria salvar. Ela recebeu essa resposta de André Dumas:

> *Paris, 15 de agosto de 1977*
> *Ao sr. Francisco Thiessen*
> *Presidente da Federação Espírita Brasileira,*
> *Rio de Janeiro*
>
> *Prezado sr. Thiessen,*
> *Venho hoje responder à sua carta do dia 20 de janeiro e à conversa direta que tivemos no dia 4 de junho em Paris, relativamente ao seu pedido de ceder-lhe o título da* Revista Espírita *e sua oferta de assumir a sua continuação sob esse nome.*
>
> *Antes de tudo, devo esclarecer que a modificação do título da revista não tem nada a ver com dificuldades materiais e que, portanto, não há necessidade de salvá-lo. Essa mudança foi determinada por meras considerações de psicologia, que não são novas, visto que Allan Kardec já havia pensado nisso quando escreveu: "a palavra espiritismo assusta; portanto, os espíritos demonstraram sabedoria ao mudar às vezes a etiqueta" (Revista Espírita de novembro de 1866).*
>
> *Há dezenas de anos que essa mudança é desejada pelos mais ativos propagandistas do espiritismo francês, incentivada pelos nossos instrutores espirituais através de diferentes médiuns e aprovada pelas nossas assembleias gerais.*
>
> *Não seria coerente com o pensamento constante de Allan Kardec, relativo à neutralidade necessária do espiritismo com*

as diferentes religiões, permitir que o título da Revista Espírita *seja cedido à sua federação, "sociedade religiosa", que tem uma "publicação mensal de espiritismo cristão"* (Reformador). *Allan Kardec sempre declarou que o espiritismo é baseado em princípios independentes de questões dogmáticas, que sua natureza real é de uma ciência e não de uma religião, que conta entre seus adeptos católicos, protestantes, israelitas, muçulmanos e até budistas.*

Se o espiritismo se colocasse abertamente a favor de uma dessas religiões, isso excluiria todas as outras.

Por outro lado, o fundador e primeiro presidente da União Espírita Francesa, Gabriel Delanne, acreditava que "o espiritismo cometeria suicídio se se colocasse a reboque de uma forma de culto qualquer". Tais razões são mais do que suficientes para não dar satisfação ao seu pedido.

Tratava-se para nós de escolher entre dois caminhos: ou manter um título sugestivo de ideias equivocadas e renunciar a uma ampla divulgação da ideia, ou assegurar uma ampla difusão sob outro título. O que foi feito com Renascer 2000. *Que os espíritas brasileiros ou de língua portuguesa, como todos aqueles da América Latina ou de língua espanhola saibam que o movimento espírita na França, longe de estar em declínio, passa por um novo impulso, e que ele é sempre fiel às grandes visões de seu fundador.*

Queira aceitar, por favor, prezado sr. Thiessen, a expressão dos meus sentimentos fraternos.

André Dumas

Membro do Comitê Executivo da Federação Espírita Internacional de 1937 a 1954.

Secretário-geral da USFIPES, *diretor da revista* Renascer 2000.

USFIPES, essa sigla tão difícil de memorizar, significa *União Científica Francófona para a Investigação Psíquica e o Estudo da Sobrevivência.* Substituiu a USF, União Espírita Francesa de Gabriel Delanne, Jean Meyer e Hubert Forestier, que anunciava claramente o que era e soube se impor.

Após a morte de André Dumas, em 1997, fui nomeado presidente honorário da USFIPES. Foi então que propus uma nova sigla, SPES, que tinha o duplo mérito de significar esperança e ter sido imaginada por Kardec para a Sociedade Parisiense de Estudos Espíritas. Esta nova SPES significava Sociedade Psíquica para o Estudo da Sobrevivência. Era simples demais e não foi aceito. Tampouco o foi quando, em 29 de setembro de 2002, voltei propondo Sociedade Francófona de Espiritologia.

O Brasil sempre foi considerado, e com razão, a terra de eleição do pensamento de Allan Kardec. O país o descobriu desde a publicação do seu primeiro livro, ou seja, logo em 1857.

> Uma vez que falamos de coisas sobrenaturais [escreveu um redator do *Jornal do Comércio do Rio de Janeiro*,] não passaremos em silêncio *O livro dos espíritos*. Que título atraente! Quantos mistérios não se escondem!
>
> Que caminho essas ideias fizeram em alguns anos! No início, esses fenômenos, ainda não explicados, consistiam em uma simples mesa posta em movimento pela imposição das mãos. Hoje, as mesas não se contentam mais em girar, em saltar, em se endireitar sobre um pé, em fazer mil cabriolas, elas vão mais longe: falam por pequenos golpes seguidos!
>
> Hoje em dia, por meio de um lápis que se põe a traçar sinais sobre o papel, signos, palavras, frases inteiras são ditadas por uma vontade estranha e desconhecida. A mão se torna então um simples instrumento, e o espírito da pessoa fica completamente estranho a tudo o que se passa.
>
> O espiritismo, é assim que se chama a ciência desses fenômenos, fez, em poucos anos, grandes progressos nos fatos, na prática; mas a teoria, em minha opinião, não fez o mesmo caminho. Ninguém sabe onde reside a alma; ela não é nem visível, nem ponderável, nem tangível, e, no entanto, cheios de convicção que somos, afirmamos a sua existência. – Qual é a natureza do agente elétrico? O que é o ímã?... E, no entanto, os efeitos da eletricidade e do magnetismo são continuamente patentes aos nossos olhos. Estou persuadido de que um dia deverá ocorrer o mesmo com o espiritismo, ou qualquer que seja o nome que em último lugar praza à ciência lhe dar.

Há algum tempo vi numerosos fatos de catalepsia e de magnetismo, e não posso conservar a menor dúvida a seu respeito; mas o que me parece mais difícil é poder explicá-los e atribuí-los a tal ou tal causa. A existência dos fenômenos é incontestável; sua teoria está ainda para descobrir-se.

Estas linhas são de setembro de 1863. As obras *O Evangelho segundo o espiritismo*, *O céu e inferno* e *A gênese* ainda não haviam sido publicadas. Mas seu autor já tinha explicado que a alma reside no corpo sutil, ou perispírito, que é a causa e explicação de todos os fenômenos chamados, hoje em dia, paranormais. No corpo sutil também está a informação do que acontece no momento supremo.

O kardecismo brasileiro tem orientação religiosa e cristã; tem uma imprensa diversificada, programas de rádio e de televisão, centros comunitários, orfanatos e clínicas, onde atuam médiuns, curadores e sessões de desobsessão.

Há nesse país aproximadamente vinte milhões de espíritas,[59] doze mil centros, incluindo sete mil e quinhentos ligados à FEB (Federação Espírita Brasileira). Os discípulos de Kardec têm seus hospitais (uma centena), seus jardins de infância, berçários, escolas primárias ou secundárias, suas bibliotecas; o kardecista lê três vezes mais do que a média brasileira. Três grandes organizações compartilham a ação social: o Lar Fabiano de Cristo, a Mansão do Caminho e a Instituição Beneficente,[60] especializada no tratamento de pessoas com deficiência de qualquer tipo. Sua preocupação não é só combater a pobreza ou a deficiência, mas aniquilar a causa de uma e de outra.

"O Brasil seria ingovernável sem o espiritismo e o futebol", escreveu um jornalista britânico. Se o primeiro é tão popular quanto o segundo, é porque é confundido (equivocadamente) com o candomblé

---

[59] O autor se refere ao número de simpatizantes do espiritismo, já que, segundo o último censo do IBGE (2010), o número de pessoas declaradamente espíritas está em torno de três milhões.

[60] Pela descrição de sua atividade, Jean Prieur certamente se refere à Instituição Beneficente Nosso Lar, de Guarulhos, SP.

e a umbanda, impregnados de magia africana e trazidos no passado como o vodu pelos escravos.

O espiritismo brasileiro conseguiu a façanha de conquistar não só as classes populares, mas também os círculos intelectuais, artísticos e políticos. Alguns governantes são espíritas declarados. O mesmo ocorre com líderes do mais alto nível. O ministro das Comunicações emitiu selos com a efígie de Allan Kardec em 1957, para o centenário de *O livro dos espíritos*; em 1964, para o centenário de *O Evangelho segundo o espiritismo*; em 1969, para o centenário da imprensa espírita brasileira, com o retrato do seu fundador, Luís Olímpio Teles de Menezes, e para o centenário da morte do mestre, com seu rosto à esquerda e, à direita, seu dólmen no Père-Lachaise.

O representante mais ilustre do espiritismo mexicano é certamente o presidente Francisco Madero (1873-1913), chamado de "o apóstolo da democracia". Ele esteve no poder de 1911 até seu assassinato, dois anos mais tarde.

Ele chegou a Paris aos treze anos, estudou no liceu Hoche, em Versalhes, e em seguida no HEC.[61] Seu pai, que assinava a *Revista Espírita*, incentivou-o a participar da SPES e a ler as obras de Kardec. O jovem Francisco, encantado com essa doutrina, descobriu que era médium escritor. Foi informado pelos espíritos que tinha uma grande missão a cumprir, e inspiraram-no não só na redação de um *Manual de espiritismo*, mas também na *Sucesión presidencial* em 1910, um livro polêmico no qual ele ataca o ditador Porfirio Díaz (que lutou contra as tropas de Napoleão III em 1867), que estava há mais de trinta anos no poder. Madero desencadeou contra ele uma guerra antifeudal e anti-imperialista que durou até o final de 1910. Ele foi apoiado em sua luta por Pancho Villa e por Zapata, cujos nomes são mais conhecidos do público francês, graças ao cinema.

Finalmente, em 1911, foi eleito presidente e começou a aplicar reformas radicais sugeridas pelos espíritos que ele consultava regularmente. Mas o grande idealista tinha desencadeado forças explosivas

---

[61] A Escola de Altos Estudos de Comércio é uma grande escola francesa, criada em 1881, administrada e financiada pela Câmara de Comércio e da Indústria de Paris.

que não podia controlar e morreu numa emboscada organizada por um general reacionário. Francisco Madero passou para a história sob o título de "mártir da liberdade".

Diante do fervor da América Latina, o mutismo francês tem algo de escandaloso. No início de 1968, tive a ideia de propor ao diretor de rádio da *France culture* uma série de conversas cautelosamente intituladas *A filosofia de Allan Kardec*. Fui apresentado nessa rádio onde haviam transmitido minhas vinte e quatro conferências, de dez minutos cada, sobre *Os símbolos universais*.

Expus então meu projeto ao sr. Louis Fouché, então diretor de programas, explicando-lhe que essa abordagem era totalmente pessoal:

– Não estou representando a União Espírita Francesa do sr. Forestier. No ano que vem, será comemorado o centenário da morte de um filósofo importante que não pode mais ser ignorado; estou me referindo a Kardec, cujo pensamento hoje ainda tem um impacto mundial.

Felizmente, meu interlocutor parecia estar ciente; não falou de mesas girantes e sua atitude foi amigável e aberta.

– Não nego o valor de sua proposta. Sei que Kardec escreveu livros muito estimáveis, mas... se eu realizo seu projeto, imediatamente terei direito a um telefonema furioso do arcebispado de Paris.

Fiquei espantado, não pensava que ainda fosse possível.

– Vamos lá, sr. diretor, já não estamos sob Luís XIV ou Napoleão III, houve depois deles essa coisa notável, a separação das igrejas e do estado. De fato, Kardec não reconhece a divindade do Cristo, mas ele é cheio de admiração por sua pessoa e seu ensinamento.

– Eu sei, eu sei... mas existem fardos históricos que levam séculos para desaparecer.

– Ainda assim é chocante! Hoje em dia, a *intelligentsia* parisiense considera Sade um pensador; seus livros são reeditados, fala-se dele no rádio, escrevem-se biografias sobre esse personagem bem pouco interessante, até mesmo o cinema o aproveita...; e é negada a Kardec a qualidade de filósofo!

– Talvez, mas é assim.

Ele fez um gesto ondulatório que significava que não queria ondas... sem ondas! e me dispensou com muita cortesia.

Vinte anos depois, ao saber que Robert Laffont preparava-se para republicar seu *Dicionário das obras* e seu *Dicionário dos autores*, fiz mais uma tentativa em meu nome.

Consegui entrar em contato com o diretor da coleção e comecei a falar de Allan Kardec e Léon Denis. Insisti dessa vez sobre as qualidades de estilo desses dois grandes escritores. E o sr. Guy Schoeller respondeu:

– Léon Denis, não conheço. Por outro lado, inserimos Édouard Schuré e seu livro *Os grandes iniciados*. Quanto a Kardec, de fato, temos que ver.

Era para ver, mas afinal não vimos nada.

Entre o silêncio, seguido pelo enterro, e o triunfo acompanhado de desvios ridículos, qual é o mal menor?

Pode-se julgar pela história extravagante do caodaísmo: cinquenta anos após a morte de Allan Kardec, o espiritismo viu aparecer esse rebento inesperado. O evento ocorreu na Ásia, mãe de múltiplas religiões. Em uma noite de 1919, numa ilha do golfo da Tailândia, o sr. Ngô Van Chiêu, importante funcionário da administração francesa na Indochina, recebeu durante uma sessão solitária a visita de um espírito superior que lhe disse se chamar Cao Dai, ou seja, "sublime palácio".

Ó estupor, ó maravilha, tratava-se do ser supremo, o próprio, que lhe disse em francês:

– Eu escolhi você, Ngô, para receber e difundir meu evangelho sobre toda a terra.

O sr. Ngô Van Chiêu comunicou a notícia fantástica para seus partidários, que eram como ele secretários da administração colonial. Aconselhados por Cao Dai, que voltava regularmente, os senhores elaboraram uma doutrina, uma síntese ousada de taoísmo, budismo, confucionismo e catolicismo.

Uma noite, quando o sr. Ngô conversava descontraído com seus seguidores em meio ao cheiro de incenso, um espírito não evocado manifestou-se em voz alta, interrompeu o ser supremo, mandou-o de volta para seu céu, tomou o seu lugar e lançou ao pequeno grupo aterrorizado uma porção de profecias, avisos e injunções.

– Quem é você? – perguntou o sr. Ngô atordoado.

– Sou Victor Hugo. Vim ajudá-los a fundar uma religião cósmica. Levantem templos grandiosos para o ser supremo sob todas suas formas. Com os deuses de ontem vocês construirão a religião do futuro.

Isso me faz pensar na fórmula de 1940: "Com velha sucata, forjaremos o aço vitorioso".

Mas Van Chiêu e seus poucos seguidores não pareciam apressados, demoraram meses e meses para apresentar ao mundo sua revelação. Finalmente, na noite de Natal de 1925, o sublime palácio ordenou-lhes ação; estavam presentes alguns jovens funcionários do governo anamês e um kardecista convicto, o capitão Monot. Aliás, notemos o grande número de oficiais que, como o coronel de Rochas, envolveram-se com o ocultismo.

A doutrina estava pronta, só faltava organizar a igreja. Como sempre, tomou-se o modelo daquela de Roma, que tinha provado o seu valor. Padres médiuns foram recrutados, foram nomeados bispos e cardeais incumbidos de eleger um papa.

A santidade eleita não foi o fundador, como se poderia esperar, mas uma personalidade importante do conselho governamental: Le Van Trung, que tinha tantas mulheres quanto um papa renascentista. Mesmo assim, ninguém ficou chocado. Afinal de contas, o profeta Hugo, durante sua vida, tinha dado o exemplo. Muito mais do que Juliette Drouet, penso nas empregadas de Jersey e Guernesey, enquanto esperava aquelas da *avenue* d'Eylau, fugindo diante do velho fauno.[62]

O cálculo de Ngô estava certo; o caminho de Damasco desse alto funcionário impressionou muito. Multiplicaram-se as conversões de asiáticos e até mesmo de europeus. Faltava encontrar alguns santos. Mas isso foi fácil, foram canonizados de uma só vez: Hugo, Kardec, Flammarion, Pasteur, Chateaubriand, Joana d'Arc, um verdadeiro

---

[62] O velho fauno é Victor Hugo, em alusão feita às suas amantes e à avenida que, hoje em dia, se chama Victor Hugo (N. da T.)

panteão francês. Para agradar os chineses de Cholon, acrescentou-se o pai de sua revolução: Sun Yat-sen.

Após a morte do modesto Ngô, em 1933, os adeptos do caodaísmo fizeram entrar no seu céu o presidente Roosevelt e *mahatma* Gandhi. Em contrapartida, em 1953, após a morte de Stalin, eles caíram no mais profundo inferno.

Ordenados pelo santo padre Hugo, grandiosos templos foram construídos sob seu conselho, o que os levou à catedral de Tay Ninh, um edifício insano, do tipo Sagrada Família de Gaudí. Ela foi decorada com milhares de olhos em triângulos maçônicos, dragões chineses, crescentes muçulmanos e estrelas de David. O altar era formado por uma enorme esfera azul: coberta de constelações, iluminada por dentro, simboliza a terra, o céu e o universo.

Milhões pagos pelos seguidores fizeram com que essa obra-prima do sincretismo fosse rapidamente construída.

Em Tay Ninh chegavam não só francos, ienes e dólares, mas também centenas de milhares de peregrinos de todo o sudeste asiático. Vinham correndo para venerar as imagens dos santos: Joana d'Arc acenando sua bandeira, Victor Hugo em hábito de acadêmico com um halo em torno do seu bicorne, Allan Kardec vestido de professor abrindo *O livro dos espíritos* atravessado por fulgurações, Camille Flammarion também com sobrecasaca, mostrando com o dedo os céus espirituais e astronômicos.

Nenhum dos dois últimos canonizados teria aprovado essa apoteose. Kardec, em vida, nunca se achou um messias e, quando falava da terceira revelação, do terceiro testamento, ele pensava no Consolador anunciado por Jesus, no Espírito de Santidade e de Verdade que deve retornar para um pentecostes verdadeiramente universal.

Embora tivesse colocado nos altares Kardec e muitos dos nossos compatriotas, a próspera igreja do caodaísmo tomou sob a ocupação japonesa uma atitude claramente antifrancesa. Posteriormente, as suas tropas (ela também tinha seu exército) uniram-se ao Viet Minh, com quem rompeu em 1947, esperando reatar com a França. Essas reviravoltas foram ditadas por espíritos da Indochina, preocupados apenas com os interesses de sua península. Em 1955, as forças do caodaísmo, sempre sob a influência dos espíritos, sempre à procura de poder, colocaram-se sob a autoridade de Ngô Dinh Diêm, que se tornou presidente do Vietnã do Sul.

Erro de cálculo, Diêm era um católico convicto e deixou isso claro. "Tolerância, tolerância, há casas para isso!", resmungava Claudel. Diêm era dessa opinião: ele proibiu essa religião herética que afundou na clandestinidade e logo no esquecimento.

Em 1960, ainda havia perto da *rue* Monge um pequeno santuário do caodaísmo, onde se adorava simultaneamente Buda, Cristo, o profeta Hugo e o sábio da *rue* Sainte-Anne, que parece não ter enviado mensagens.

Seu nome, que felizmente não havia sido comprometido, atravessou o mar da China e aterrissou em Luzon, que foi o berçário dos famosos curandeiros filipinos.

Cem quilômetros ao norte de Manila, diz-nos o biólogo Lyall Watson em sua *História natural da vida eterna*,[63] existe uma região agrícola onde crescem comunidades fervorosas que pertencem à União Espírita Cristã das Filipinas.

Essas pequenas igrejas na zona rural se referem ao profeta de sobrecasaca que ensinava que a saúde é o maior presente que se pode dar ao seu próximo com a cooperação do mundo dos espíritos.

A formação dos cirurgiões de mãos nuas, dos quais a imprensa, rádio e televisão falaram muito, inclui a oração, o conhecimento das obras de Kardec e alguns capítulos da Bíblia que tratam de cura. Entre esses curandeiros, são raros aqueles que frequentaram a escola. Nenhum deles tem um conhecimento especial de medicina, nenhum deles entende o que faz e como o faz. Ainda assim, são mais de uma centena que praticam cirurgias muito complexas com as próprias mãos.

> Durante três viagens sucessivas às Filipinas, totalizando oito meses de intensas pesquisas, assisti [disse Lyall Watson] a mais de mil cirurgias, realizadas por vinte e dois profissionais diferentes. A téc-

---
[63] Albin Michel, 1974.

nica é ligeiramente diferente de acordo com os operadores. A intervenção dura cerca de cinco minutos. Sem encenação ou muito pouca; sem música, sem barulho, sem incenso. Em suma, nada que distraia a atenção do que está acontecendo.

Os curandeiros filipinos não desprezam a denominação de espíritas cristãos, a qual é deliberadamente rejeitada pelos grupos ligados à Confederação Espírita Pan-Americana.

Isso nos leva de volta para a América Latina e Venezuela. Durante seu 15º Congresso realizado em Caracas, de 2 a 6 de outubro de 1990, a Confederação disse que o espiritismo, sendo uma ciência experimental que oferece à humanidade uma filosofia moral, com implicações sociais, é incompatível com qualquer ritualismo.

O congresso ratificou sua posição permanentemente a favor da igualdade, da liberdade dos homens e da fraternidade entre os povos. Portanto:

1. O pensamento do mestre Allan Kardec como base da doutrina e de nosso movimento está sempre em vigor.

2. Com base no critério descrito por Kardec segundo o qual "o verdadeiro caráter do espiritismo é o de uma ciência e não de uma religião", critério desenvolvido várias vezes em sua obra, sua doutrina se define como ciência, filosofia e moral, e não como ciência, filosofia e religião.

3. Para preservar o espiritismo como visão universal, adjetivos religiosos não devem ser acrescentados a ele; não é cristão, muçulmano ou judeu. Essa palavra deve ser usada sozinha, caso contrário, teríamos tantos espiritismos como seitas.

4. A expressão "pentateuco espírita", aplicada à obra de Kardec, está errada. Sua obra não é composta de cinco livros e não tem filiação bíblica. Só é correta a expressão "codificação espírita".

Vamos abrir um parêntese: aqui se trata do Conselho Espírita Internacional. Seu pentateuco inclui: *O livro dos espíritos*, *O livro dos médiuns*, *O Evangelho segundo o espiritismo*, *O céu e o inferno*, *A gênese*. Deus é definido como inteligência suprema, causa primeira de todas as coisas; Jesus como guia e modelo; Kardec como base fundamental.

5. A expressão "culto do Evangelho no lar" está errada, porque o espiritismo não pratica nenhum tipo de culto, mas é preciso estimular as reuniões dentro do lar.

6. Reiteram-se o sentimento de amor e respeito para com a personalidade e a obra de Jesus e a concordância perfeita de seus ensinamentos com nossa ética. A Confederação Pan-Americana ratifica o critério kardecista de Jesus homem e não Deus.

7. Os centros kardecistas devem claramente identificar-se como tal, para não serem confundidos com organizações religiosas, místicas, esotéricas, orientalistas ou científicas.

8. Ratifica-se a resolução do 14° Congresso Pan-Americano, segundo a qual nossos centros são convidados a estudar e a praticar a mediunidade em conformidade com as normas estabelecidas em *O livro dos médiuns* e em toda a codificação kardequiana.

9. Também é ratificada a declaração do 14° Congresso sobre o fato de que o futuro do espiritismo pede que seja organizada a educação de crianças e jovens, cultivando a liberdade de consciência.

10. O Congresso se pronuncia a favor do pleno respeito pelos direitos do homem, para a solução pacífica de controvérsias entre os povos e governos, para a defesa da flora e fauna e, em geral, para a construção de um mundo mais livre, igualitário e fraterno.

É lastimável que não seja pronunciado o nome de Deus, exceto no artigo 6: "Jesus homem e não Deus". Aliás, é a expressão que o principal interessado emprega em João 8,40, versículo que nunca é citado: "Vós, porém, procurais matar-me, a mim, que vos falei a verdade que ouvi de Deus."

28. Nos passos de Allan Kardec

Eis que a providência coloca em minhas mãos o primeiro volume dos srs. Zêus Wantuil e Francisco Thiessen, intitulado *Allan Kardec, meticulosa pesquisa biobibliográfica*. Graças a esse trabalho abrangente, que lamento não ter lido anteriormente, a figura de Mazarin IV, neto "renegado", se ilumina de repente: ele é inocente do crime de difamação que mencionei no capítulo 24. O verdadeiro culpado é um tal de "dr. Marcel Kardec", pseudônimo sem vergonha de Louis Henri Ferdinand Dulier, de origem belga, nascido em 1873.

Esse personagem, que não era nada e que queria aparecer, empreendeu uma campanha virulenta "contra as mentiras do espiritismo e as imposturas do além". O dito orador dava palestras em que contava, do seu jeito, a vida de Allan Kardec, "uma vida pouco gloriosa que resultou em um fracasso". Ele completava suas apresentações com sessões de hipnotismo, magia e prestidigitação. Fazia representações em cafés, salas de concerto, teatros; aparecia em todos os lugares, mesmo quando não era convidado.

Incentivado pelos padres e até mesmo por pastores e rabinos, sempre dispostos, como o padre da paróquia de Pontoise, a emprestar suas instalações e seu público, ele viajou com a bênção de todos não só a Paris e seus arredores, mas também nas cidades da Côte d'Azur, da costa catalã da França e da Espanha, e levou sua mensagem pérfida a Marrocos, Argélia e Tunísia.

Ele contava histórias absurdas, temperadas de detalhes escabrosos, esta por exemplo: entre 1820 e 1824, Pestalozzi teria enviado Léon Rivail à Inglaterra, Alemanha e Holanda para fundar escolas semelhantes à de Yverdon. Dizia também que foi durante sua viagem à Holanda que o jovem galã teria seduzido, engravidado e imediatamente abandonado a avó infeliz do dr. Marcel Kardec.

Essa campanha de difamação, inaugurada em 1930, seguia ainda em 1932, quando o jovem Marceau Sicaud assistiu à sessão organizada pelo padre da paróquia de Pontoise. Este último fez as coisas com ostentação, emprestou a vasta sala de Saint-Henri, que pertencia à paróquia de Saint-Maclou, divulgou o evento em jornais locais, fez com que seus colegas anunciassem no púlpito a sensacional revelação: "O espiritismo é apenas uma farsa, o próprio Allan Kardec o reconheceu, quando percebeu que tinha sido enganado durante anos por seus médiuns, por isso resolveu se suicidar."[64]

O padre B., jovem cura dinâmico, tinha um forte senso da encenação: o púlpito coberto de preto estava banhado por uma luz roxa, velada, difusa, enquanto uma música vagamente hindu criava o ambiente. O orador explicava os truques usados pelos espíritas; uma falsa médium manipulava gazes brancas e vomitava ectoplasma.

Essa era a imagem que se fazia (e ainda é) do espiritismo. O espetáculo arranjado encantava muito mais do que a doutrina, pela qual o público não se interessava.

Mas o que aconteceu com o verdadeiro neto de Allan Kardec? Perdemos o rastro. Não se manifestou no funeral do avô nem em 1883, quando faleceu a sra. viúva Kardec.

Por outro lado, uma parenta distante, que nunca se preocupou com ela, surgiu com seus filhos, "como voo de corvos fora do ni-

---

[64] A *Revista Espírita* de novembro de 1928 desmascara a farsa do sr. Marcel Kardec, denunciando seu verdadeiro nome, Louis-Henri-Ferdinand Dulier, data e local de nascimento, 21 de agosto de 1873, em Schaerbek, Bélgica, e sua verdadeira filiação, Victor Dulier e Catherine Jaussens. Dulier realizou algumas turnês exibindo-se como dr. Kardec, na França, Espanha, Tunísia, Marrocos e Argélia, como hipnotizador e prestigitador, quando vendia, segundo a referida revista, medalhas de proteção psíquica para crianças e adultos.

nho", para atacar seu testamento: Amélie deixou sua fortuna para a Sociedade Anônima para a Continuação das Obras de Kardec. Admiravelmente administrada, em tempos de estabilidade financeira, sem descontos obrigatórios, sem impostos de renda, sem qualquer taxa de inflação (entre 1814 e 1914, o franco não teve variação de um só centavo), essa fortuna representava, portanto, um belo capital.

O argumento dos predadores realçava dois pontos:

A sra. Kardec tinha perdido a cabeça. Imagine! uma pobre velha que conversa com espíritos! Ao lado dela, "gananciosos líderes da sociedade que alimentavam a sua loucura exploravam sua fraqueza e realizavam uma verdadeira captação de patrimônio".

A sra. X e seus filhos escolheram um advogado de grande talento: monsieur Raymond Poincaré. De confissão católica e racionalista de temperamento, esse jovem de vinte e três anos ganhou facilmente o processo. O movimento kardecista, que foi atingido em 1875 pelo processo Buguet,[65] sentiu cruelmente essa enorme perda.

Em nossa época de eleições presidenciais repetidas, como não mencionar o sr. Poincaré, primeiro personagem da República que comprava os selos de sua correspondência pessoal, bem como os bilhetes de trem de sua esposa, e que (fato único na história fiscal universal) escrevia ao seu coletor para se queixar de não pagar impostos o suficiente.

Nos anos de 1930, marcados pelo impostor Dulier e por ofensivas de todo tipo contra Kardec, não havia ninguém para responder ao desafio: Léon Denis, seu brilhante sucessor, havia deixado este mundo em 1927, menos de um ano depois de Gabriel Delanne, também excelente polemista.

Nos últimos tempos, Denis, esse velho lutador, vivia desanimado:

> Estão sempre pedindo provas. Somos acusados de concluir apressadamente. Ora, são fenômenos que ocorrem desde os primeiros séculos da história, são constatados experimental e cientificamente há quase cem

---

[65] Conhecido como o processo dos espíritas.

anos e acham nossas conclusões prematuras! Mas daqui a mil anos ainda haverá retardatários para achar que é demasiado cedo para concluir.

O guia de Léon Denis era Jerônimo de Praga. Foi no dia 2 de novembro de 1882, no subúrbio da cidade de Le Mans, que ele se manifestou pela primeira vez, espontaneamente, durante uma reunião organizada por um grupo de trabalhadores.

O espírito do discípulo de Jan Huss, queimado vivo como seu mestre por decisão do concílio de Constança, declarava por intermédio de dois mecânicos que nunca tinham ouvido falar dele: "Lutei na arena terrestre, mas a luta era desigual. Eu sucumbi, mas da minha poeira levantaram-se bravos defensores, que andaram no caminho que eu praticava. Todos eles são meus filhos queridos." Entre esses corajosos defensores do pensamento livre (que não deve ser confundido com o livre-pensamento), Delanne, Flammarion e especialmente Léon Denis garantiram a continuidade.

Esse discípulo de Kardec teve belas amizades. A mais ilustre delas nasceu nas seguintes circunstâncias. Em 1883, ele proferiu uma palestra na faculdade de letras de Toulouse. Havia uma multidão. Um dos seus leitores, um professor de filosofia de vinte e quatro anos, assistente do prefeito, havia arrumado o grande anfiteatro para ele e se encarregara de preenchê-lo convocando todos os estudantes. Esse brilhante jovem obteve o primeiro lugar na École Normale Supérieure na mesma turma de Henri Bergson, futuro presidente da Sociedade de Pesquisas Psíquicas (SPR) de Londres, e de Marc Bœgner, futuro presidente da Federação Protestante da França. Seu nome era Jean Jaurès, e aqueles que leram a sua tese de doutorado sobre *A realidade do mundo sensível* falam dele como um futuro Hegel. Outra forte amizade de Léon Denis foi com Alfred Bénézech, decano da faculdade de teologia reformada de Montauban, que o convidou para expor sua doutrina diante de todos os seus alunos.

Hoje o mundo calvinista está trancado em uma teologia que nega a ressurreição imediata, portanto, tudo isso é impensável e impossível. É ainda mais hostil às nossas ideias do que o mundo católico, o qual, com seus santos e seu purgatório, está muito mais próximo.

Léon Denis não deixava de salientar:

> Atribuir os fenômenos do espiritismo aos demônios é esquecer as almas no purgatório, a comunhão dos santos, a reversibilidade dos méritos, ou seja, tudo o que decorre dos pactos concluídos com entidades do espaço. Os verdadeiros teólogos não podem ignorar a analogia marcante que existe entre os fenômenos do espiritismo e a doutrina cristã.

O mecenas Jean Meyer, a quem a espiritologia e a metapsíquica devem tanto, pediu-lhe para presidir o congresso internacional marcado para setembro de 1925, em Paris. A princípio, o sucessor de Kardec recusou, por causa de sua idade e sua cegueira. Como Jean Meyer insistiu, Léon Denis consultou seus guias.

– Está além das minhas forças – disse ele – presidir um congresso com minha idade avançada. Flammarion me substituirá.

– Flammarion não estará lá. É seu dever ir a Paris.

– Como! Flammarion não iria?

– Repito que Flammarion não estará lá.

Isso aconteceu no dia 5 de junho de 1925.

O Congresso Espírita de 1925 teve um enorme sucesso. "Havia na sala Wagram uma multidão tão grande", disse André Dumas, testemunha ocular, "que a fila se estendia até a praça de Ternes e nem todo mundo conseguiu entrar. De certo, foi a perspectiva de ver o ilustre Conan Doyle que levou tanta gente."

Essa manifestação de amizade franco-britânica terminou com uma longa aclamação endereçada a Léon Denis, que tinha apenas mais dois anos de vida pela frente. Foi seu bom amigo pastor Wautier d'Aygalliers que, diante do seu túmulo, relembrou sua vida e leu passagens de *Após a morte*, entre elas a mensagem ditada pelo espírito de Jerônimo de Praga.

Dois anos depois, seu sogro, o pastor Wagner, presidiu o funeral de Édouard Schuré, o autor da obra *Os grandes iniciados*. Foi Charles Wagner quem pronunciou essas palavras que resumem sua teologia: "Aqueles que esperam mais são aqueles que erram menos."

Apesar do grande sucesso de 1925, o espiritismo, pelo menos na França, estava em declínio. As causas foram muitas: desaparecimento dos homens da estatura de Léon Denis, Gabriel Delanne e Flammarion; desaparecimento de grandes médiuns de efeitos físicos que impressionaram muito no início do século; proliferação de médiuns trapaceiros e interesseiros; vitória da calúnia e de campanhas do tipo Dulier-Marcel Kardec. Paralelamente, os trabalhos de Charles Richet e do Instituto de Metapsíquica se recusaram a atribuir aos espíritos os fatos que começaram a ser chamados de paranormais.

Curiosamente, foi o cristianismo que veio trazer sangue novo a esse espiritismo, que rejeitava o nome e as práticas daquele.

A esse respeito, como não evocar uma discussão que ocorreu à mesa da minha casa entre meu pai (católico), minha mãe (protestante) e a prima dela, Lina Gütig, que também era protestante. Dizia respeito a Marguerite, que recebia mensagens de sua filha Lily, minha prima, falecida em 1919 com quatorze anos de idade. Lina contava como o sr. B, do grupo de Montbéliard (até hoje não ouso dizer seu nome), recebia Marguerite à noite, no fundo de sua loja, para comunicar-lhe mensagens. Após acender uma vela e fazer uma oração, ele falava e simultaneamente escrevia o que ditava Lily.

– Mas isso é espiritismo! – gritava meu pai indignado.

– Não, não! – objetou Lina. – Sei de outro caso, o da sra. Monnier, da minha paróquia, o templo do Espírito Santo. Regularmente, ela recebe mensagens de seu filho Pedro, morto na linha de frente em Argonne no início de 1915. Fez até uma pequena composição intitulada *Estou vivo*, publicada sem o nome do autor: ela não quer se expor. Entre nós, o livreto circula de forma bem discreta. Ela mostrou seus textos ao pastor Dieny, que acha que isso confirma e atualiza o que dizem os Evangelhos. O sr. Diény é aquele que batizou Jean em 19 de outubro.

– De qualquer forma – diz minha mãe –, é preciso ver os resultados. Marguerite ficou reconfortada; ela recuperou seu equilíbrio. As mensagens ajudam-na a viver. Ela não fala mais de suicídio.

– Talvez – repetiu meu pai –, mas isso é espiritismo.

– O que é... espiritismo? – perguntou o pequeno Jean.
– Cale-se! As crianças não falam à mesa.
– Sim! Podem falar quando têm ideias. Sou um garoto que tem ideias.
– Se você continuar respondendo, não vamos levá-lo à exposição!

Responder tinha então um sentido absoluto em que predominava a insolência. Quanto à exposição, era a das artes decorativas; estávamos em 1925, o ano do Congresso da sala Wagram.

– De qualquer forma – conclui o sr. Prieur –, o espiritismo é bobagem. Não traz nenhuma prova. E Marguerite é uma pobre louca.

Ela nunca se recuperou dessa calúnia. Até sua morte, em 1931, ela sofreu de zombarias, incompreensões e críticas implacáveis. Sua igreja (luterana) não a amparou. Toda a família, incluindo seu marido e sua filha mais velha, que finalmente a proibiu de rever o sr. B, todos esses bem-pensantes julgavam-na com desprezo. Somente Lina, que conhecia o caso Monnier, poderia entendê-la, mas muito raramente podiam se ver sozinhas. Em relação a mim, fizeram-na prometer que nunca falaria dessas coisas mórbidas a uma criança impressionável.

O que é o espiritismo?

Eu tive de esperar a resposta até julho de 1936, em um hotel familiar de Ars-en-Ré. Lá, conheci o sr. Doche, do grupo de Périgueux. Quem era esse senhor que nunca mais vi depois? Faço-me essa pergunta ao escrever estas notas, e minha atenção foi subitamente atraída para um antigo número da revista de Allan Kardec, de novembro de 1922. Entre as várias notícias, li a seguinte:

> As sessões de formação de médiuns são realizadas diariamente na Villa Montmorency, 28, *avenue* des Sycomores, às 14h30. As pessoas que desejam assistir a esses trabalhos estão convidadas a entrar em contato com a sra. Doche, diretora das sessões.

Será que fui iniciado na mesa, prancheta e pêndulo pelo marido dessa senhora particularmente competente? Agrada-me acreditar nisso.

Em julho de 1936, o sr. Doche deixou Ars-en-Ré, e eu fui convidado por uma prima, a temível sra. Clémentz, para ir a Saint-Martinde-Ré, onde ela dirigia uma casa de férias. Lá, simpatizei com duas moças, Jacqueline e Germaine.

Estava ansioso para compartilhar minha nova ciência.

Resolvi começar por Germaine, que parecia mais receptiva do que Jacqueline, realmente muito crítica. Uma tarde, nós estávamos sentados, Germaine e eu, no grande salão, com as mãos repousando sobre uma mesa de pedestal, e não acontecia nada. De repente, apareceu Jacqueline D., que deu uma gargalhada:

– Ah, como são espertos vocês dois!

Pedi-lhe para tentar, ela se recusou e eu insisti. Então, ela colocou as mãos e a mesa estremeceu. Germaine soltou um grito comovente e refugiou-se num canto da sala, em pranto.

– Eu me machuquei, dói muito. É como se eu tivesse recebido um choque elétrico. Saiu do meu braço e foi para o coração.

Jacqueline, portanto, sem que ela soubesse, era médium de efeitos físicos.

Com ela, sucederam-se os fenômenos em ritmo acelerado: assim que seus dedos tocavam as mesas, mesmo muito pesadas, elas escorregavam com um barulho infernal. Podiam até subir escadas. Era incrível, eu estava animado. Porém, uma batida: sim; duas batidas: não; e doze batidas para a letra *L*, como era lento e tedioso! Sempre quis saber como o profeta de Jersey foi capaz de obter textos tão bem elaborados e longos por esse processo exasperante.

Por isso, quis passar para a oitava superior, ou seja, para a tábua Ouija e conseguir verdadeiras mensagens. Mais uma vez, os dons de Jacqueline foram maravilhosos; sob nossas mãos unidas, a prancheta verbosa operava em alta velocidade para as letras do alfabeto dispostas em leque, mas ela descuidava totalmente da ortografia, que conhecíamos muito bem, tanto ela quanto eu. A conversa com o além estava caminhado bem; essas senhoritas questionavam os espíritos sobre seus namorados que haviam ficado no continente. Um brincalhão do astral anunciou até para Jacqueline que um deles acabava de ser vítima de um acidente grave, o que acabou se revelando completamente errado. Resolvi reagir e preparar questões de interesse geral.

Finalmente tivemos uma comunicação séria sobre os eventos mundiais:

– A guerra vai estourar em 1940. Os alemães estarão aqui.
– Aqui na França?
– Sim!
– Aqui na ilha de Ré?
– Sim.
– Aqui nesta casa?
– Sim, sim, sim; a guerra vai acontecer por culpa da Rússia. E vai ser longa e dura. A Itália ficará contra a França. Mas a França estará do lado dos vencedores. E você, Jean, você vai atravessar a tempestade sem problemas.

A partir de então, todas as tardes, consultávamos os espíritos. Para mim, estava virando monomania; para as duas garotas, depressão. Perdiam o apetite, emagreciam, dormiam mal, choravam sem motivo e discutiam por nada. "Reconhecereis a árvore pelos seus frutos."

Percebendo o que estava acontecendo, a sra. Clémentz, que era extremamente rígida, proibiu esse tipo de exercício, confiscou a prancheta, o alfabeto e a mesa. Chamou-me à parte: "Você não vai repetir as besteiras da tia Marguerite!"

Quatro anos depois, os alemães estavam em Ré e eram eles que mandavam. A casa de minha prima foi controlada por um tenente austríaco bem-humorado que comandava um destacamento de Sudetendeutsche. Mas ela decidiu ocupar os ocupantes: ela os fez cortar a madeira, limpar o tanque, esfregar o piso, repintar os quartos e as persianas. Como ela falava muito bem o alemão e tinha um nome germânico, os soldados obedeciam à Frau Doktor Clementz, que xingava aqueles que não faziam seu serviço direito. Essa situação única durou até o dia em que um dos escravos se rebelou, ousou chamá-la de velha feia malvada e a perseguiu até a porta do seu quarto. Ela teve tempo apenas para se trancar, e a vítima foi chorar no colete da Kommandantur. Frau Doktor foi convocada e prometeu ser mais humana com os domésticos. Enquanto isso, ela conseguiu que sua casa fosse arrumada às custas do grande Reich, ou seja, às nossas custas.

Quanto a mim, levado pelo fluxo e refluxo dos acontecimentos, acabei aterrissando no final de 1940 em Lyon, a cidade natal de Allan Kardec, de quem eu nada sabia naquela época. Lyon tornou-se a capital intelectual e espiritual da França, enquanto Vichy era apenas a capital administrativa e política.

Lyon, a cidade sagrada do esoterismo ocidental, estava dominada, a maçonaria estava proibida, as sociedades ocultas: espírita, martinista, steineriana, swedenborgueana permaneciam inativas e sob controle. Já na área ocupada, seus arquivos foram saqueados e enviados para a Alemanha. Logo depois, aconteceu o mesmo na zona livre, após a invasão de novembro de 1942.

Ao mesmo tempo, os bispos pressionavam Pétain para que o catolicismo fosse proclamado religião do Estado. Mas o marechal não concordava; ele já havia aprovado os argumentos do pastor Boegner, que viera protestar (a palavra estava novamente em questão) contra esse projeto retrógrado e ao mesmo tempo contra as perseguições infligidas aos judeus.

Em Lyon, não procurei entrar em contato com as sociedades espíritas; fiquei muito decepcionado. Os espíritos haviam prometido a vitória, mas estávamos nadando em completa derrota. Em 1941, a França já não parecia mais existir; de fato, já estava desmembrada.

No entanto, pensando bem, as experiências da ilha de Ré me ensinaram muito. Eu havia chegado às seguintes conclusões.

1. O mundo espiritual é uma realidade que deve ser estudada como o restante das coisas.

2. Os seres dotados de certos poderes são capazes de se comunicar com ele, mas podemos ao mesmo tempo, como Jacqueline D., ser um excelente médium e um perfeito cético.

3. Não é necessário atuar à noite, na obscuridade; pelo contrário, é recomendada a luz do dia para evitar fraudes e trapaças.

4. É indispensável atuar sob um espírito de oração e evocar os espíritos benéficos; o que tínhamos deixado de fazer.

5. Em nossa ingenuidade, não sabíamos que existem forças do mal esperando apenas entrar em contato, a fim de se alimentar da nossa vitalidade. Foi o que aconteceu com as duas moças, que correram o risco da obsessão.

6. Essas forças negativas são poderosas e parecem prevalecer, como sobre a terra.

7. Do outro lado reinam, como na terra, a injustiça, a maldade, a fofoca, a calúnia.

8. Atraímos os espíritos que se parecem conosco: tínhamos lidado com esses problemas sob um espírito de malícia e de diversão; as entidades nos deram o troco. Agora que estou familiarizado com o trabalho de Kardec, noto que ninguém melhor do que ele denunciou e listou os perigos do espiritismo mal compreendido. Mas provavelmente era preciso passar por isso. Agora sei que é preciso se elevar do mundo dos espíritos para o mundo do Espírito.

Na cidade natal de Allan Kardec, experimentei minha experiência psíquica mais incrível. Foi em abril de 1941; a primavera daquele ano foi a mais escura de toda a guerra e de toda a nossa história. Estávamos sob o regime estabelecido em Montoire, no dia 24 de outubro de 1940. Naquela hora, saindo de sua entrevista com Hitler, Pétain teve essa frase inócua e estranha que ouvimos recentemente quando, em 2003, a TV repassou o noticiário daquela época: "Entro no caminho da colaboração para preservar a unidade do país". Não se tratava da unidade política, mas da unidade territorial.

Na época, sabíamos confusamente que a França era dividida em seis zonas: a ocupada pelos alemães, capital Paris; a livre, capital Vichy; a interditada, toda a costa da Mancha e do Atlântico, mais uma faixa longa e larga da fronteira belga para a região de Montbéliard; a ocupada pelos italianos (Saboia, Dauphiné, condado de Nice) – na verdade não eram visíveis e viajávamos livremente de Lyon a Chambéry, de Annecy a Grenoble, até a região hoje denominada Paca; a anexada à administração alemã de Bruxelas: Norte e Pas-de-Calais; e a anexada à Alemanha, Alsácia e Mosela.

Por outro lado, ignorávamos as reivindicações apressadas das duas potências fascistas. Algumas semanas depois do armistício, Mussolini já reivindicava Saboia e todo nosso sudoeste até o Rhône, além da Córsega, Tunísia, departamentos de Constantina e Argel. Franco queria como prêmio a Catalunha francesa, o País Basco, Orã e Marrocos. Hitler se fez de surdo. Sobre as reivindicações transalpinas, ele disse: "Os italianos só conseguiram conquistar a metade de Menton, dou-lhes a metade de Menton. Vamos esperar o tratado de paz."

Primavera de 1941, a derrota da França é total, a vitória da Alemanha também: não tem nada a temer do Leste; o pacto germano-soviético garante suas defesas por trás; nada a temer do Oeste. O presidente Roosevelt, que não gosta de Charles de Gaulle, manteve seu embaixador em Vichy, o almirante Leahy; os Estados Unidos estão instalados em seu isolacionismo tradicional e determinados a não mais intervir no vespeiro europeu.

O único bastião de resistência, a Grã-Bretanha, esmagada sob as bombas, parece não aguentar mais. A situação é desesperadora, os franceses estão desesperados, e eu também.

Em maio de 1941, estou muito deprimido e rumino os piores pensamentos: eles nunca irão embora. Vai demorar séculos. A França se encontra (embora ainda pior) na situação da Guerra dos Cem Anos, pouco antes do aparecimento de Joana d'Arc. E para agravar as coisas, a porção de pão acaba de passar para 275 gramas por dia. A desnutrição, as notícias desastrosas, as dificuldades de dinheiro, a ausência de moradia fixa alimentavam em mim as ideias mais sombrias.

Foi então que o além ficou comovido com minha aflição e me mandou um fenômeno extraordinário, que compreendi somente no verão de 1945. Em geral, o céu não dá nenhuma explicação, ele prossegue através de símbolos, imagens que temos que interpretar.

Foi, portanto, em Lyon que, quatro anos antes, foi-me dado ver o fantasma de um ser vivo, e esse fantasma era eu! Pouco antes de adormecer, eu vi meu duplo, e isso nunca mais aconteceu. Ele estava inclinado sobre mim, imóvel e silencioso, sorridente e saudável. Coisa estranha: ele estava vestido com o uniforme de um oficial de antes de 1938, jaqueta com gola, as três listras nos ombros; o que me surpreendeu, pois só conhecia as listras nas mangas. Pierre Fresnay em *A grande ilusão*.[66]

Mas dissipou-se rapidamente a imagem nítida e colorida.

O que isso significava? Provavelmente nada, uma vez que a França não tinha mais exército, nem futuro. Naquele ano, um jovem que não era nem oficial de reserva não tinha mais perspectivas.

Eu não soube decifrar a visão, mas permanecia em mim uma sensação de paz; ainda aconteciam sinais e milagres.

Apesar disso, as horas escuras voltaram com toda a força e continuaram até o dia 22 de junho de 1941, um domingo, quando os exércitos do Reich chegaram na União Soviética. Naquele dia, fiquei convencido de que estávamos salvos. E esse sentimento permaneceu por muito tempo, apesar das vitórias alemãs.

Em maio de 1945, após os acontecimentos extraordinários que conhecemos (Joana d'Arc voltou a atuar), a França viu-se do lado dos vencedores. E eu, na Áustria, vestindo exatamente o uniforme do meu duplo. Meu uniforme era de um oficial de antes de 1938, mas a maioria dos meus colegas estava vestida com *battledress* inglesa ou com jaqueta americana, por causa da falta de equipamentos.

Acho que era preciso inserir essa autoscopia, essa experiência pessoal espontânea que confirmou a mensagem de 1936 recebida na ilha de Ré: "A França estará do lado dos vencedores e você atravessará a tempestade sem problemas".

Tive muitas outras, inesperadas e espontâneas, em que sempre o mundo paralelo tomava a iniciativa, e podem ser encontradas nos meus vários livros. Acredito, como Gérard de Nerval, que "a experiência de cada um é o tesouro de todos".

---

[66] Refere-se ao filme de Jean Renoir (1937), *La Grande Illusion*, sobre a Primeira Guerra Mundial. (N. da T.)

29. Neoespiritismo ou teurgia?

Marcelle de Jouvenel, mãe de Roland, teve mais sorte do que a mãe de Lily, minha jovem prima que morreu da gripe espanhola em novembro de 1919. As mensagens que ela recebia do seu filho foram bem recebidas inicialmente. Ela foi levada a sério porque pertencia à alta sociedade parisiense: seu sogro era o sr. Henry de Jouvenel, que foi embaixador da França no Quirinal e alto-comissário da República na Síria e no Líbano.

Quando, após a morte de Roland, que ocorreu em 2 de maio de 1946, uma amiga a aconselhou a pegar um lápis e esperar que a sua mão começasse a se mover, ela riu:

– Mas isso é espiritismo! Nem pensar.

No entanto, a senhora ligava todos os dias:

– Você já tentou? Não há nada de errado com isso. Após a morte de nossa mãe, minha irmã recebeu notícias dessa maneira, e ela encontrou a serenidade.

– Não! Repito que é espiritismo.

– E daí? Allan Kardec não é o diabo! *O livro dos espíritos* salvou-nos do desespero.

"Ela ficou me importunando durante várias semanas", me disse mais tarde Marcelle. "No fim, exasperada, decidi tentar. Como não sou médium, estava convencida de que nada iria acontecer e que finalmente ela me deixaria em paz."

No dia 24 de outubro de 1946, ela resignou-se a pegar um lápis. Imediatamente, sua mão foi abalada por uma espécie de choque elétrico e começou a escrever com uma caligrafia com grandes letras, desatadas, inclinada para a direita, enquanto a sua era grossa e malformada, sempre na direção oposta. "Tenho uma péssima letra", confessava ela.

As primeiras palavras ditadas sempre atestavam uma presença: "Já que me pede para vir, estou aqui! Não te aflijas. Estou aqui, bem perto de ti. Eu te amo... Você vai ficar feliz, continue para o Franck, isso me faz feliz."

Franck era um soldado americano que se tornou amigo do seu filho; muitas vezes tinha recebido o moço em casa, e ele se sentia tão bem em Paris que não queria mais ir embora. No momento da sua desmobilização, ele se esqueceu de se juntar ao seu corpo de origem; considerado desertor, foi preso, encarcerado e ia ser levado a julgamento. No entanto, um dia após essa mensagem, um oficial americano se apresentou na casa de Marcelle de Jouvenel procurando um apartamento para alugar.

– Não conheço nenhum, respondeu ela, mas vou me informar. A propósito, não conhece, por acaso, algum americano influente que possa ajudar um dos seus compatriotas?

– Qual é o nome do seu protegido?

– Franck Kullen.

– Quem o julga sou eu.

Até então, ela estava cética quanto ao texto recebido: as palavras de amor, felicidade, paraíso, jardins floridos, sempre encontradas neste tipo de literatura, não a tinham realmente convencido. "Falo comigo mesma", pensou ela. Mas o fato de que Roland soubesse da situação dramática do seu amigo e das medidas a serem tomadas a seu favor ("continue para o Franck!"), muito especialmente o fato de ele ter conseguido levar até ela precisamente o homem que ia presidir o tribunal militar encarregado do caso, isso tudo a convenceu. Essa previsão de realização imediata ia ganhar também a adesão de Gabriel Marcel.

Quando a mãe de Roland o questiona sobre o futuro, ele fica bravo; mas se ela não pede nada, ele faz profecias notáveis, como essa, por exemplo, ditada em 19 de fevereiro de 1962, que se estende por quarenta anos e mais: "Estão entrando na era da autodestruição: atentados, suicídios, acidentes, conflitos que ocorrem em tão grande número são a prova disso. Entrematar-se, demolir, destruir incorporam-se aos automatismos sociais." É a era dos atentados! Explodem a qualquer hora, em qualquer lugar, em todos os pontos do globo: é a globalização monstruosa. Isso resume o que acabamos de viver, e a era dos ataques não termina em 2004, com esta crônica.

Vimos que, em matéria de relações com o mundo paralelo, Kardec estava de início totalmente cético. Marcelle o era também e, estranhamente, foram dois outros céticos que a dirigiram para Gabriel Marcel.

Uma vez terminado seu primeiro caderno, ela o levou para sua amiga, a cantora e compositora Mireille, que respondeu com sua voz de menina: "Não tenho ideia sobre esse assunto. Está além do meu entendimento. Você deveria mostrar isso para Theodore. Mas tome cuidado, tudo vai ser demolido". Theodore era seu marido, o filósofo Emmanuel Berl, que deu a Marcelle uma resposta semelhante: "Isso não é comigo. Acho que é extravagante; deve falar com Gabriel, que ele é apaixonado por esse tipo de história". A ideia foi boa. Gabriel Marcel, durante a Primeira Guerra Mundial, tinha praticado a prancheta, o que lhe valeu a acusação de espiritismo, de modo que ele recebeu muito bem a visitante.

Admirando a beleza e a profundidade dos textos, ele propôs um título, *Em sintonia com o céu*, uma editora, La Colombe, e preparou-lhe um prefácio que fez muito barulho nos meios católicos, que imediatamente se dividiram em favoráveis e contrários.

Entre os favoráveis, Daniel-Rops, o padre Daniélou, disse à minha amiga Marcelle Maurette: "Essas mensagens, essa escrita, minha mãe só fez isso durante toda sua vida." Mas foi dito numa conversa privada. Por sua vez, o padre Louis Bernaert reagiu imediatamente e declarou durante uma conferência em Marselha:

> Deus, que se serve de tudo para alcançar o coração do homem, será que não poderia também se servir dos dons psíquicos paranor-

> mais? Que uma determinada estrutura psíquica, saindo da normalidade, sirva à graça, eis o que interessa ao cristão e que faz o imenso valor do testemunho de Marcelle de Jouvenel. Pela primeira vez, talvez, em nosso mundo moderno, as faculdades parapsíquicas não são usadas para substituir a fé, mas para servi-la.

Impossível dizer melhor! Apenas uma modificação, no entanto: não foi a primeira vez, mas a terceira, pois houve anteriormente Pierre Monnier, protestante, e Paquita Lamarque, católica.

Jean Guitton, que havia lido meu livro *Testemunhas do invisível*, assegurou-me que ele conhecia não só as mensagens de Roland, mas também as *Cartas de Pierre*. "Era a leitura favorita de minha esposa. Era muito interessada pelo tema. Um dia me disse: 'Após a minha morte, serei Pierre para você. E ela cumpriu sua palavra'."

Entre os contrários, havia o terrível Reginald Ornez, palestrante também, que fazia salas inteiras rirem de Marcelle; acusava-a de crime de neoespiritismo, esperando alertar outro terrível, em Roma, o cardeal Ottaviani. Este último ia obter, em abril de 1955, a condenação do livro *Em sintonia com o céu*.

O padre Ornez tinha outro bode expiatório: a estigmatizada Theresa Neumann, da Baviera, acusada por ele de impostura. Seu biógrafo, Ennemond Boniface, defendeu-a com habilidade e eficiência. Quanto a mim, lembro ter lido em um artigo do jornal *Paris-Soir*, bem no início da guerra, quando Hitler andava de vitória em vitória: "Theresa Neumann, a mística alemã, anuncia a queda do Führer". Ornez tinha a fama de conhecedor do esoterismo. Mas vejam em que termos ele falava do corpo sutil (o perispírito, segundo Kardec; o corpo espiritual, segundo são Paulo): "é uma filosofia de negros".

No diário de Marcelle de Jouvenel, do qual encontramos extratos nos seus livros *A segunda vida* e *Os tabletes de ouro*,[67] ela conta o lento processo que precedeu a condenação:

---

[67] Fernand Lanore, editor.

Após muitas aprovações e encorajamentos, durante cerca de três anos, que foram para mim um apoio inestimável, a sorte virou. O primeiro aviso veio de um amigo, um médico, intimamente ligado à igreja, e que, até agora, tinha sido muito favorável aos meus livros. Na ocasião de uma ligação telefônica, ele me disse: "Seus livros fazem um dano considerável, os religiosos têm essa evidência nos confessionários, pois constantemente lhes pedem permissão para praticar a escrita inspirada. Aonde será que estamos indo? Desequilibra as pessoas. Devemos resolver essa situação de qualquer jeito."

Tentei defender-me o melhor que pude, oferecendo-lhe tomar conhecimento da carta com que tantas pessoas alegavam ter reencontrado o equilíbrio graças aos meus escritos e ter retornado à igreja e aos sacramentos. "Isso não tem nada a ver", retorquiu ele, "deve-se matar no ovo sua ação e é para isso que vou me esforçar."

Fiquei espantada, chateada com seus comentários. Nunca tinha ouvido tais argumentos, nem sequer tinha pensado nisso.

Após esse telefonema, cada dia que passava me trazia uma nova tristeza.

A grande ofensiva começou com um artigo no *Ecclesia*, revista editada por Daniel-Rops, que me parecia ser meu amigo porque tinha sido compreensivo. Por que essa súbita mudança para comigo? O padre Daniélou, cuja mãe trocava correspondências comigo, o padre Bernaert e o padre Vallette, que tinham me apoiado até então, sumiram diante de outras autoridades que foram impiedosas. Roma foi alertada. A grande polícia do sobrenatural arrojou-se.

Como a religião se tornara a minha salvação, o estrago foi ainda mais doloroso para mim. Falavam em nome de Deus. Como me opor a eles? Sua autoridade e seus conhecimentos eram certamente maiores do que os meus. Inteligentes demais para me acusar de fraude, eles se esconderam atrás das teorias do subconsciente, o que queria dizer que eu havia perdido meu bom senso, a ponto de não mais distinguir a verdade. Para criar uma confusão ainda maior, psiquiatras deram sua opinião dizendo que, se eu persistisse, meu caso se tornaria uma psicose incurável. Eu não tinha mais escapatória, tive que submeter-me ao tratamento dos médicos alienistas.

Não se deve esquecer também que essas controvérsias atingiam meu sistema nervoso, abalado pela dor, e que o choque foi tão forte que podia a qualquer momento desencadear uma espécie de confusão. A depressão me levaria à internação em uma casa psiquiátrica, onde tratariam meus 'transtornos mentais' e minha 'psicose mística'. Eu teria que passar por uma psicanálise e deveria reconhecer 'meus erros'. O curioso neste caso é que não fui eu, mas os meus adversários que tiveram que submeter-se a estadias prolongadas em *casas de recuperação psíquica.*

Marcelle de Jouvenel faleceu em 1971. Ora, exatamente dois séculos antes, outro místico, Emmanuel Swedenborg (de quem escrevi uma biografia), também em conexão direta com o além, escapou por pouco de um teste semelhante. Um certo Mathesius, pastor da igreja sueca em Londres, zombava abertamente de suas visões, de sua idade avançada (ele tinha então oitenta e três anos) e pedia em alto e forte tom a internação desse velho tolo. A igreja luterana, tolerante o bastante, não o seguiu.

Algum tempo após a morte do vidente, em março de 1772, foi Mathesius quem sofreu no púlpito um ataque de loucura e teve de ser internado: carma de calúnia.

Em 2 de junho de 1978, tive uma visão de Swedenborg, relacionada com as calúnias que ele sofreu por parte de alguns pastores. Cheguei em pleno sonho ao meu quarto e lá estava ele sentado na minha cadeira, esperando por mim. Vestido com sobrecasaca de cor tabaco, usava uma peruca que não era nem de um juiz britânico, sempre mal arrumada, nem do tipo de Luís XV, com rabo de cavalo, mas aquela com boina. Ele olhava para mim com seus olhos marrons, intensos e carinhosos, e fiquei impressionado com a cor muito branca de sua pele.

O que me surpreendeu não foi que ele tenha vindo me visitar dois séculos após a sua morte (no sonho, que é uma subida ao astral, deve-se esperar de tudo); não, o que me preocupou foi que ele tenha podido subir meus cinco andares sem elevador, apesar de sua idade: duzentos e noventa anos! Estava respeitosamente diante dele, como um aluno diante de seu mestre, e ele me disse em francês: "Porque eles não sabem nada, dizem que não há nada a saber". Imediatamente, entendi que "eles" representam os pastores e sacerdotes do seu tempo, os do nosso e, evidentemente, os do tempo de Kardec. Ainda estamos no mesmo ponto três séculos mais tarde.

Eles não sabem nada e não querem ouvir aqueles que sabem alguma coisa, apesar do Vaticano II, que não ousou aventurar-se até agora. Organizado e movimentado por dois grandes papas, o **concílio** deixara a esperança de uma abertura mais ampla. Embora nunca tenham discutido as mensagens, nem mesmo as crísticas, mons. Roncalli, o núncio apostólico, futuro João XXIII, em uma cerimônia em Paris não se espantou quando a sra. Boas de Jouvenel, que lhe apresentava sua nora Marcelle, insistiu no fato de que ela recebia mensagens do seu falecido filho. Ele disse simplesmente: "Quando Deus envia grandes provações, também envia compensações."

Por sua vez, Paulo VI, que adorava livros e a conversa de Jean Guitton, convidava-o para sua residência de verão sempre em setembro. O filósofo o visitou vinte e sete vezes. Foi no dia 8 de setembro de 1977 que os dois amigos se viram pela última vez.

Durante esse último encontro na terra, o papa lhe disse: "Você escreveu muito sobre a eternidade, esse mistério insondável. Mas talvez, neste momento, você devesse pensar nesse outro artigo do Credo, que ainda não foi suficientemente aprofundado: a comunhão dos santos. É a união íntima, constante, alegre, doce, reconfortante, daqueles que já se foram e daqueles que permanecem". Claro, o papa místico tomava a palavra "santos" no sentido do Novo Testamento: os crentes deste mundo e do outro.

"Ele então me falou – disse Jean Guitton – da união que ele tinha com sua própria mãe. Acrescentou que, muitas vezes, um ser desaparecido, agora vivendo em Deus, é mais presente em nós do que o era antes. Porque nada mais pode alterar a eterna cena interior. Agora que o amigo se foi, sinto isso. Não o encontro nesse grande corpo cadavérico, imóvel e hierático que vejo nos jornais. Mas ele me ensina, fala comigo, me consola mais interiormente."

No dia 8 de setembro de 1977, ambos caminhavam lentamente nos jardins tranquilos de Castel Gandolfo. "O olhar de Paulo VI" – continua Jean Guitton – "era melancólico. Ele contemplava na névoa romana o horizonte distante e as margens de Óstia, onde Agostinho tinha conversado com sua mãe sobre a vida eterna." Vida eterna que era para ela a vida iminente, pois ela morreu pouco depois. Agostinho escreveu mais tarde que estava convencido de que Monique retornaria para confortá-lo e inspirá-lo.

Assombrado pelas proibições da igreja sobre as relações com o mundo invisível, Jean Guitton estava preocupado com a diferença entre comunicação e comunhão. A última lhe parecia, com razão, mais lícita do que a primeira. A questão surgiu em um artigo intitulado "Gabriel Marcel e a imortalidade":

> [...]será que existe uma diferença tão radical entre a comunicação e a comunhão? A comunhão em uma consciência profunda, já eternizada pela vida espiritual, não é um tipo de vida com o morto que vive em Deus? Além disso, será que não há entre alguns privilegiados (uma mãe, um filho, dois cônjuges) possibilidade de receber mensagens do alto, como na experiência da sra. de Jouvenel com seu filho Roland, divulgada por Gabriel Marcel?

Dois cônjuges! Ele sabia do que estava falando. Embora acompanhasse com simpatia essa experiência, e em seguida a minha, que a prolongava, embora tivesse lido nossos livros, Jean Guitton não havia entendido o conceito de corpo espiritual, e fiquei consternado quando descobri em um dos seus artigos no jornal *Le Figaro*: "O que me incomoda quando penso nesse além que nos espera (referência ao meu título) é a falta de corpo."

Paulo VI também pensava assim? De fato, ele conhecia o corpo espiritual ao qual se referia são Paulo, mas imaginava talvez, como a maioria dos cristãos, que o recebemos como recompensa após a morte, a menos que tivesse ciência do perispírito de Allan Kardec, essa realidade sem a qual não se entende mais nada.

Se Paulo VI falava perfeitamente a nossa língua, é porque na sua juventude ele havia estudado na Aliança Francesa do *boulevard* Raspail, 101, em Paris. Seria muito surpreendente se o estudante Montini, curioso sobre todas as coisas, aberto a todas as correntes de pensamento, não tivesse entrado um dia na livraria Leymarie da *rue* Saint-Jacques. Quando ele fala da "união íntima, constante, alegre, doce, reconfortante, daqueles que já se foram e daqueles que permanecem", parece ouvir Roland. Não é de estranhar que Paulo VI tenha eliminado, em 1966, a condenação que tanto entristecia Marcelle de Jouvenel.

Em 1969, fui atingido por outro golpe (embora involuntariamente), agora por François Mauriac, que declarou no rádio com uma voz apagada: "de qualquer forma, depois da minha morte, não sou mais responsável por mim".

Fiquei arrasado, eis então a escatologia de um pensador católico! Liguei para Gabriel Marcel: – Peço para você, que é amigo dele, dizer-lhe que, na outra vida, não somos vegetais, continuamos sempre conscientes e livres, portanto, responsáveis e que devemos trabalhar de alguma forma para nossa salvação. Ele ainda tem as ideias do catecismo romano que quer que tudo seja decidido no último momento e por toda a eternidade. Diga a ele que a evolução iniciada na terra continua numa outra vida e que tudo ainda é possível. A salvação não é outra coisa; é a evolução bem sucedida de um espírito num corpo físico e, em seguida, num corpo sutil, que de glória em glória está sempre tentando chegar a Deus.

O que também fazia Marcelle sofrer era o termo neoespiritismo. Nos últimos tempos, ela me perguntou:

– Como é possível, com uma só palavra, designar o que faço e o que fazia a sra. Monnier? Não é espiritismo, pois não há pranchetas, nem mesa de pedestal, nem médium, nem sessão, nem obscuridade, nem grupo esperando uma manifestação material. Nenhuma evocação feita aos espíritos. São nossos dois filhos que entram em contato na hora que eles escolhem, são eles que nos evocam. Só precisam de um lápis e da nossa mão. Será que existe um termo para expressar tudo isso?

– Sim, teurgia,[68] que significa operação divina, relação com os espíritos celestiais, ou com os espíritos humanos que se tornaram como anjos. Seu filho, sem o explicar, emprega essa palavra: "Deveriam ser definidas mais cuidadosamente as diferenças entre o ocultismo, a metapsíquica, a magia e a teurgia."

– Não me lembro dessa passagem.

– Está no livro *No limiar do reino*. Através dessa leitura entrei no mundo encantado de Roland. É lá que se pode ler essa frase que explica tudo: "Nossa experiência é um caminho tortuoso para repatriar os espíritos a Deus." Sou um desses repatriados.

– Sim, ele convenceu filósofos como Gabriel Marcel, Jean Guitton, você e até mesmo, ainda que ele negue, Emmanuel Berl. Mas não rompeu o ceticismo do filósofo Bertrand de Jouvenel, o próprio pai.

– O mesmo acontece com o meu. Ele pede provas, provas concretas e irrefutáveis.

Três meses depois, no dia da Ascensão, Marcelle nos deixou. Desde então, dá-me nessa data alguns sinais de vida. Muitas vezes, chegam-me boas notícias na quinta-feira santa.

Apesar das evidências fornecidas pelo próprio filho, o sr. Bertrand de Jouvenel não acreditava na sobrevivência da alma. Tampouco o sr. Constant Prieur, apesar das provas trazidas por mim. Embora tenha recebido uma muito concreta, tão convincente quanto possível. Foi em 1972, dois anos após a morte de minha mãe, no mesmo ano em que escrevi *Testemunhas do invisível*.

– Só posso colocar em dúvida tudo o que você está falando – disse ele. – As evidências que você recolhe vêm sempre de pessoas perturbadas, enlutadas; de médiuns, de pessoas imaginativas, de artistas como você (na sua boca, essa palavra não era um elogio). Elas nunca vêm de pessoas confiáveis, cientistas...

---

[68] A palavra é atestada por Quicherat em *A cidade de Deus*, de santo Agostinho, *De civitate Dei* X, 9, 10.

— E Swedenborg, que era engenheiro como você?
— Foi no século 18. Pelo menos para mim, na minha solidão, nunca acontece nada. Nenhum sinal, nenhuma evidência!

Nesse exato momento, no guarda-louça da sala de jantar, bem atrás de mim, ouvimos um grande estrondo, uma verdadeira explosão. Por pouco não pulei para baixo da mesa. Esperava ver fragmentos caindo dessa mobília renascentista. Ó espanto, a peça adornada com diminutos campanários, colunetas e pequenos balcões com balaústres estava intacta. Nenhuma xícara, nenhum pires, nenhum copo tinha se movido. Tudo se conservava intacto no móvel Henrique II; e meu pai permaneceu impassível.

— Bem, você viu – disse-lhe ao recuperar-me do choque.
— Sim, ouvi, mas não vi nada.

Em seguida, ele confessou que, apesar de sua surdez, também muito seletiva, ele ouvia de vez em quando grandes gotas de chuva que faziam floc, floc, com intervalos regulares. Ia verificar as torneiras dos aquecedores, e estavam perfeitamente lacrados. Por minha vez, disse-lhe que na mesma época também constatei o fenômeno dos pingos de chuva fantasmas. "São curiosas coincidências!", concluiu o sr. Prieur.

Eu entendia seu ceticismo. Nascido em 1880, como Louis Renault, ele pertencia a essa geração extremamente positiva que participou de todas as grandes invenções que deram origem ao mundo moderno. Foi ele quem, por meio do seu mencionado chefe, introduziu na França o motor *diesel*, iniciado em Munique em 1910 por seu genial inventor, o barão Rudolf.

Em setembro de 1978, meu pai entrou bem disposto e, como sempre, cáustico em seu nonagésino-nono ano. Ofereci-lhe os meus *Testemunhas* numa reedição em brochura Hachette, que na época era uma consagração. Exclamei a mim mesmo: "Vi meu livro na estação de trem Saint-Lazare, é mais do que a Academia Francesa (que tinha me prometido com outras bobagens a prancheta de 1936)."

Novamente, fiz a minha pergunta ao velho animado:
— A ressurreição imediata, a vida após vida, o que você pode deduzir disso agora?

— Ainda acho que isso não é científico. Não me convence, faltam provas. Pode pegar de volta sua brochura.

Brochura! O caro homem tinha o gênio das palavras contundentes. Fiquei magoado, mas não estou mais.

A resistência de alguns espíritos (em ambos os sentidos do termo) à evidência da sobrevivência é algo incrível. A detonação no guarda-louça Henrique II, respondendo imediatamente ao seu "Nunca nenhum sinal", não tinha vencido o ceticismo do sr. Prieur, meu pai.

Agora sei que, no além, ele continua ligado à matemática, e Wanga, a famosa vidente cega da Bulgária, consultada pelos potentados do Leste comunista e pelo próprio Mitterrand, viu-o em junho de 1992, sempre com sua régua de cálculo.

Existem espíritos que se recusam a acreditar no mundo espiritual onde vivem agora. Eis aqui uma experiência que descrevi mais detalhadamente no meu livro *Os 'mortos' deram sinal de vida*. É um psicodrama com quatro personagens: tia Josefina (1880-1949), discípula do filósofo ateu Félix Le Dantec (1869-1917); Marta, sua sobrinha, amiga de Liliane; o médium que escrevia e falava a mensagem; e eu, que dirigia as operações.

Marta: Tia Josefina, o que achou do outro lado?

Josefina: Nada!

Marta: Mas você reviu seu marido, sua irmã, seus pais. Você tem falado com eles; não os abraçou?

Josefina: Ilusão!

O autor: Como você pode falar de ilusão e do nada? Está raciocinando, falando, lembrando-se de tudo e percebendo o mundo natural, não está? No momento, por exemplo, você está nos vendo...

Josefina: Como através de um véu.

Marta: E você, como você se vê?

Josefina: Tenho vinte anos e sou bonita.

O autor: Muito bem, isso é uma boa notícia! Reencontrou sua juventude e sua beleza, e isso merece um pouco de agradecimento ao

Criador, não acha? (Silêncio de Josefina). Ah! Entendo, não se deve pronunciar esse nome diante da seguidora do sr. Le Dantec.

Josefina: Eu sou cartesiana.

O autor: Para uma cartesiana, tia Josefina, deixe-me dizer que você não tem lógica. Como assim? Você pode pensar, ouvir, ver, lembrar, se movimentar, que são todos atributos da vida, você percebe a vida em todos os lugares ao seu redor e você continua a negar a sobrevivência? Você está ou não está viva?

Josefina: Sim, mas ainda assim sou cética. Eu sou cartesiana.

O autor (perdendo a paciência): Deixe-nos em paz com Descartes! Ele acreditava em Deus, na criação e na imortalidade da alma. Sua dúvida era apenas um método de trabalho; não degenerava em ateísmo. Há uma realidade fundamental que a dúvida não pode alcançar, é a existência do pensamento... que a dúvida supõe. Eu duvido, portanto penso; eu penso, logo existo: *cogito ergo sum*. No seu caso, *cogito ergo supersum, supersum in supervita*.

Josefina: Bobagem!

Interjeição de senhora bem-educada. Hoje diríamos: besteira!

O autor: Nós nunca vamos conseguir! Não há pior morto do que aquele que não quer ressuscitar!

Como através de um véu, dizia essa endurecida do outro mundo. Realmente, para certas almas, esse véu é uma cortina de ferro. Mais de uma vez, durante minha carreira, tive vontade de baixar essa cortina e os braços ao mesmo tempo. Mas, nos meus momentos de desânimo, voltavam-me as palavras de Bernadette, a quem a mãe do Cristo apareceu no ano de 1858, tão importante na terra como no céu. Quando, assolada por céticos, ela não tinha mais argumentos, pôs-se a suspirar: "Sou encarregada de dizer-lhes, mas não sou encarregada de fazer-lhes acreditar".

O próprio Deus não poderia, porque ele nos criou livres, capazes portanto de frustrar seus planos.

30. A Terra se elevará na hierarquia dos mundos

Como falhei em impulsionar Allan Kardec nas ondas da rádio *France Culture* e, a partir daí, na história da filosofia, tentei fazer com que ele entrasse na história representada pela revista *História*, que tem autoridade nessa matéria. Em junho de 1982, a revista publicou uma edição especial sobre os "Médiuns de século 20", redigida por François-Xavier de Vivie, seu editor-chefe. O número 427 bis, que fazia uma recapitulação da questão, esgotou-se rapidamente, pois respondia a uma necessidade.

François-Xavier de Vivie apelou para as grandes assinaturas da época. Honras a quem as merece; Allan Kardec e a idade de ouro do espiritismo foram evocados por Renée-Paule Guillot. André Dumas contribuiu com dois artigos, um sobre os grandes médiuns de efeitos físicos (Eusápia Palladino, Jean Guzik, Frank Kluski, Rudi Schneider) e outro sobre Pascal Forthuny e Gérard Croizet, dois clarividentes com poderes extraordinários, especialmente em psicometria. Marie-Thérèse de Brosses apresentou o jovem inglês Matthew Manning, que possuía todas as variedades de dons psíquicos. Querendo estabelecer certo equilíbrio, a revista citou Jean-Luc Caradeau para explicar os truques da falsa mediunidade. Robert Tocquet, que não acreditava na intervenção dos espíritos nesses casos, tratou por um lado de Augustin Lesage, pintor automático, e, por outro, de Uri Geller e seu homólogo francês Jean-Pierre Girard, que produziam incríveis efeitos paranormais sobre a matéria.

A segunda parte de "Médiuns do século 20", que ficou sob a minha responsabilidade, era dedicada à mediunidade de efeitos espirituais. Foi introduzida pelo sr. de Vivie nestes termos:

> Mulheres, e mais raramente homens, descobriram o seu dom por ocasião da perda de um ente querido, quase sempre uma criança. Por ter estudado esses casos e publicado vários livros sobre o assunto, Jean Prieur afirma que em geral essas pessoas ignoravam tudo de espiritismo, até tinham medo. Exceto Belline, que era um vidente 'profissional', essas pessoas não sabiam que tinham faculdades psíquicas particulares, já que foram acionadas pelo sofrimento.

Note-se que Belline era vidente, mas não psicógrafo; só se tornou pscógrafo durante onze meses, o tempo de receber Michel, e depois tudo parou. Em 1978, ele me mandou para Londres, onde nem ele nem eu éramos conhecidos, para obter através de médiuns ingleses notícias do seu filho. Foi o que fiz. As notícias eram destinadas a sua esposa, que, depois de tantos anos, ainda é impossível de ser convencida e consolada.

"Adiram ou não à crença na sobrevivência, os leitores de Jean Prieur", concluiu *História*, "ficam comovidos pela evocação desses três jovens que chegaram a pressentir sua morte prematura".

Os três jovens eram Roland de Jouvenel (1931-1946), Michel Belline (1946-1969) e Georges Morrannier (1944-1973). Seus testemunhos concordantes são hoje bem conhecidos, e eles fizeram um bem considerável.

De Vivie, que também era diretor das edições Perrin, recebeu favoravelmente o meu projeto de escrever um livro abrangente para fazer reviver não só Allan Kardec, Léon Denis, Camille Flammarion, sr. Philippe e Gérard Encausse, dito Papus, mas também Édouard Schuré, Rudolf Steiner, Helena Blavatsky, Annie Besant e Krishnamurti.

Comecei então a escrever *A Europa dos médiuns e iniciados*, com os primeiros quatro capítulos dedicados a Kardec. Foi um trabalho enorme, esmagador, e lancei-me a ele sem me dar conta do que ia impor-me. Felizmente, a falta de discernimento às vezes ajuda, caso contrário nunca se faria nada. O índice dos nomes mencionados que termina na página 382 dá uma ideia do tamanho da tarefa.

No entanto, fui muito ajudado e de forma inesperada. Foi assim que um dos meus leitores, o sr. Jacques Heugel, enviou-me um livro que não se podia achar em lugar nenhum, escrito por sua tia-avó, Constance Wachtmeister, que convivera com a sra. Blavatsky. Por sua vez, o dr. Philippe Encausse me trouxe lembranças inéditas sobre seu pai, Papus, o Balzac do ocultismo, bem como sobre seu padrinho, o sr. Philippe de Lyon, cuja vinda foi anunciada a sua mãe pelo cura d'Ars.

Enfim, o próprio Kardec, que eu nunca havia solicitado, manifestou-se para me incentivar. Na terça-feira, 7 de dezembro de 1982, a associação Le Cœur à Vivre convidou-me, com alguns escritores – Daniel Réju, Marie-Madeleine Davy e Annick de Souzenelle –, para assinar "nossas obras que revelam a experiência essencial da vida e o seu propósito".

De repente, uma senhora desconhecida aproximou-se da mesa: "Tenho algo para o senhor. Dê-me com que escrever, por favor!" Entreguei-lhe minha caneta e duas ou três folhas do convite, nas quais ela rabiscou o seguinte: "Vejo seu nome em ascensão... Dou graças a sua fidelidade... Estarei ao seu lado quando for imperativo para você conseguir uma melhora em seu destino como escritor. (O que foi realizado em 2 de maio de 2003). Seu senso de integridade é desenvolvido, saúdo suas qualidades terrestres. Continue o seu trabalho de síntese e estará próximo à esfera de luz. Terei um dia a oportunidade de ditar-lhe outra mensagem..." (Foi o que aconteceu em novembro de 1997.)

Cinco anos depois dessa curta mensagem, foi publicado o livro *A Europa dos médiuns e iniciados*, que foi bem recebido pela imprensa de qualidade. O rádio e a televisão, no entanto, ficaram em silêncio; o ano de 1972 já tinha passado, não era mais novidade.

Em 1988, no seu livro *Os mortos falam conosco*,[69] o padre François Brune fez referência ao meu livro, destacando Léon Denis e Papus, mas

---
[69] Brune, François. *Les morts nous parlent*. Le Félin. Editor.

para ele Kardec era apenas um nome mencionado em sua bibliografia. Esse teólogo mostrava que a sobrevivência tornara-se um fato científico comprovado pelas vozes gravadas em fitas magnéticas. Em 1972, fiquei sabendo, graças a Roseline Ruther, que, sendo bilíngue, pôde estudar os trabalhos de Jürgensen e Raudive, publicados unicamente em alemão. Não me interessaram muito, vi neles apenas certificados de presença necessários no início para os enlutados, enquanto preferia mensagens escritas que tivessem um ensinamento sobre o mundo espiritual. Como não se pode parar o progresso, até mesmo nessa área, imagens de vídeo logo apareceram na tela, à espera de textos nas telas de computador.

Em seu panorama do mundo dos espíritos britânicos, alemães, franceses e italianos (não há menção a espíritos espanhóis), o padre Brune faz referência ao cronovisor, uma invenção do padre Ernetti, que residia em Veneza na época.

O cronovisor é – foi (ou seria?) – uma câmera prodigiosa para explorar o tempo. Uma leitora italiana, muito competente em metafonia, a sra. Virginia Ursi, que tem seu palácio sobre o canal Grande, convidou-me para encontrá-lo. Imediatamente marcamos uma data.

Chegamos à casa dele na hora marcada. Um bom padre aparece no portão, *confuso, sconcertato*, dá explicações misturadas com desculpas, dizendo que as *circostanze impreviste* e o *impegno importantissimo* se entrelaçam com o *rammarico*, o *rimpianto* e a *convocazione Sua Santità*. Tudo isso intercalado de *chè disgrazia!* de *chè malanno*, de *ahi* e de *ahimè!*

Em suma, eu não pude saber nada sobre o cronovisor e não quero saber.

Os mortos falam conosco conheceu o mesmo sucesso que *As testemunhas do invisível*: artigos, conferências, traduções e convites para rádio, TV e especialmente rápida passagem como livro de bolso. Sucesso ainda maior, porque o autor foi e permanece sacerdote, o que é um trunfo em países católicos. Sua teologia tem convicções sólidas e ele fornece provas objetivas e audíveis da sobrevivência. No entanto, François Brune, ele mesmo, não pratica a metafonia; na origem, ele se baseou nos trabalhos de Monique Simonet, autora de *Ouvindo o invisível...* e ele sabe melhor que ninguém que o gravador não vai além do mundo astral ou dos espíritos. Continua como eu fiel à mensagem do

3 de novembro de 1949, em que Roland nos indica nossa linha. Mais uma vez, o jovem dá a medida de seus dons proféticos quando ele disse: "Deveriam ser definidas mais cuidadosamente as diferenças entre o ocultismo, a metapsíquica, a magia e a teurgia."

Foi nessas palavras que encontrei minha resposta à Marcelle. Ela tinha esquecido a palavra teurgia, que não conhecia, e me perguntou: "como chamar o que eu faço?"

> O ocultismo e a metapsíquica vão se tornar uma ciência experimental com base na realidade dos fatos; uma mesa que sobe é um fenômeno de ondas; conversas mediúnicas são contatos com espíritos, ainda vizinhos da terra. Nisso está o fenômeno de interpenetração de um plano no outro, mas essa zona é imensamente distante do Reino. No futuro, essas incursões de um plano no outro se tornarão tão familiares quanto a aviação tornou-se comum. No entanto, não é porque os homens construíram asas que se tornaram anjos, nem porque eles atingem altas altitudes que estão perto de Deus. Conseguiram se comunicar com o invisível, mas esse invisível está tão longe da divindade quanto você de uma estrela.
>
> Os reservatórios de espíritos vizinhos do seu universo atingiram um grau mais elevado do que o seu, mas eles estão ainda nos primeiros graus que levam ao sétimo céu. Um dia virá em que, cientificamente, esse mundo estará em relação com o seu. Estudos voltados para esse plano não podem ser uma profanação do divino, porque os raios celestiais não penetram nessas regiões mais do que nas suas. Os seres que circulam neles têm somente um sentido a mais do que vocês: o sexto.
>
> Dia virá em que vocês estarão aptos a captar as vibrações desse plano, como vocês têm captado a eletricidade, e poderão percebê-las.
>
> Mas Deus ainda não está lá. A experiência mística é bem diferente e é muito difícil de repassar, especialmente aos nossos entes queridos.

A importante mensagem do dia 3 de novembro de 1949, recebida em Les Andelys, incluía um *post-scriptum*: "Mãe, Deus sempre favorece seus amigos com signos". Onde ela via sinais, todos diziam que eram coincidências. Por isso ela escreveu estas linhas inspiradas:

"Mais uma vez, dirão que é uma coincidência, e mais uma vez responderei dizendo: quando as coincidências se repetem demais, tem-se o direito de creditá-las a um Pensador cujo reino não é daqui."

O Pensador que não é da terra me preocupava cada vez mais, e comecei um novo livro: *Você, o único verdadeiro Deus*,[70] uma breve história do monoteísmo, no qual apresentei vários mestres espirituais precursores do Cristo.

No sábado, 8 de novembro de 1997, fiz na sala Psyché uma conferência sobre Orfeu, mostrando como esse homem de Deus foi, simultaneamente, a fonte de três verdades: a adoração do único e verdadeiro Deus, chamado Fanes; a existência da alma animal; as relações amorosas com o além.

Estava prestes a sair, quando a médium Chantal Lafon, que ia me substituir para fazer contato com os falecidos, chamou-me de volta. "Não vá embora, tenho algo para você!" Tratava-se de Allan Kardec, que ouvira meu discurso e me agradecia pelos meus trabalhos, livros e conferências. "Deve continuar a escrever e falar". E, como sinal, ele me deu meus horários de trabalho: na maioria das vezes, muito cedo, de manhã, nunca no início da tarde, às vezes a partir das cinco da tarde. E repetiu: "Deve continuar. Todas as noites, você vai ao astral". Mas, na época, eu andava desanimado, ficava pensando: não vou para frente, estou sempre na situação de um novato, tenho cada vez mais dificuldade para vender meus manuscritos consagrados à sobrevivência. Tenho sempre que recomeçar tudo; nessa área, nada está garantido.

Como era a primeira vez que eu via Chantal Lafon, ela não podia saber dessas coisas.

No final do século 20, no seu céu espiritológico, Allan Kardec devia sentir a mesma irritação, a mesma desilusão. Após cinquenta anos de pesquisas bem sucedidas, ainda se fazia na terra a mesma pergunta: "Será que existe vida após a morte?"

Eu sabia que outros, começando com Léon Denis e Bozzano, tinham passado por isso. Lembrava-me de que Pierre e a sra. Monnier, nas suas últimas entrevistas em 1937, evocam sua decepção. Eu sabia

---

[70] *Toi le seul vrai Dieu*. Edições Exergue, 1997, retomado por Tredaniel (Paris).

da tormenta de Maguy Lebrun após a morte de Daniel, o marido dela, e em breve ia saber da revolta de Élisabeth Kübler-Ross.

"Tem de continuar", disse Chantal Lafon. "O ano 2000 será muito bom para você."

De fato, naquele ano, fiz uma viagem muito original, andei de barco de São Petersburgo a Moscou. E comecei a publicar, na *Revista do Além*, "O grande destino de Allan Kardec".

– Você tem uma pergunta para o mestre? – perguntou ela.

– Sim, só uma! Não sou mais tão novo, será que terei tempo de terminar meu trabalho do qual sinto as lacunas?

– Terás tempo para isso! Você terá todo o tempo necessário.

– Vou fazer dele o melhor uso possível. Agradeço o mestre e você por essa comunicação inesperada.

E deixei o local cheio de coragem: a vida voltou a ser bela e tudo recomeçou.

Volto ao tema da minha palestra sobre Orfeu. Ocorre que, cinco anos antes, eu tinha feito um *tour* pela Bulgária, a antiga Trácia, terra natal de Orfeu. Se há um lugar onde sopra o espírito universal, é bem nesse monte Ródope, onde o músico-poeta descobriu o grande Deus, que ele denominou Fanes. Foi no monte Ródope que ele compôs os hinos que inspiraram Platão e, através dele, a filosofia europeia quando é transcendente.

Em 1992-1993, tudo estava sendo esquecido nesse país, onde a cortina de ferro começava a surgir. Mas os descendentes distantes de Spartacus queriam se religar ao Ocidente e mantinham-se interessados em nossos pensadores, desde que não fossem marxistas.

Em Sófia, falei no grande auditório da universidade, coisa que não aconteceria comigo na Sorbonne. Meu jovem editor, sr. Vesselin Goutoranov, ficou chocado com a ausência do adido cultural francês; no meu caso, o oposto é que teria me surpreendido. As realidades do outro mundo, expostas de maneira objetiva e racional como fazia Kardec, eram novas para esse público fervoroso e atencioso; e também foi assim nas outras cidades.

No entanto, em Tarnovo, houve um incidente: meus cartazes foram rasgados. O sr. Goutoranov suspeitou primeiro dos comunistas, ainda influentes e no poder, mas não foram eles; em seguida, dos ortodoxos, porque ele convidara os sacerdotes do local, que tiveram a reação clássica: *Vade retro, Satana!* Finalmente, descobriu-se que os culpados eram adeptos de seitas protestantes americanas, que lá chegaram logo após a queda do muro de Berlim, com seus piedosos *booklets* e pacotes de alimentos, mais apreciados. Uma experiência que tive com Davidson, em 1962, na fronteira com a Espanha.

Na hora das perguntas e respostas, uma fanática tomou a palavra e se lançou em um discurso inflamado, que ela sabia de cor, mas a moça que me servia de intérprete não entendeu uma única palavra.

Após duas estadas na Bulgária, eu pensava ter visto tudo dos cristianismos, de sua hostilidade e de seus maus procedimentos; estava enganado.

Após a Espanha do Opus Dei e de Franco, onde o pastor pentecostal e eu fomos ameaçados de prisão porque éramos considerados espíritas, tive ainda de enfrentar na Suíça os integralistas do bispo Lefèvre. Um deles foi de Écône a Friburgo com a intenção de fazer um escândalo e de sabotar minha palestra.

Da última vez, ele tinha entrado de maneira violenta na sala de conferência e quebrado o microfone do padre Humbert Biondi (1920-2002), que aderia às minhas ideias e que, desde 1972, tratava dos mesmos temas que eu, com um entusiasmo digno da *commedia dell'arte*. O perturbador estava prestes a recomeçar quando a organizadora telefonou para a polícia. Os suíços são liberais, mas não praticam o laxismo à francesa: o integralista vândalo teve que sair entre dois sargentos. Houve um julgamento e ele foi condenado.

Embora tão divididos entre eles, os cristianismos estão de acordo num ponto só: rejeitam tudo o que é relacionado com a outra vida. Ai daqueles que se aventuram em seus domínios; é um território deserto: não fazem nada com ele e o ignoram totalmente. Sobre o imenso campo da vida após a morte, a maioria dos padres, pastores e papas têm apenas as ideias infantis do catecismo. Por isso, quando seus fiéis chegam ao outro lado, eles estão entre os mais perdidos e não entendem nada do que está acontecendo com eles. Às vezes, alguns clérigos têm o mesmo discurso daqueles que não acreditam em nada: "Não sabemos nada, não podemos saber nada, ninguém voltou de lá para dizer o que é". Nessa hora me volta à memória a frase de Swedenborg, soprada num sonho meu: "Porque eles não sabem nada, dizem que não há nada a saber".

Noto que os múltiplos cristianismos, sejam latinos ou gregos, luteranos ou reformados, integralistas ou de vanguarda, são ecumenicamente fechados e hostis a tudo o que vem de fora. Eu poderia dizer, como Rudolf Steiner: "O cristianismo que eu estava procurando, não o encontrei em nenhum lugar nas crenças existentes. Mas, afinal, era isso mesmo que eu procurava? Não era simplesmente a Deus?"

No entanto, há uma exceção: As *Spiritualist Churches* da Inglaterra e Escócia. Os discípulos de Kardec se sentiriam à vontade nessas igrejas cujas práticas são presididas por um pastor assistido por um curador e por um ou dois médiuns. Esses sensitivos anglo-saxões são crentes sinceros e de uma absoluta retidão moral; eles consideram o seu dom como um apostolado. Fiéis à sua sólida formação bíblica, eles afirmam a primazia da oração e do domínio espiritual sobre o psíquico.

O credo da *Spiritualist Church* poderia resumir-se em quatro pontos:

1. O universo é regido pelo Espírito supremo, usualmente chamado de Deus.
2. A existência e a identidade do homem continuam após a mudança chamada morte.
3. A comunicação é possível, em certas condições, entre nós na terra e os habitantes do mundo etérico, que reencontraremos após a morte.
4. Todo indivíduo colhe o que plantou. Sua felicidade ou infelicidade na outra vida dependem do bem e do mal que fizeram na terra.

Se Georges Morrannier (falecido em 1973) – doutor em ciências, que veio depois de Pierre Monnier, teólogo, iniciador das mensagens crísticas, e depois de Roland de Jouvenel, poeta e, por vezes, profeta – tivesse resumido a doutrina racional e metafísica nascida dos textos ditados à sua mãe, não teria formulado seu credo de outra maneira. Sua obra é feita da mesma madeira sólida de Kardec, que sempre sofreu por não ter recebido o dom da escrita automática, de modo que tinha de recorrer a médiuns.

Para fechar o debate aberto por Camille Flammarion, "o kardecismo é uma religião ou uma ciência?", eu responderia: uma religião? Certamente que não! Sua doutrina não pertence a esse domínio. Se olharmos para a história ou para a atualidade (hoje as seitas e as religiões voltam com força), vemos apenas fanatismo, guerras e massacres em nome de Deus.

Faz séculos que as três grandes religiões monoteístas têm a pretensão de monopolizar o Deus Uno, Único e Universal. Elas lhe atribuem sua própria violência e intolerância e acabam por fazer com que duvidemos dele.

No momento em que termino este livro (foi-me impossível parar em 1869; como parar o rio da história?), dois fanatismos se afrontam: por um lado, o integralismo muçulmano, por outro, aquele que não era esperado: o fundamentalismo protestante, pouco conhecido na Europa latina. Representado por um homem que, tomando-se por Cyrus, ressurge do Velho Testamento, que ele entende ao pé da letra, esse correligionário e compatriota do pastor Davidson, anteriormente mencionado, utiliza o mesmo vocabulário (especialmente *old Europe*) e nos fez viver semanas terríveis.

Pelas últimas notícias, em junho de 2003, as quatro nações do triângulo católico, Polônia, Península Ibérica e Itália, pedem com insistência que o nome de Deus seja inscrito na fachada da "Europa cristã".

Acontece que, para eles, cristianismo e catolicismo são sinônimos, mas e os países protestantes, ortodoxos, laicos, muçulmanos parcialmente (Bálcãs) ou totalmente (Turquia)?

Se o espiritismo é uma ciência, com um método racional e experimental, resta saber se as almas daqueles que nos precedem podem ser objeto de experiência. Na última parte de sua vida, Kardec colocava os fenômenos em segundo plano e a doutrina em primeiro.

De qualquer forma, a espiritologia (esta palavra é encontrada nos primeiros números da *Revista Espírita*) é uma ciência bem diferente daquela do século 19 e bem próxima daquelas dos séculos 20 e 21, no sentido de que não é nem materialista nem partidária do nada. É tanto o conhecimento dos espíritos quanto o conhecimento do Espírito. A espiritologia conduz a uma sabedoria, e a abordagem existencial de Allan Kardec é um deísmo.

Escrevendo isso, sinto que ele não está de acordo. Então decido interrogá-lo, coisa que nunca havia feito, porque até agora só percebia sua aprovação.

– Será que devo rever minha conclusão?

– Sim, mas se a palavra sabedoria é conveniente, não aceito a palavra deísmo; porque rejeita a revelação e a intervenção de Deus na história e na vida humana.

Recusando-se a definir Deus, o deísta renuncia a procurá-lo e se orienta involuntariamente para o ateísmo. Deus estabeleceu leis gerais que regem o universo, mas essas leis, uma vez criadas, operam por conta própria e seu Criador não se preocupa com mais nada, nem com ninguém. De acordo com o deísmo, não há Providência e a oração é inútil.

– Por isso que você fez uma correção, definindo sua doutrina como um deísmo providencial. Posso destacar esse termo?

– Não, os leitores vão negligenciar o termo "providencial", que é muito religioso, e só se lembrarão de "deísmo". De fato, durante minha vida, falei do deísmo providencial, mas o termo não pegou. Tive tempo de evoluir... e você também. De onde estou agora, vejo as coisas mais claramente. Meu ensinamento é uma sabedoria.

– Uma sabedoria teísta, mas o teísmo é uma palavra que você não usa.

– Porque o teísmo também designa o conjunto dos problemas provocados pelo consumo excessivo de chá. Não se deve deixar espaço à zombaria.

– Posso ouvi-los daqui... no entanto, o teísta, que acredita no Deus pessoal para o qual podemos e devemos rezar, corresponde exatamente ao seu pensamento. Ele acredita que a razão pode provar a sua existência e determinar seu ser pela contemplação da natureza criada. O teísmo é simplesmente seu deísmo providencial. Você acredita não só na existência de Deus, no seu poder criativo, você o situa na origem das coisas, acredita na sua intervenção no mundo, você ora a Deus, mas não concorda com o dogmatismo, ou com o culto das religiões exotéricas que se interpõem entre o homem e seu criador. Será que admite pelo menos o termo sabedoria teísta?

– Um adjetivo sempre enfraquece aquilo que pretende enfeitar. Guardo a palavra sabedoria simplesmente. Sempre me defini como filósofo e não como messias. Sim, o meu trabalho conduz à sabedoria do mundo. Sabedoria implica pensamento divino. Não existe sabedoria ateia. Isso dito, você pode retomar sem alterar o que você já escreveu. Sim, a sabedoria que ensino leva em conta a oração e a atração universal chamada Amor. Continue e boa sorte!

Essa sabedoria é racional como o universo, cujas leis ela observa. Ela assume os conhecimentos que a precederam e aqueles da ciência avançada, tão próxima da metafísica. Essa sabedoria, para a qual os homens de hoje desiludidos com as religiões tendem obscuramente, poderia conhecer amanhãs planetários.

Esses amanhãs finalmente livres do mal e do medíocre, Kardec os anunciou em um grande movimento lírico, excepcional de sua parte: "Não sentis como um vento que sopra sobre a Terra e agita todos os Espíritos, como tomado de um vago pressentimento da aproximação da tempestade? Não credes, no entanto, no fim do mundo material; a Terra progrediu desde a sua formação; deve progredir ainda, e não ser destruída. Mas a humanidade chegou a um de seus períodos de transformação, e a Terra vai se elevar na hierarquia dos mundos".

Epifania 2004

Esta edição foi impressa, em dezembro de 2015, pela Assahi Gráfica e Editora Ltda., São Bernardo do Campo, SP, sendo tiradas duas mil cópias em formato fechado 15,5x22,5cm, em papel Off-set 63g/m² para o miolo e Cartão Supremo 300g/m² para a capa. O texto principal foi composto em ITC Berkeley Oldstyle BT 12/14,4 medium; as citações e as notas de rodapé, em ITC Berkeley Oldstyle BT 11/15,6 medium. O texto foi traduzido por Irène Gootjes a partir da edição francesa impressa em 2012. A revisão textual foi feita por Alexandre Caroli Rocha e Aristides Coelho Neto; a revisão técnica foi feita por Jorge Damas Martins. As notas foram elaboradas pelo próprio autor,, pela tradutora e pelo revisor técnico. A capa foi elaborada por Andrei Polessi, sobre ilustração de Zé Otávio.